AF534289

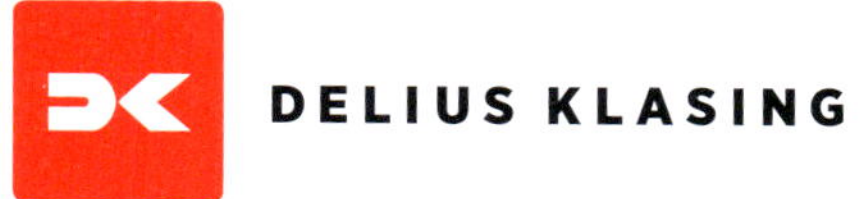
DELIUS KLASING

NIK LINDER - PHIL SIMHA

APNOE

TECHNIKEN, GEHEIMNISSE & LIFESTYLE DES FREEDIVING

VORWORT VON

GUILLAUME NÉRY

DELIUS KLASING VERLAG

Vorwort

Es gibt tausend Gründe, mit dem Freitauchen zu beginnen. Für die einen ist es der Höhepunkt einer Liebesgeschichte mit dem Wasser, die ihren Anfang beim Schwimmen von unendlich vielen Längen im chlorhaltigen Schwimmbadwasser nahm, dann zum Tauchen mit der Flasche führte und schließlich im Wunsch nach Freiheit endete, die sie in der Unendlichkeit von Zeit und Raum der Unterwasserwelt fanden. Der Film »Im Rausch der Tiefe« hat das seinige dazu beigetragen. Er verdrehte einer ganzen Generation den Kopf, indem er eine völlig neue Sicht auf die Tiefen der Meere bot. Für andere ist es der Wunsch, dem rasenden Tempo des Alltages zu entfliehen, indem sie die Luft anhalten, um so die Gedanken abzuschalten.

Für mich waren es die Herausforderung, die Suche nach den menschlichen Grenzen und der Ruf des Unbekannten, die mich als Teenager dazu bewogen, in die Tiefen des Meeres einzutauchen. Ich erinnere mich noch gut an meine ersten Versuche, im Bett liegend die Luft anzuhalten, wo jeder Versuch eine körperliche Erfahrung war und sich mir ungeahnte neue Fähigkeiten eröffneten. Und an meine ersten Tauchgänge, als ich 14 Jahre alt war: an den Geruch von Gummi in meiner Tauchermaske, den Lärm der von den Wellen hin und her geschoben Kieselsteine in der Bucht der Engel, die Mai-Sonne, die langsam das kalte Winterwasser erwärmte, und die wenigen Flossenschläge, die die Welt der Badenden von der Welt der Taucher trennte.

Die Vorstellung der unendlichen Tiefe des Meeres war beängstigend und aufregend zugleich – dies war meine Apollo-Mission, meine Forschungsreise, meine Suche nach einer anderen Welt, die sich direkt vor meinen Augen auftat. Dies sind die Erinnerungen im Ozean meines Gedächtnisses, die, wie das Salz in der Suppe, meiner Existenz den besonderen Geschmack verleihen.

Auch du hast deine ganz persönliche Geschichte, die dich mit dem Freitauchen verbindet. Du liest die ersten Zeilen dieses Buches nicht ohne Grund. Und ich wünsche dir, dass die folgenden Seiten, die du bald aufschlagen wirst, ebenfalls Teil deiner zukünftigen Erinnerungen werden und dich für immer nähren.

Meine Herangehensweise an das Freitauchen gleicht derjenigen einer Kampfsportart, wo die Werte ebenso wichtig sind wie die Technik. Die grundlegenden Prinzipien meiner Philosophie, die aus meiner Lehrzeit in Nizza stammen, wo nach dem Film »Im Rausch der Tiefe« die Wiege des modernen Freitauchens entstand, gründen sich auf der kollektiven Praxis des Freitauchens.

Meine Mentoren, Claude Chapuis (Gründer von AIDA International) und Loic Leferme (fünf Weltrekorde in No-Limits – 171 m), wiederholten wie ein Mantra immer wieder den Satz »l'apnée est collective ou n'est pas«, was so viel bedeutet wie »Freitauchen praktiziert man gemeinsam oder gar nicht«. Er illustriert die Überzeugung, dass die persönliche Leistung nur dann gesteigert werden kann, wenn man in einer sicheren Umgebung und gemeinsam in der Gruppe trainiert. Ich selber tauche auch nach über 18 Jahren Erfahrung nie alleine und jede angestrebte Tiefe wird vorher diskutiert und gemeinsam im Team beschlossen.

Der Begriff Geduld ist ein weiterer Grundpfeiler meines Ansatzes. Du wirst sehen, mit zunehmender Geduld wird deine Motivation, deine Leistungen zu verbessern, unendlich. Und du wirst lernen und integrieren müssen, dass das Schlüsselwort beim Freitauchen **Anpassung** lautet. Und dass Anpassung nur dann nachhaltig ist, wenn sie langfristig praktiziert wird. »Geduld und Zeit vermögen mehr als Gewalt und Wut« (Jean de la Fontaine).

Um all die Werte zu beschreiben, die mich in meiner täglichen Praxis

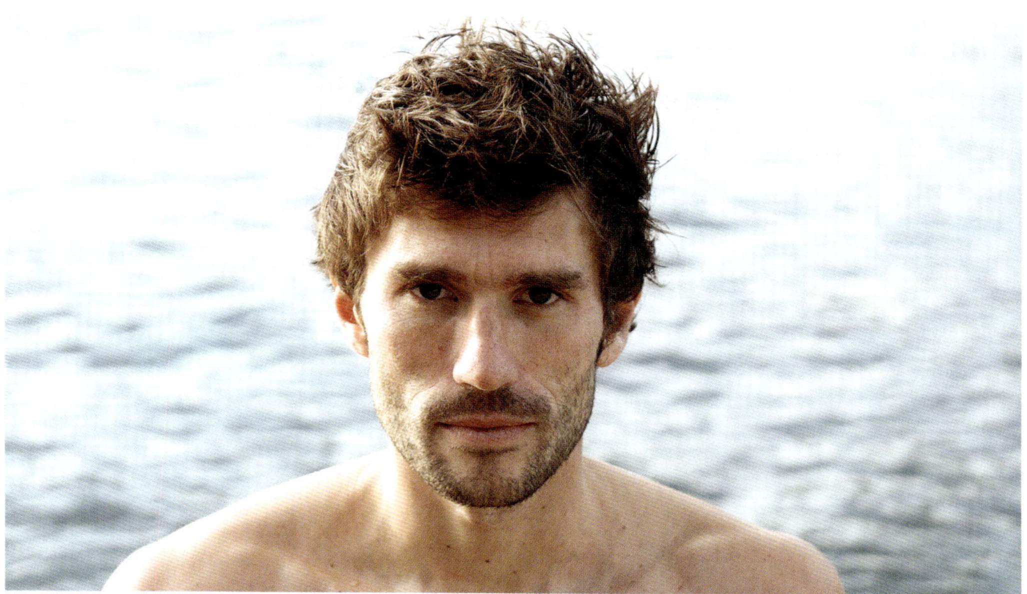

leiten, müsste ich ein ganzes Buch schreiben. Doch bevor ich dich der spannenden Lektüre dieses Buches überlasse, möchte ich dir einige aus meiner Sicht wichtige Gedanken mit auf den Weg geben. Es ist ein langer Weg, der heute hier für dich beginnt, ein spannender Lernprozess in einer komplexen und gleichzeitig instinktiven Disziplin. Du wirst die Sprache deines Körpers neu erlernen, dich in einen intimen Dialog begeben, der seit langem verstummt war, und deine schönste Reise antreten, die Reise in dein Innerstes.

Wenn man unter die Wasseroberfläche und in die Tiefen seines Seins eintaucht, muss man bereit sein für tiefgreifende Veränderungen: Man isst ausgewogener, man schläft besser, man lebt gesünder – Freitauchen ist eine Lebensschule. Und auf diesem langen Weg im Angesicht des Lebens, der alles andere als ruhig und friedlich verlaufen wird, wirst du auf Schwierigkeiten treffen. Begegne ihnen, ohne sie zu vermeiden, heiße sie willkommen, betrachte sie als Gelegenheit zu lernen und vorwärts zu kommen. Und wenn die Hindernisse zum Dschungel werden, orientiere dich immer an der Lust, an diesem Gefühl, das dich während deiner ersten Versuche begleitet und beflügelt.

Freitauchen steht in einer engen, ebenso leidenschaftlichen wie gefährlichen Beziehung zu Zahlen. Zeit, Strecke oder Tiefe, ständig wirst du in Kontakt sein mit Zahlen. Auch wenn sie als Orientierung bezüglich deines Fortschritts und als Motivation dienen, achte immer darauf, eine gewisse Distanz zu ihnen zu bewahren, denn nur allzu schnell vergiften sie das Klima. Wenn die Zahlen zur Obsession werden, ist es vorbei mit deiner Lust und sehr bald auch mit deiner Leistungssteigerung.

Deshalb orientiere dich immer am »warum« und nicht am »wie viel«, und ich verspreche dir ewiges Glück bei deiner neuen Lebenskunst. Viel Vergnügen bei der Lektüre und gute Reise.

Guillaume Néry

Inhalt

Vorwort 4

Grundlagen 8

Equipment 9
- Sehen 9
- Atmen 11
- Schwimmen 12
- Anzug 17
- Messen 20
- Tarieren 22

Atmung 23
- Luft 24
- Wie wir atmen 24
- Richtig atmen 25
- Vor dem Tauchgang 26
- Atemreiz 27
- Nach dem Tauchgang 27

Meditation und mental 28
- Mentale Arbeit 29

Sicherheit 31
- Partnertauchen 33

Training 34
- CO_2 und Intervallläufe 34
- Muskeln 35
- Technik 36
- Maximalversuche 36
- Spaß 37

Statik 38

Equipment 39
- Anzug 39
- Maske, Noseclip und Brille 40
- Uhr 40
- Sonstiges 40

Nützliche Techniken 40
- Autogenes Training 40
- Phasen des Tauchgangs 42

Warm-up 44
- Voratmung 44
- Warm-up im Wasser 45

Trainingstabellen 46

Rolle des Coachs 47
- Sicherheit 47
- Zeit nehmen 49
- Achtsamkeit 49

Trainingsplan Statik 51
- 1. Woche 51
- 2. Woche 51
- 3. Woche 51
- 4. Woche 52
- Trainingstabelle Statik 52

Dynamik 54

Equipment 55
- Neopren 55
- Flossen 56
- Blei und Tarierung 57

Dynamik mit Stereoflossen 58
- Richtige Geschwindigkeit 58
- Richtiger Flossenschlag 60
- Richtige Körperhaltung 61
- Wende 61
- Häufige Fehler mit Stereoflossen 62

Dynamik mit Monoflossen 63
- Richtiger Flossenschlag 64
- Richtige Körperhaltung 64
- Wende 65
- Häufige Fehler mit Monoflossen 66

Dynamik ohne Flossen 67
- Richtiger Bewegungsablauf 67
- Gleitphase und Koordination 68
- Wende 69
- Häufige Fehler ohne Flossen 70

Training für das Streckentauchen 71
CO_2-Training 71
Laktattoleranz 72
Maximalversuch 73
Atmung, Stretching und Geist 74
Warm-up 74
Mental 75
Sicherungstaucher 76

Trainingsplan Dynamik 77
1. Woche 77
2. Woche 78
3. Woche 78
4.–6. Woche 79

Tieftauchen 80

Equipment 81
Neopren 81
Maske 82
Noseclips und Goggles 83
Schnorchel 83
Flossen 84
Blei 85
Computer 85

Ausrüstung am Tauchplatz 87
Boje 87
Seil 88
Grundgewichte und -platte 89
Lanyard 89

Atmen, Stretching und Warm-up 90
Zwischenrippenmuskulatur 90
Zwerchfell 91
Richtiges Warm-up 91

Tauchgang 92
Beginn mit dem Duck dive 92
Neutraler Punkt 94
Freier Fall 95
Wende 96
Aufstieg 96
Auftauchen 97
Sicherungstaucher 98
Rettung 99
Verletzungsrisiken 100
Mentale Aspekte 102

Druckausgleich 104
Wie man Druck ausgleicht 104
Frenzel-Methode 105
Mouthfill 105
Béance tubaire volontaire 107
Druckausgleich erleichtern 108

Trainingsplan Tief 108

Lifestyle 110

Ernährung 111
Kraft der Natur 111
Vor dem Tauchen 112

Fitness und Gesundheit 112
Stretching 113
Atmung 115
Meditation 118

Freediving-Erlebnisse 119
Ausbildung 119
Sonderaktivitäten 120
Reisen und Ausflüge 121
Erleben und Leben 123

Anhang 124

Register 124
Dank der Autoren 127
Quellen 127

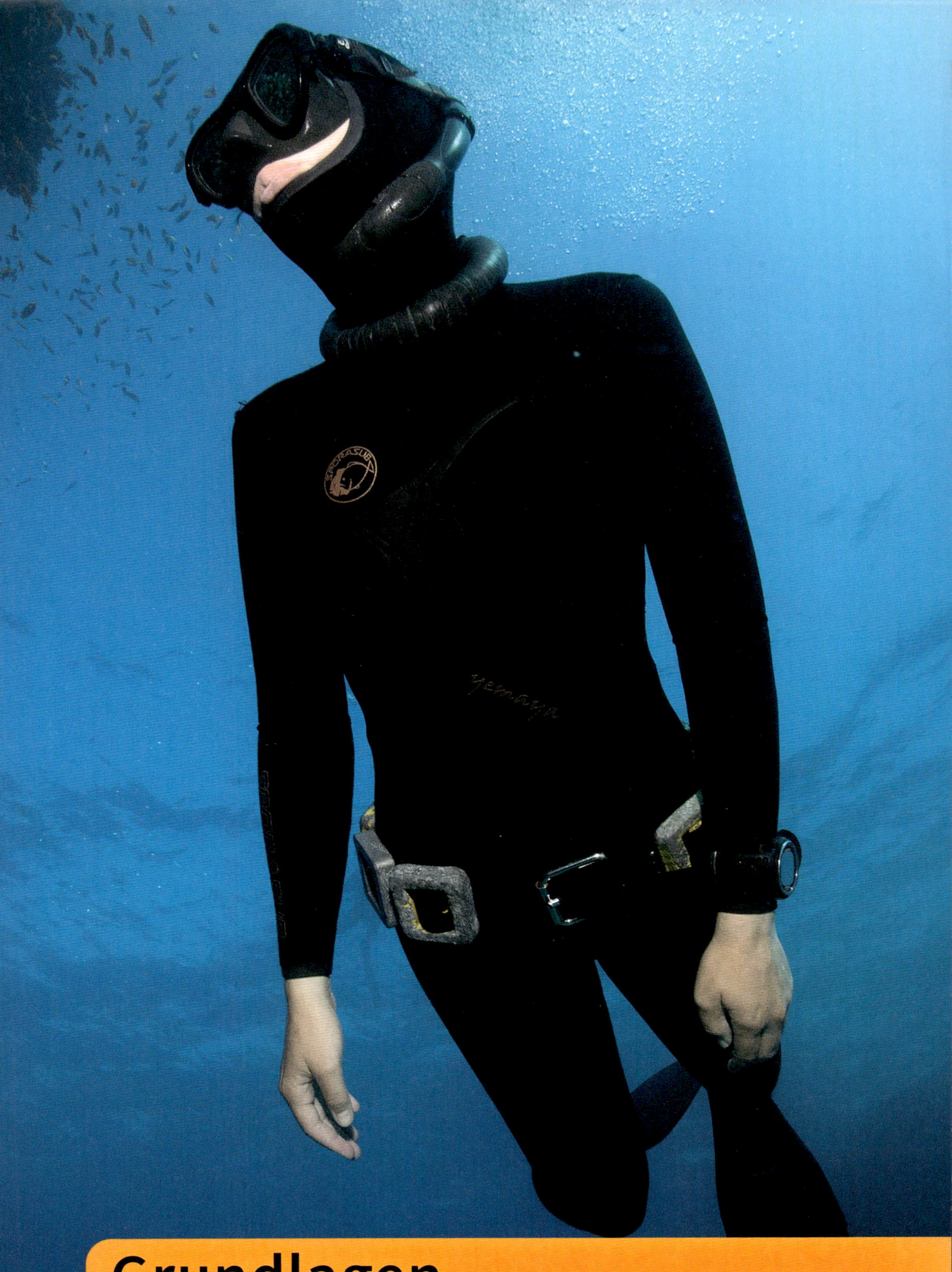

Grundlagen

»Freediving« ist heute eine Sportart, die das Potenzial hat, zu einer breiten Sportbewegung zu werden. Vor einigen Jahren noch haben uns die Gerätetaucher als Schnorchler belächelt. Auch die Hersteller haben uns wie Stiefkinder behandelt. Denn warum sollte man viel Energie auf Leute verschwenden, die so gut wie kein Equipment brauchen? Manche dachten sogar, dass wir uns nur deshalb mit Freitauchen beschäftigen, weil wir kein Geld haben, um »richtig« zu tauchen.

Equipment

Im Lauf der Zeit wurden die Hersteller von Tauchequipment etwas sensibler. Es gab einen Markt und niemand bediente ihn. Die Apnoetaucher bastelten sich mit primitiven Mitteln Equipment und kauften zu hohen Preisen bei Spezialisten ein. Die Idee der bewussten Reduktion auf das Wesentliche beim Freediving war den Herstellern nicht von Anfang an klar.

Der Grund, warum es heute Equipment in einem Tauchladen zu kaufen gibt, liegt darin, dass die Branche das Wachstumspotenzial dieser Sportart erkannt hat. Darüber hinaus spricht das Freediving eine jüngere Zielgruppe an als das klassische Sporttauchen.

Sehen

Das Freitauchen ist mit einem von einem Künstler gezeichneten Bild vergleichbar. Für jeden wird es etwas anderes sein. Für den einen ist es die sportliche Herausforderung, für den nächsten das »bei sich zu sein« und wieder andere möchten näher an die Lebewesen unter Wasser herankommen.

Für mich gilt: *»Abhängig davon, ob ich beim Tauchen nach innen schaue und in mich hinein höre oder viel von der Unterwasserwelt sehen möchte, wähle ich auch meine Maske aus. So kann es sein, dass ich für das Tieftauchen gänzlich auf eine Maske verzichte oder sogenannte Fluid Goggles benutze, also eine mit Wasser gefüllte Schwimmbrille (mehr zu den Fluid Goggles im Kapitel Tieftauchen auf S. 83). Oder aber ich benutze eine Maske, die es mir ermöglicht, bei meinen Unterwasserausflügen möglichst viel zu sehen.«*

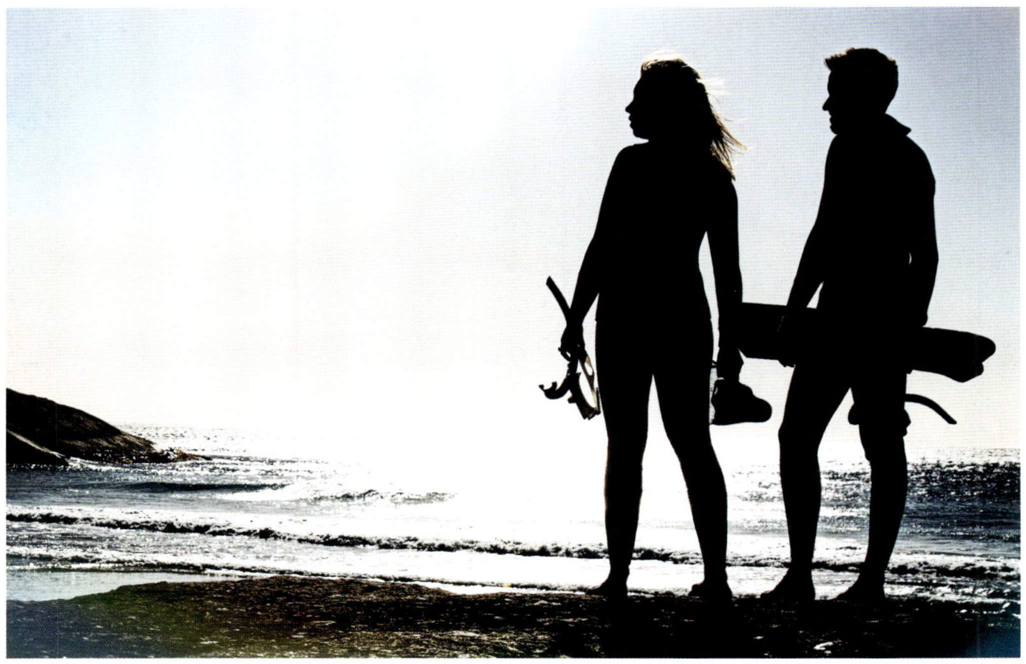

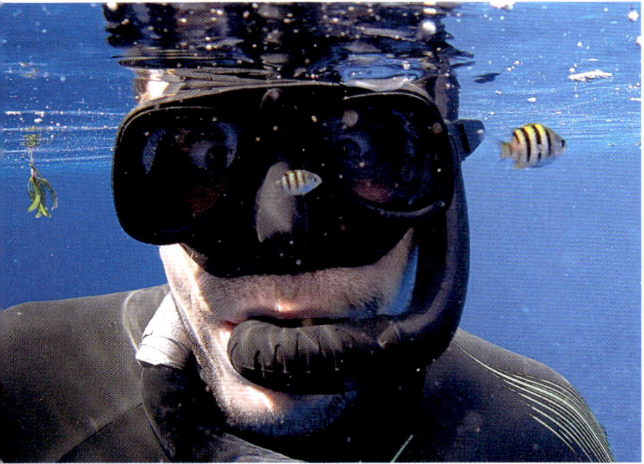

Grundsätzlich gilt:

- Die Maske sollte ein kleines Innenvolumen haben.
- Ein kleines Innenvolumen hat den Vorteil, dass die Augen automatisch nah am Glas positioniert sind. Dadurch hat man auch mit einem kleinen Innenvolumen eine gute Rundumsicht.
- Je kleiner die Maske, desto mehr vom Gesichtsfeld bleibt frei. Gerade im Augen- und Stirnbereich befinden sich die wichtigen Rezeptoren für den Tauchreflex. Dieser ermöglicht uns lange und entspannte Tauchgänge. Apnoe und Wasser begünstigen den Tauchreflex.
- Beim Tieftauchen spielt der Druckausgleich in der Maske eine große Rolle. Man hat nur einen Atemzug, und je weniger Luft man in die Maske blasen muss, um das Volumen der dichter werdenden Luft auszugleichen, desto mehr steht für den Druckausgleich in den Ohren zur Verfügung.
- Das Wichtigste aber ist, dass die Maske gut passt. Denn nur, wenn sie sich gut an die Gesichtsform angepasst ist, ist sie dicht und lässt kein Wasser eindringen.

Freitaucher nutzen keine gespiegelten Gläser

Vor allem beim Speerfischen sind gespiegelte Gläser populär. Nach Aussagen von Unterwasserjägern, die mit der Harpune jagen, erkennen die Fische, wohin der Speerfischer schaut. Außerdem sind sowohl Speerfischer als auch Freitaucher viel an der sonnigen Oberfläche und gespiegelte Gläser haben einen Sonnenbrillen-Effekt. Doch was für Speerfischer passend ist, gilt nicht für Freitaucher. Denn gerade die Sicherheit ist ausschlaggebend für den Apnoesport. Die Augen sind mit der wichtigste Indikator für die Entspannung eines Tauchers. Wenn ich beim Freitauchen jemanden mit gespiegelten Gläsern sichere, fühle ich mich selbst blind. Ich sehe nicht, wie es ihm geht, »lächeln« seine Augen oder sind sie weit aufgerissen vor Angst oder vor Unsicherheit?

Schwarz oder transparent

Fast alle Apnoetaucher benutzen schwarze Silikonmasken. Dieser »Dresscode« hat den Hintergrund, dass man sich viel an der Oberfläche aufhält und das einfallende Licht ungewollte Reflexionen im Gesichtsbereich verursachen kann. Und schwarzes Silikon vergilbt nicht

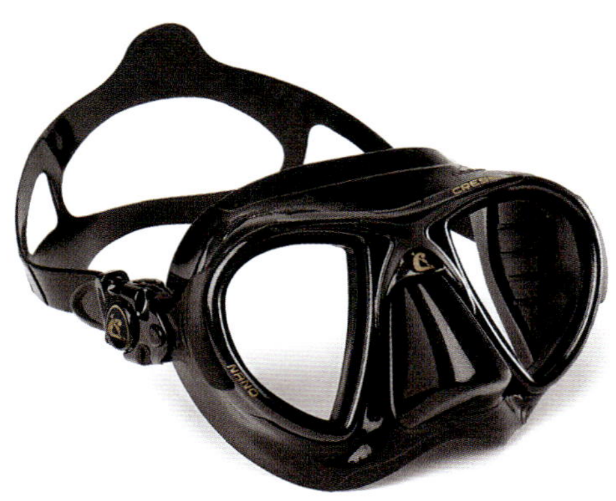

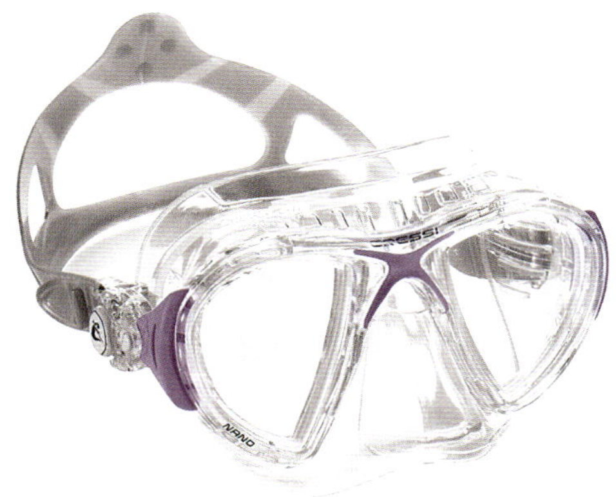

so schnell. Der Nachteil ist aber, dass man einen stärkeren Tunneleffekt hat. Das Gesicht bekommt weniger Helligkeit ab. Dies ist zwar meist beabsichtigt, um den Sehsinn auf das Wesentliche zu konzentrieren, z. B. wenn man den Fokus auf die Linie beim Streckentauchen oder das Seil beim Tieftauchen legen möchte. Wenn man aber zum Spaß im See oder Meer taucht, ist transparentes Silikon sehr angenehm.

Was für jede Schnorchelmaske gilt:

- Silikonmasken rufen keine Allergien hervor und verformen sich in der Sonne nicht.
- Die Dichtlippe hilft, die Maske gut ans Gesicht anzupassen.
- Temperiertes Sicherheitsglas ist auch unter Druck robust. Freitaucher nutzen zwar gelegentlich Masken mit Plastikgläsern, die jedoch sehr schnell beschädigt oder verkratzt werden. Und es bedeutet zusätzlichen Stress, wenn man bei einem tiefen Tauchgang das Glas verliert.
- Für manche Apnoemasken und Schwimmbrillen gibt es optische Gläser.

Atmen

Der Schnorchel wird meist zum Sichern benutzt. Die Schnorchelatmung ermöglicht es, den Tauchgang des Partners entspannt zu verfolgen, ohne dabei selbst außer Atem zu geraten. Außerdem begünstigt die Entspannungsphase vor dem Abtauchen mit dem Gesicht im Wasser das Auslösen des Tauchreflexes. Dies ist am einfachsten mit dem Schnorchel im Mund möglich.

Je größer der Schnorchel ist, desto mehr Wasserwiderstand bietet er. Er kann dadurch zu flattern oder am Maskenband zu zupfen beginnen, was einen entspannten Tauchgang beeinträchtigen kann. Wenn er flexibel ist, das Mundstück also aus einem sehr weichen Material besteht, dann wackelt er noch mehr. Wir suchen aber Ausrüstung, die eng am Körper anliegt und einen möglichst geringen Wasserwiderstand bietet.

Eigenschaften des Schnorchels

- Er sollte weich sein, denn er wird meistens unter dem Maskenband getragen und nicht an der vorgesehenen Halterung befestigt. Grund dafür ist, dass er in dieser Posi-

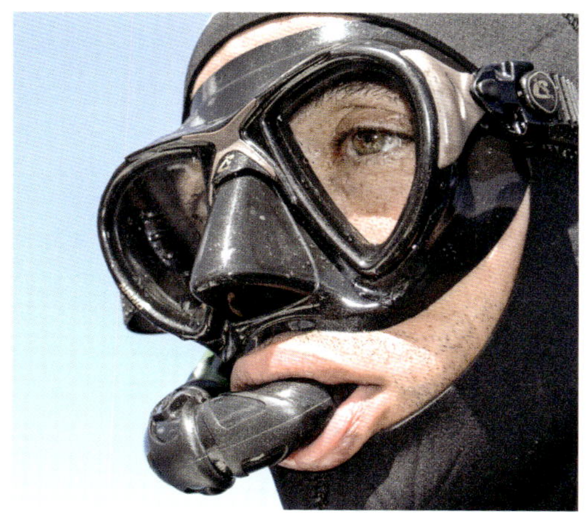

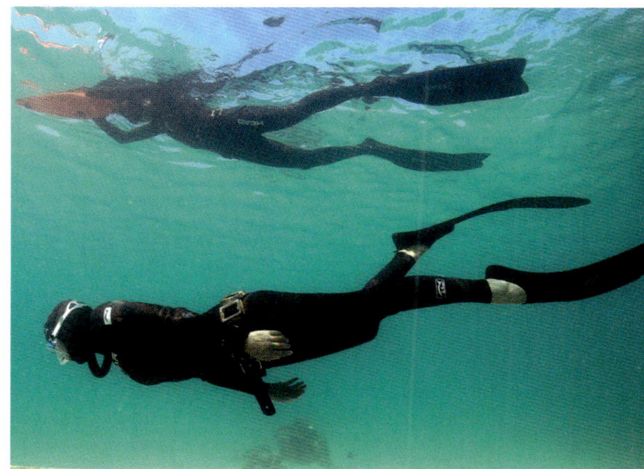

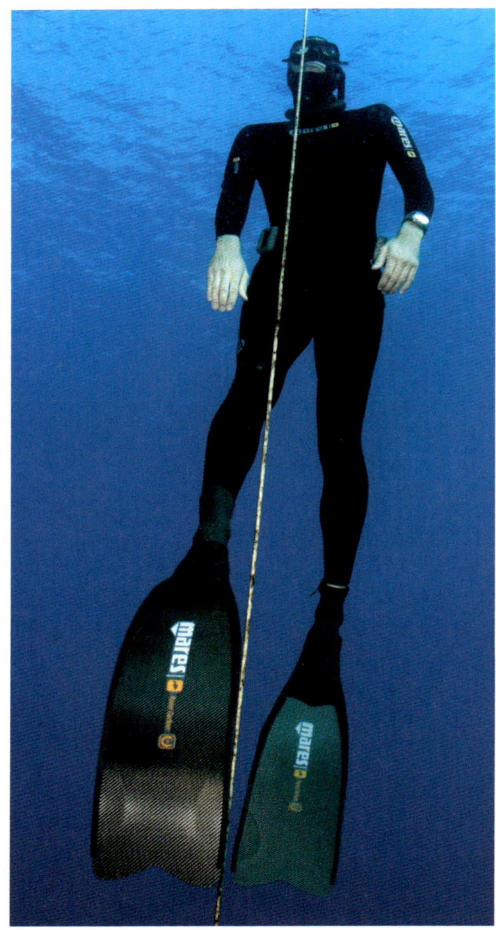

tion enger am Kopf liegt und beim Tauchen nicht flattert.

- Er darf kein Drytop haben – also keinen Verschluss am oberen Ende – und selten ein Auslassventil, da all das den Schnorchel schwerer macht, was wiederum zum Flattern führt. Außerdem machen solche Accessoires einen Schnorchel meist teurer.
- Der Schnorchel sollte günstig sein, da man ihn häufig verliert – beispielsweise, weil man ihn beim Abtauchen im offenen Gewässer an der Oberfläche (an der Boje oder beim Buddy) zurücklässt und er dabei fallengelassen oder weggetrieben wird.

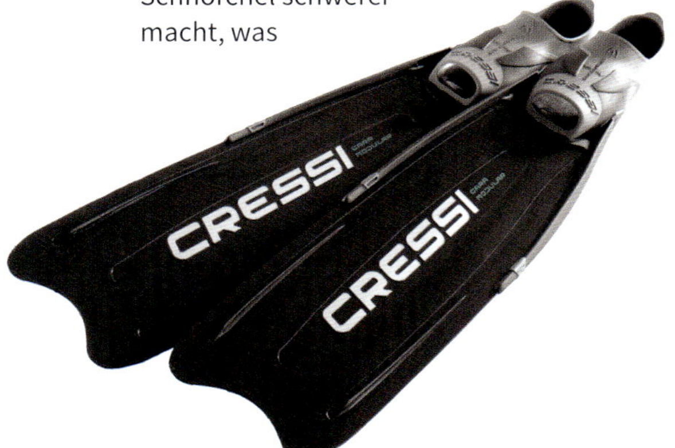

Schwimmen

Für unsere Strecke und Tiefe suchen wir die perfekte Flosse. Die perfekte Flosse ist diejenige, mit der sich mit dem kleinstmöglichen Aufwand die größtmögliche Strecke zurücklegen lässt, ganz gleich, ob horizontal oder vertikal.

Wunschformel:
minimaler Input
+ extrem dynamisches Flossenblatt
= maximaler Vortrieb

Stereoflossen

Die klassischen Apnoeflossen sind aus Kunststoff. Die Flossen kommen überwiegend aus dem Speerfischen und können problemlos für das Tief- und Streckentauchen verwendet werden. Interessanterweise unterscheiden sich die Flossen nur durch die Fußteile, nicht aber in der Länge. Natürlich gibt es von unterschiedlichen Herstellern auch unterschiedlich lange Flossen. Aber die Flossen einer Produktreihe – außer bei dem Hersteller Omer – unterscheiden sich in der Länge nicht, unabgängig davon, ob der Taucher 1,50 m oder 1,99 m groß ist.

Bei den Flossen kommt es auf ein dynamisches Flossenblatt an. Die Frage ist, was man für einen Flossenschlag investieren muss und was die Flosse selbst leistet. Dabei ist die Flosse die Verlängerung des Körpers. Ein Flossenschlag wird nicht aus den Knien oder den Beinen generiert, sondern überträgt sich aus den Hüften über die Oberschenkel bis hin zum Fußspann. Lange Stereoflossen (Bi-Fins) sind am gebräuch-

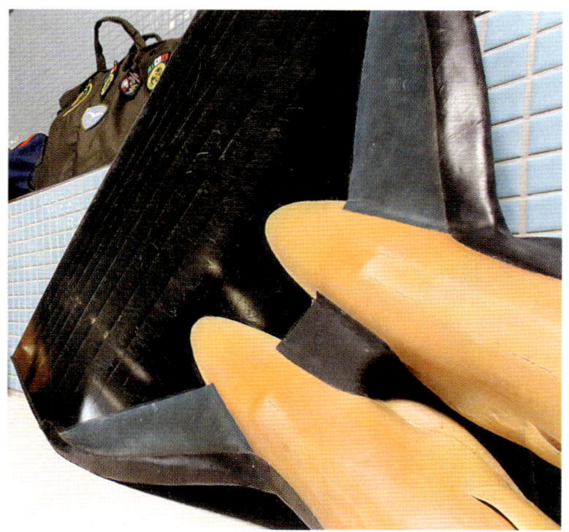

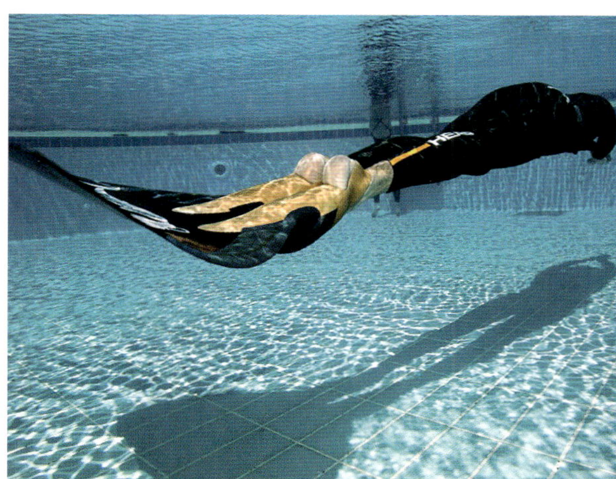

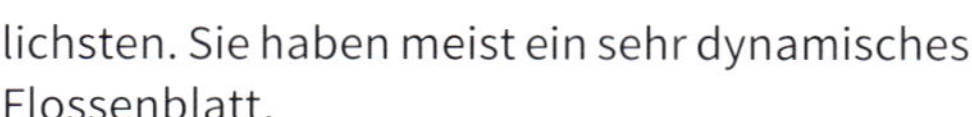

lichsten. Sie haben meist ein sehr dynamisches Flossenblatt.

Als dynamisches Flossenblatt bezeichnet man also Flossen, deren Output besonders groß ist. Der Output gibt an, was meine Flosse nach meinem Input aus eigener Flexibilität zum Vortrieb beisteuert. Eine Flosse, die nur langsam wieder in die Normalposition zurückschwingt, wird mich bei meinem Flossenschlag nicht besonders gut unterstützen. Der Input, also das, was man an Kraft aufbringt, hängt von der Technik, vom Trainingszustand und vom Härtegrad der Flosse ab.

Wenn die Technik nicht gut ist, nützt auch die lange Flosse nichts. Zum Beispiel, wenn man mit dem Beinschlag die Länge der Flossen ignoriert, diese also schlägt, als seien es kurze Schnorchelflossen. Es gibt noch eine Reihe weiterer Fehler, auf die wir beim Strecken- und Tieftauchen eingehen werden. Auch eine noch nicht ausreichend vorhandene Muskulatur verträgt sich nicht mit langen, harten Flossen. Erst eine gut entwickelte Muskulatur generiert zusammen mit der richtigen Technik mit langen Flossen einen tollen Vortrieb.

Monoflosse

Immer dann, wenn man sich Techniken aus dem Tierreich abschaut, ist man auf dem richtigen Weg – in unserem Fall ist es der Delfinschlag. In punkto Effizienz sind die Monoflossen den Stereoflossen überlegen. Die Kraft, welche in einen Flossenschlag mit der Monoflosse übertragen wird, wird vom gesamten Körper generiert. Körperregionen, die über viel Muskulatur verfügen, leisten dabei den Großteil der Arbeit. Beim Monoflossenschlag sind das die Stütz- und Rumpfmuskulatur sowie die Oberschenkelmuskulatur.

Das Flossenblatt einer Monoflosse verdrängt erheblich mehr Wasser als die langen Stereoflossen. Es besteht meistens aus einer Fiberglas-Kunststoff-Mischung, aus Carbon oder nur aus Kunststoff. Wichtig bei der Monoflosse ist die Auswahl des richtigen Fußteils. Es sollte eher eng sitzen und wird meistens zum Schutz

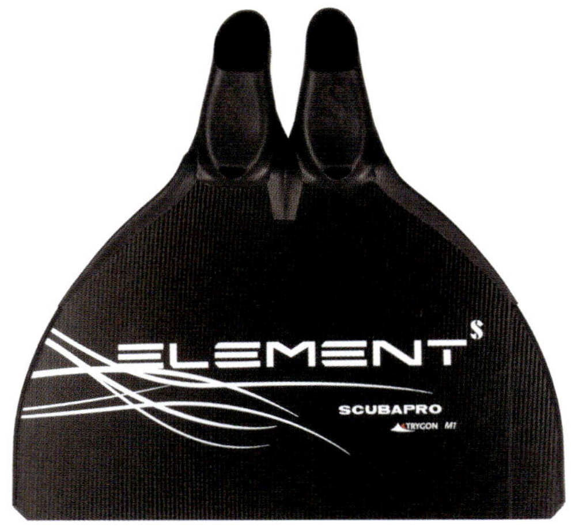

vor Druckstellen mit kurzen Neoprensocken getragen, die nur die Zehen und den Spann einschließen.

Der Winkel der Flosse ist dabei so gewählt, dass bei Streckung des Fußes eine komplett horizontale Positionierung der Monoflosse erreichbar ist. Alle Weltklasse-Freitaucher sind mittlerweile auf die Monoflosse umgestiegen und seit einigen Jahren sind keine Weltrekorde mehr mit Stereoflossen gemacht worden, sei es beim Tief- oder Streckentauchen.

Hersteller: Die meisten Hersteller von Monoflossen kommen aus dem Osten, insbesondere aus Russland, der Ukraine und Estland. Die populärste Monoflosse unter den Top-Athleten ist die Glidefin von Waterway. Die Flosse kostet derzeit etwa 500,– €. Ebenfalls aus der Ukraine sind die Flossen von Triton. Die Leaderfins kommen aus Estland. Dabei handelt es sich um Top-Flossen, die alle zwischen 400,– und 500,– € kosten. Subgear bietet in Zusammenarbeit mit Trygons auch eine sehr gute Monoflosse an, die etwas günstiger ist als die »maßgeschneiderten« Wettkampfmodelle. Doch hat fast jeder Hersteller auch einfachere Flossen im Programm. Häufig machen das Flossenblatt, die Fußteile und die Winkel den Unterschied aus. Eine High-End-Flosse, wie oben beschrieben, wird von Hand nach Maß gefertigt.

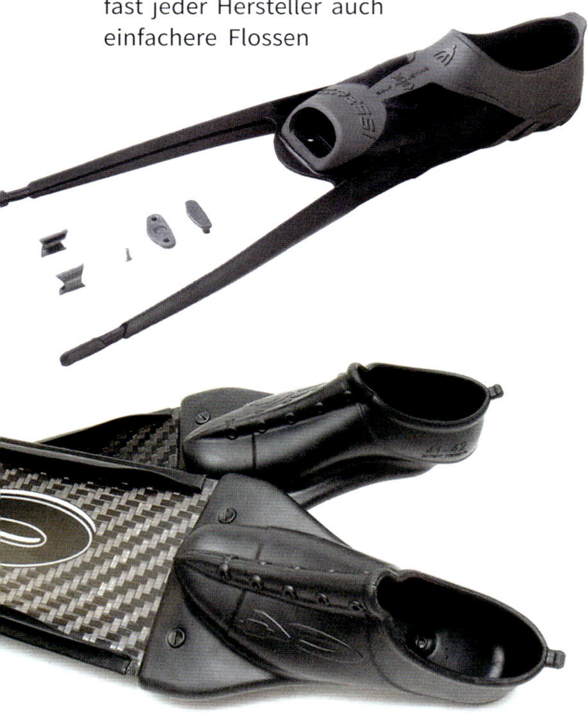

Fußteile

Es gibt die unterschiedlichsten Fußteile, die fast alle denselben Zweck erfüllen: Sie sind das Verbindungsstück zwischen Körper und Flosse. Ein Flossenschlag wird nicht nur aus den Beinen generiert, sondern von den Hüften abwärts über die Oberschenkel, die Waden, vor allem die Schienbeinmuskulatur bis zum Fußspann. Diese Kraft überträgt sich schlussendlich auf die Gesamtlänge der Flosse.

Die Fußteile bilden dabei einen Kompromiss aus Hydrodynamik und Bequemlichkeit. Auch hier gibt es keine ultimative Formel, denn so wie jeder Fuß anders gebaut ist, haben auch verschiedene Fußteile ihre Daseinsberechtigung.

Es gibt eine Menge unterschiedlicher Fußteile. Überwiegend sind klassische Fußteile wie bei Mares, Cressi, Omer und Pathos populär. Diese Fußteile unterscheiden sich nicht von denen normaler Schwimmbad-/Schnorchelflossen.

Andere Ideen verfolgen die Falcon oder Mustang von C4. Hier gibt es ein Fußteil, welches einmal auf den individuellen Fuß angepasst wird, indem man es so schnürt, dass der Fuß einen perfekten Sitz hat. Bei der Firma Trygons legt man Wert auf extrem flache Fußteile, um möglichst wenig Strömungswiderstand zu bieten. Apnoeflossen, in die man mit Füßlingen einsteigt, gibt es nicht. Jedoch machen Neoprensocken durchaus Sinn.

Wenn die gleichen Flossen sowohl zum Streckentauchen als auch zum Tieftauchen genutzt werden sollen, dann bieten diese insbesondere in den kälteren Gewässern einen Schutz vor der Kälte. Neoprensocken verhindern außerdem Druckstellen durch den erhöhten Druck der langen Flossen auf den Fuß. Beim Einsteigen ins Wasser bieten sie einen minimalen Schutz vor Verletzungen durch maritime Lebewesen und spitze Steine.

Einige Freitaucher benutzen Kreuzbänder, um die Flosse, wenn sie im Schwimmbad ohne Socken benutzt wird, fest mit dem Fuß zu verbinden.

Wichtig ist:

- Der Fußteil ist groß genug, dass die Flosse mit Neoprensocken getragen werden kann. Zum einen wegen der Isolierung in kalten Gewässern, zum anderen, um Druckstellen zu vermeiden, die durch den höheren Kraftaufwand entstehen können, der bei langen Flossen aufwandt werden muss.
- Das Fußteil ist bequem.

Winkel

Wenn man eine Flosse mit dem Seitenprofil vor sich in die Luft hält, erkennt man, dass sie nicht vollständig gerade ist. Die Flosse soll beim Streckentauchen bei ausgestrecktem Fuß möglichst waagerecht im Wasser liegen. Bei absolut geraden Flossen würde sonst ein Strömungswiderstand entstehen. Anders als bei den Fußteilen der Monoflosse kann der Stellwinkel nur bei den maßgefertigten Bi- oder Stereoflossen verändert werden – er ist sonst durch den jeweiligen Hersteller vorgegeben.

Rails und Seitenränder

Eine sehr lange Flosse zu schlagen ist anspruchsvoll. Es setzt eine sehr gute Technik und die entsprechende Muskulatur an den richtigen Stellen voraus. Ansonsten geht der Flossenschlag im Verlauf des langen Blattes irgendwo verloren. Das bedeutet, dass das verdrängte Wasser nicht nach hinten über die Kante des Flossenendes weggespült wird, sondern über die Seiten abfließt. Dadurch knickt das Flossenblatt leichter ein. Meistens erkennt man diesen Effekt, wenn die Flossen aneinander streifen. Daher haben fast alle Flossen Seitenränder, die das Wasser kanalisieren und nach hinten wegtransportieren. Bei den C4-Flossen sind die Seitenränder zum Beispiel extrem hoch. Es handelt sich somit um Hilfestellungen für einen nicht perfekten Flossenschlag. Beim Carbonflossen-Hersteller Trygons hingegen sind die Seitenränder minimal. Der Gedanke des Herstellers ist hier, dass die Seitenränder extrem dynamische Flossenblätter wie die Carbonblätter wieder einschränken. Die Idee dahinter: Was bringt ein perfektes Flossenblatt, wenn die Dynamik des Blattes durch einen Seitenrand aus Kunststoff begrenzt wird.

Auch bei der Monoflosse haben die Seitenränder und Längsruder die Aufgabe, die Flosse in der Spur zu halten. Gerade zu Beginn ist der Umgang mit der Monoflosse deswegen so schwierig, weil noch nicht genug Druck auf die Flosse gebracht werden kann. Mit der richtigen

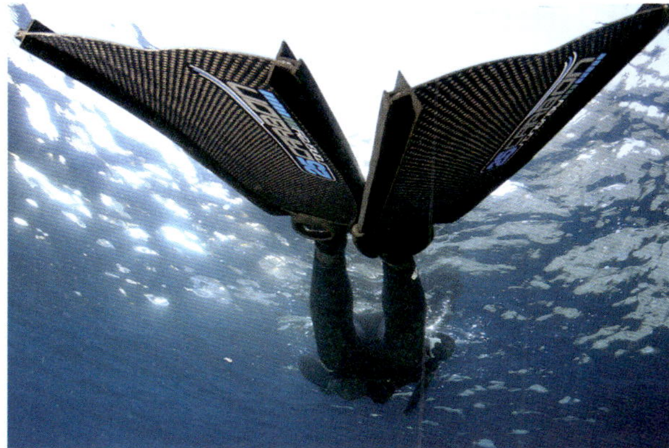

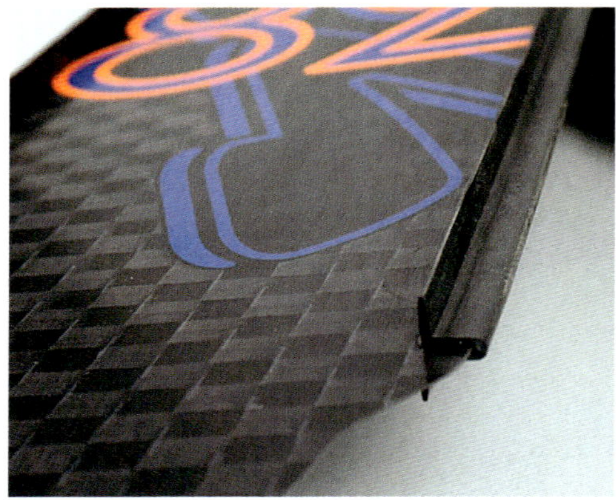

Technik und der erforderlichen Muskulatur gelingt das später. Eine wertvolle Hilfestellung bieten hier die Seitenränder (Rails) und die Längsränder (Drifts), die sich bei manchen Monoflossen wie Ruder an der Oberfläche der Flosse befinden. Beim Flossenschlag drückt man die Flosse nach unten und verdrängt so aktiv das Wasser. Dabei helfen sowohl die Außenränder als auch die Längsrillen, Stabilität herzustellen. Das Wasser kann nicht so einfach zur Seite »abhauen«, was ein Einknicken der Flosse zur Folge hätte.

Sehr häufig sind bei Flossen mit kräftigen Wings kaum Längsrillen vorhanden. Wings sind die Verstärkungen, welche meistens aus demselben Gummi/Material wie das Fußteil bestehen. Die Verstärkung setzt sich an der Oberseite über die Ränder fort und geht bis in die Rails über. Die Wings dienen dazu, das Wasser nach hinten und nicht zur Seite zu verdrängen. Ihre Hauptaufgabe ist aber eine Grundstabilität aufzubauen. Bei einem kräftigen Flossenschlag wird das Einknicken der Flosse verhindert. Weichere Flossen oder Flossen ohne Wings klappen häufig senkrecht und waagerecht stark zusammen. Dadurch kann kein allzu starker Druck auf die Flosse gegeben werden.

Härte und Materialien

Ob Kunststoff, Carbon oder Fiberglas – es gibt Stereo- und Monoflossen in unterschiedlichen Härtegraden. Kunststoffflossen sind in erster Linie sehr robust, kratzfest und erheblich günstiger als Carbon- oder Carbon-Fiberglas-Mischungen. Der häufigste und gebräuchlichste Werkstoff ist dabei ein Thermoplast. Je nach Mischungsverhältnis kann die Flosse hart oder weich sein und über eine gewisse Dynamik (Input/Output) verfügen.

Jedoch sind Carbonflossen oder Carbon-Fiberglas-Gemische Meister des Minimax-Prinzips. Sie haben den Vorteil, dass sie zum einen sehr leicht zu treten sind und zum anderen einen sehr starken Vortrieb haben. Der

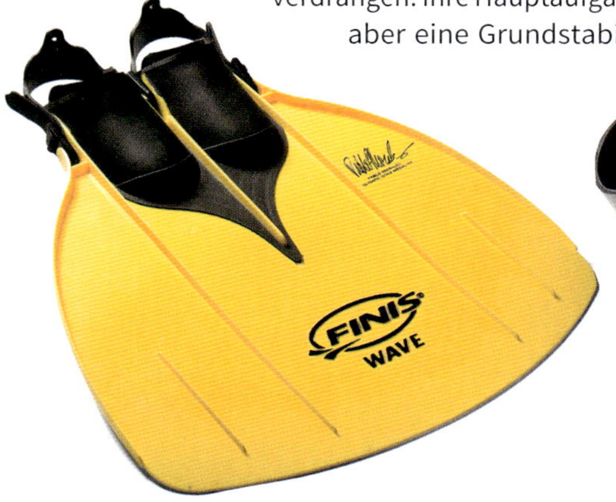

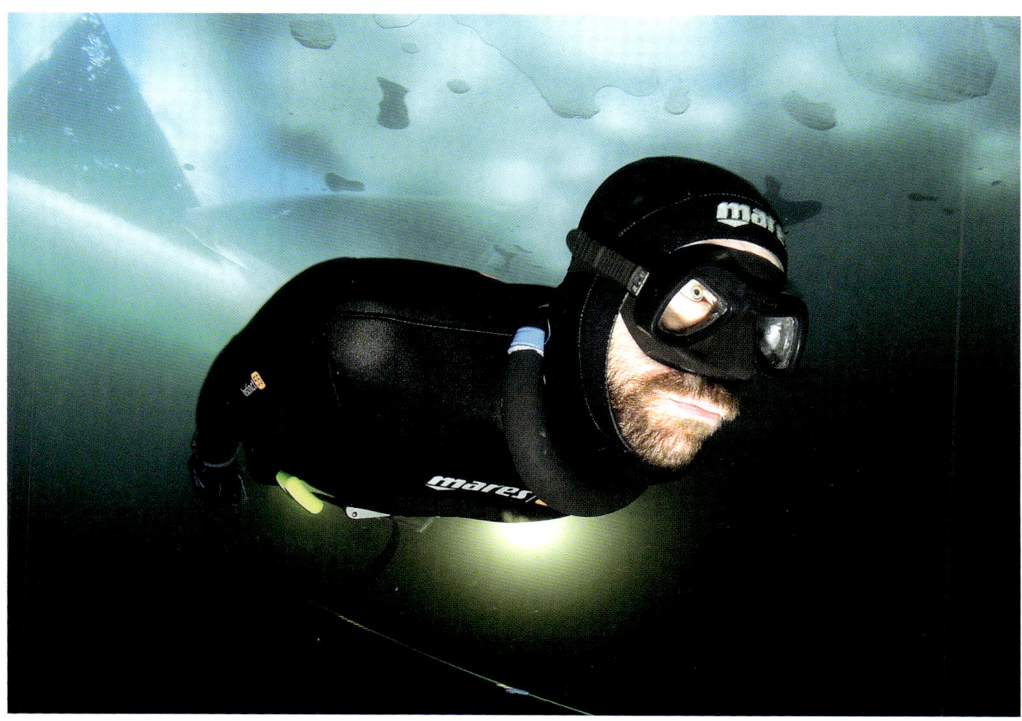

Vortrieb wird generiert durch den Input – das Nach-unten-Schlagen der Flosse – und den Output der Flosse, also wie schnell das Flossenblatt wieder in die neutrale Position strebt. Das heißt, die Flossen generieren maximalen Vortrieb bei minimalem Input. Welche Flosse für einen selbst die richtige ist (weich, medium oder hart), muss man selbst herausfinden. Beim Tieftauchen werden meistens Medium- oder harte Flossen benutzt, um in der Tiefe schneller aus dem Bereich der negativen Tarierung heraus nach oben zu kommen.

Anzug

Auf die Neoprenanzüge wird in den einzelnen Kapiteln noch einmal speziell eingegangen. Allgemein gilt für jeden Anzug:

Flexibilität

Ein Apnoeanzug muss so konzipiert sein, dass er die Atmung nicht einschränkt. Er sollte aber auch nicht zu groß sein, denn Neopren dehnt sich im Wasser etwas aus. Apnoeanzüge werden deshalb aus weichem Neopren hergestellt, das viele eingeschlossene Luftkammern enthält. Ein besonders weicher Anzug ist jedoch nicht so robust wie ein unflexibler. Das bedeutet, viele Auf- und Abstiege führen zu einem erheblich schnelleren Verschleiß dieser Anzüge.

Die größte Herausforderung liegt für die Hersteller aber darin, einen Anzug zu schaffen, der flexibel ist und es dem Taucher ermöglicht, tief

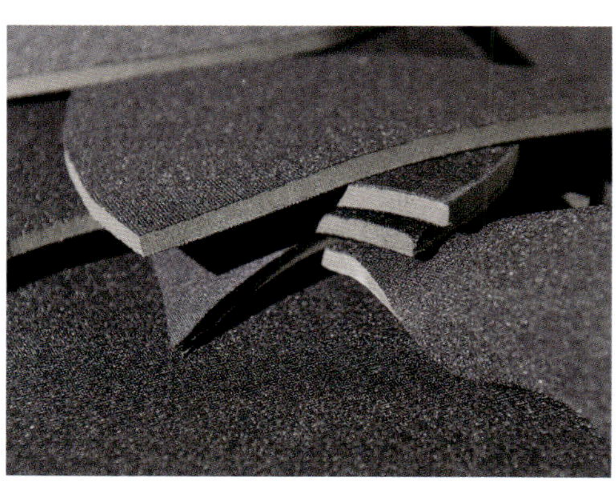

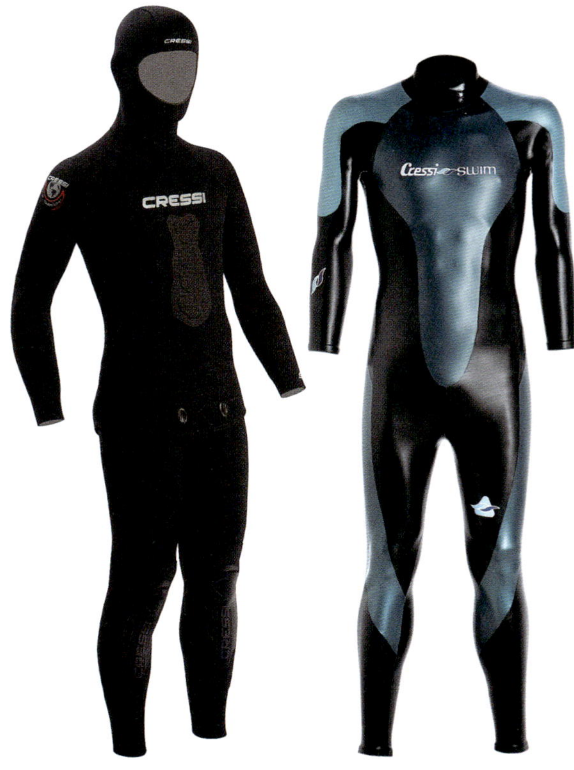

einzuatmen und sich in der Tiefe gut zu bewegen, aber nicht zu stark komprimiert wird. Ein zu weicher Anzug ist zum einen schnell ausgeleiert und bietet nicht mehr den erwünschten Wärmeschutz, und zum anderen ist ein zu stark komprimierter Anzug in der Tiefe für einen vergrößerten Abtrieb verantwortlich. Wenn wir mit

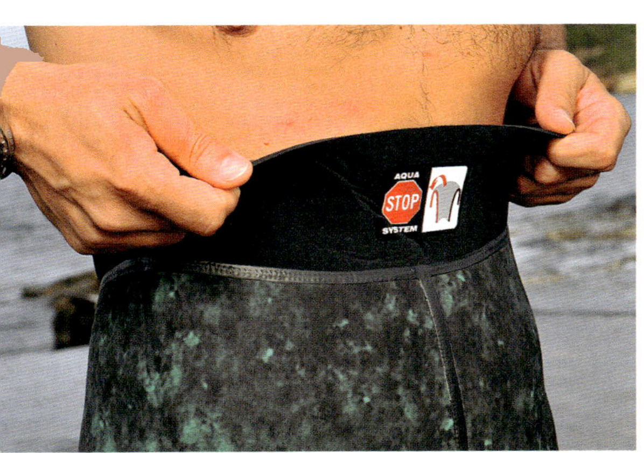

einem weichen Anzug in die Tiefe tauchen, wird er stärker komprimiert, wodurch er seinen positiven Auftrieb verliert. Wir bekommen früher Abtrieb. Das ist zwar vorteilhaft auf dem Weg nach unten, doch auf dem Weg nach oben muss man stärker arbeiten, um wieder in den Bereich des positiven Auftriebs zu gelangen.

Neopren enthält viele eingeschlossene Luftblasen: Wenn der Anzug wiederholt komprimiert wird, kollabieren immer mehr dieser Luftblasen, bis irgendwann nur noch wenige übrig sind. Der Anzug ist dann »ausgelutscht« und bietet nicht mehr die benötigte Wärme-Isolation. Es verhält sich wie bei Laufschuhen, die nach vielen Läufen abgetragen sind: Wer viel trainiert, braucht auch früher einen neuen Anzug.

Wärme

Zum einen absorbiert Wasser die Körperwärme 25-mal schneller als Luft, zum anderen entsteht durch Bewegung auch thermische Energie. Ein Schwimmer benötigt daher meistens keinen oder nur einen sehr dünnen Neoprenanzug. Beim Freitauchen hat man jedoch viele Erholungspausen, in denen jeder Muskel komplett entspannt ist. Ein Anzug ist hier unabdingbar, denn wer friert, kann die Luft nicht besonders lange anhalten. Der Neoprenanzug muss der Temperatur des Gewässers, der Kälteempfindlichkeit des Tauchers und der jeweiligen Tauchdisziplin angepasst sein. Für Zeittauchen benötigt man bei gleicher Temperatur einen dickeren Anzug als bei dynamischen Disziplinen wie dem Strecken- oder Tieftauchen.

Gleitfähigkeit

Verschiedene Neoprenarten haben ein besseres Gleitverhalten als andere. Wer mit nur einem Atemzug reist, möchte möglichst wenig Widerstand haben. Ein besonders gleitfähiger Anzug ist fast immer sehr viel empfindlicher als ein normaler. Es ist wichtig zu wissen, wofür man diesen Anzug verwenden möchte. Will man beim Strecken- oder Tieftauchen ein paar Meter mehr herausholen, dann ist man an einem möglichst gleitfähigen Anzug interessiert, auch wenn dieser teurer ist und sehr viel schneller kaputtgeht.

Ausführungen

Neoprenanzüge gibt es in den verschiedensten Ausführungen. Häufig benutzen Apnoetaucher offenzellige Neoprenanzüge (*open cell*). Offenzelliges Neopren hat keine Innenkaschierung. Die Anzüge können ohne die Benutzung von Seifenwasser kaum über die Haut gezogen werden. Diese Ausführung hat den Vorteil, dass sich das Neopren besser an die Haut saugt. Vor allem in kälteren Gewässern ist dies von Vorteil, denn der Anzug dichtet besser ab und die Haut wird nicht immer wieder von neuem, kaltem Wasser umspült.

Offenzellige Anzüge sind etwas flexibler und beweglicher als kaschierte Anzüge. Die kaschierten sind hingegen leichter anzuziehen, man braucht aufgrund der gleitfähigeren Innenseite kein Seifenwasser. Außerdem entstehen beim Anziehen nicht so schnell Risse und Löcher.

Es gibt Overalls, zweiteilige Anzüge mit High Waist Pants, Long Johns und Westen mit integrierter Kopfhaube. Reißverschlüsse auf der Vorderseite findet man beim Apnoetauchen eher selten, denn Reißverschlüsse können sich nicht dehnen. Das macht den Anzug unflexibler, was wiederum die Atmung einschränken kann. Wenn, wie bei einem Overall, ein Reißverschluss vorhanden ist, dann liegt dieser auf dem Rücken. Außerdem dringt durch den Reißverschluss Wasser ein, was zu einer schnelleren Auskühlung führen kann.

Meist fehlen Reißverschlüsse jedoch gänzlich und der Apnoetaucher braucht vor allem beim Ausziehen einen Buddy, der hilft den Anzug über den Kopf zu ziehen. Der klassische Neoprenanzug kommt ursprünglich aus dem Speerfischen und hat sich nicht besonders verändert. Häufig sind es die absolut gleichen Anzüge und man findet sowohl bei den Mares- als auch bei den Cressi-Anzügen immer noch das Pad auf der Brust, auf welchem die Speerfischer ihre Harpune spannen. Gerade im Mittelmeerraum ist der Markt für Harpunetis noch größer als derjenige für Freediver. Dieser Anzug ist in verschiedenen Dicken (2, 3, 5, 6 oder 7mm) erhältlich und besteht aus einer Weste mit angesetzter Kopfhaube, die über dem Long John oder den High Waist Pants getragen wird. Der Long John ist eine Trägerhose, die genau wie die High Waist Pants die Aufgabe hat, den Körper zu wärmen, das heißt, sie reicht bis an die Brust. Die High Waist Pants geben dem Apnoetaucher noch etwas mehr Flexibilität, weil er in der Länge nicht begrenzt wird, im Gegensatz zu einer Trägerhose. Da Neoprenanzüge flexibel sind, passen meistens auch die Standardgrößen. Das hat den Vorteil, dass man sie anprobieren und manchmal sogar im Schwimmbad ausprobieren kann, um ganz sicher zu sein, dass man den richtigen Anzug für sich gefunden hat.

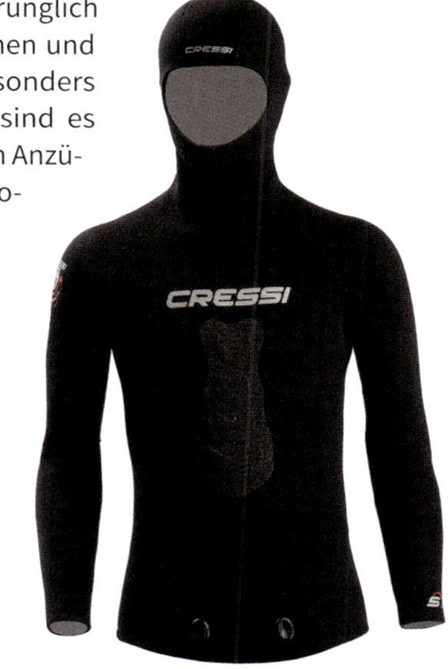

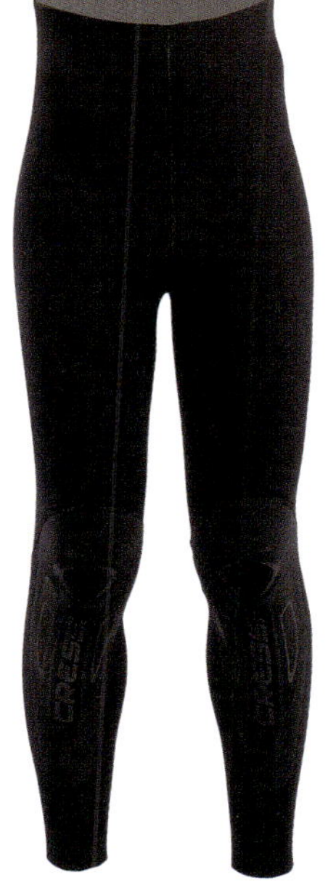

***Wissenswert:** Einige Hersteller, wie Polo Sub oder Elios, stellen maßgefertigte Anzüge her. Das ist praktisch, wenn man nicht der Standardfigur entspricht. Dabei ist es wichtig richtig zu messen und sich sicher zu sein, was man genau benötigt, denn die Auswahl des Anzuges und des Materials geschieht auf dem Papier oder per E-Mail.*

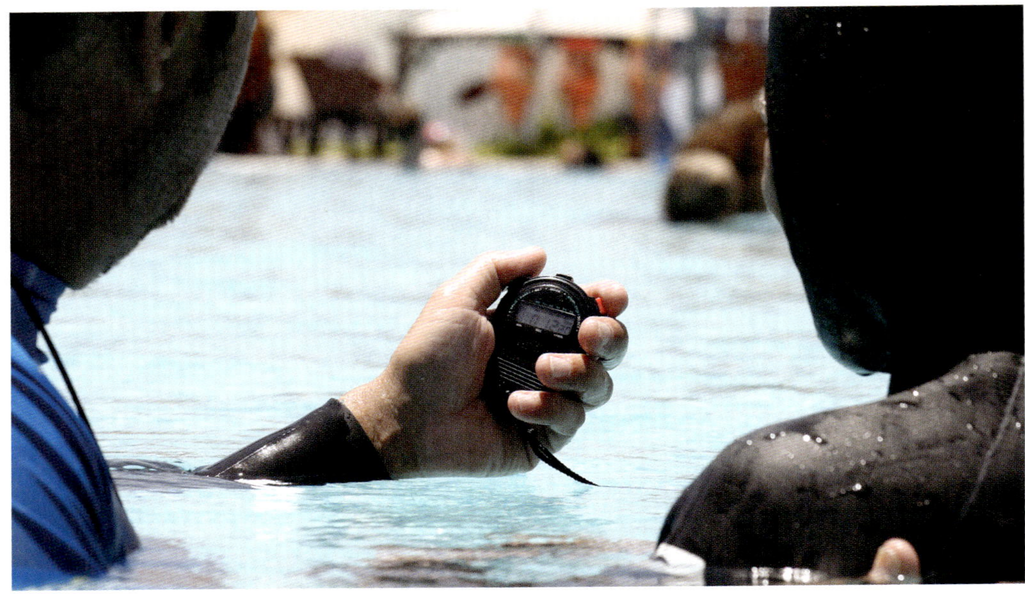

Messen

»You can only improve what you can measure«. Um einen Tauchgang auswerten zu können, braucht man einen Tauchcomputer, entweder einen reinen Freitauchcomputer oder einen Tauchcomputer mit einem ausreichenden Freediving-Modus. Ein guter Freediving-Modus beinhaltet Tiefenintervalle, Zeitintervalle, eine schnelle Abtastrate und die Möglichkeit, die Daten auf einem PC oder Mac grafisch darstellen zu können. Die schnelle Abtastrate gewährleistet, dass die richtige Tiefe und Zeit angezeigt werden. Für das Gerätetauchen ist es nicht so problematisch, wenn nicht ein- oder mehrmals in der Sekunde gemessen wird. Beim Freitauchen, insbesondere beim Tieftauchen, kann dies aber ein paar Meter ausmachen.

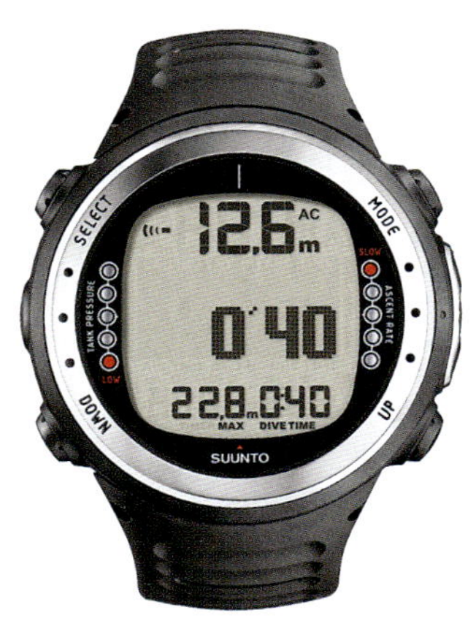

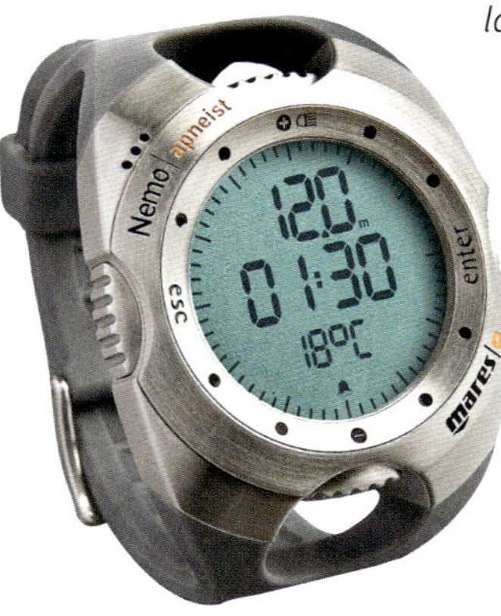

Apnoecomputer

Anhand des Computers kann der fortgeschrittene Freitaucher erkennen, wie seine Ab- und Aufstiegsgeschwindigkeit war, ob er sehr langsam gefallen ist, ob er sehr schnell aufgetaucht ist. Die daraus resultierenden Analysen könnten lauten: *»Ich bin sehr schnell aufgetaucht – vielleicht war ich nicht entspannt«, »Ich bin langsam gefallen – eventuell habe ich zu wenig Blei, d. h. meinen neutralen Punkt zu spät gesetzt«, »Möglicherweise habe ich in der Abstiegsphase während des positiven Auftriebs zu wenig gearbeitet oder keinen effektiven Duck dive gemacht.«* Daraus resultieren Trainingsanpassungen.

Manche Tauchcomputer beziehen den Puls in die Messung mit ein. Dies ist ein fan-

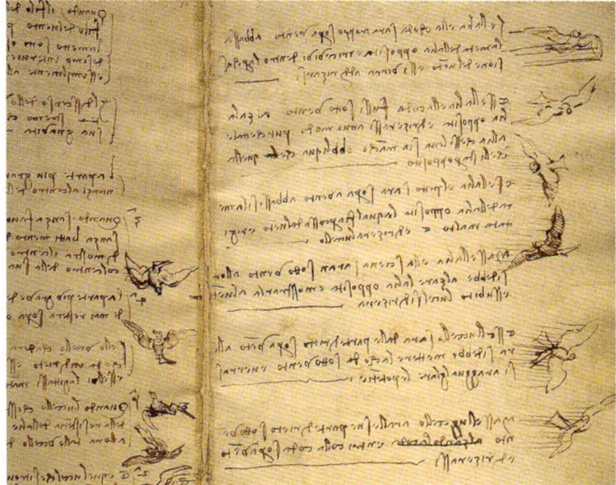

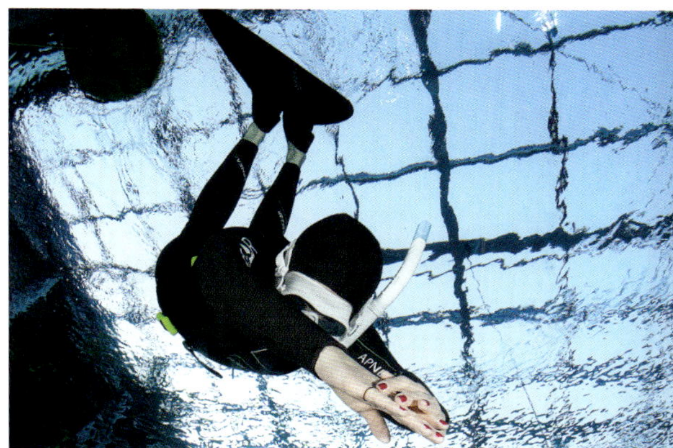

tastisches Werkzeug, um die Entspannung zu überprüfen. Mit welchem Puls tauche ich ab – bin ich entspannt? Wie entwickelt sich der Puls während des Tauchgangs? Fällt er während des freien Falls oder bleibt er konstant? Wie ein perfekter Tauchgang und ein möglicher Pulsverlauf aussehen sollten, wird im Kapitel Tieftauchen näher betrachtet werden.

Wichtig ist es auch, den Tauchcomputer zu hören. Wenn das Signal zu leise ist, überhört man die gesetzten Tiefenintervalle. Auch die Zeitintervalle, die zum Beispiel meine Oberflächen- und Erholungspausen setzen, überhört man dann.

Den Computer auf dem Weg nach unten ablesen zu wollen ist sinnlos. Zum einen ist er schwer zu lesen und zum anderen ist die Konzentration sofort weg. Weniger ambitionierte Freitaucher nutzen teilweise nur einen Tiefenmesser. Das ist allerdings wenig aussagekräftig. Für einen guten Tauchgang ist die erreichte Tiefe nur ein kleiner Teil des Puzzles.

Logbuch oder Trainingstagebuch

Zu einem fundierten Training gehört ein Trainingstagebuch. Dieses Logbuch enthält alle Erkenntnisse über das Equipment, die Trainingsabläufe und die erbrachten Leistungen: Welcher Anzug hat in welchem Gewässer wie viel Blei benötigt? Wann hat man einen Atemreiz bekommen? Wie hat sich der Tauchgang angefühlt? Welches *Warm-up* hat man verwendet? Gerade wenn man ein paar Tage nicht mehr trainiert hat, weiß man nicht mehr genau, welche Bleimenge man benutzt hat oder welches *Warm-up* das letzte Mal zur Bestzeit beim Zeittauchen geführt hat. Manche Sportler notieren auch, was sie abseits des Schwimmbades machen, ob sie am Tag davor joggen waren oder was sie gegessen haben, um daraus Erkenntnisse für den nächsten Maximalversuch zu ziehen.

Das Logbuch ist eine mentale Stütze, denn das Gehirn versucht uns zu manipulieren. Hat man vor vier Wochen eine tolle Statik-Zeit oder eine tolle Strecke gemacht, dann verklärt die Zeit die Erinnerung. Wenn man das Ganze wiederholen möchte, kommt einem alles viel schwerer vor als beim letzten Mal. Wenn man jedoch im Logbuch nachlesen kann, dass man das letzte Mal früh den Atemreiz hatte und es am Ende ziemlich anstrengend war, dann stellt man sich bereits auf die realistische Situation ein und kann besser damit umgehen.

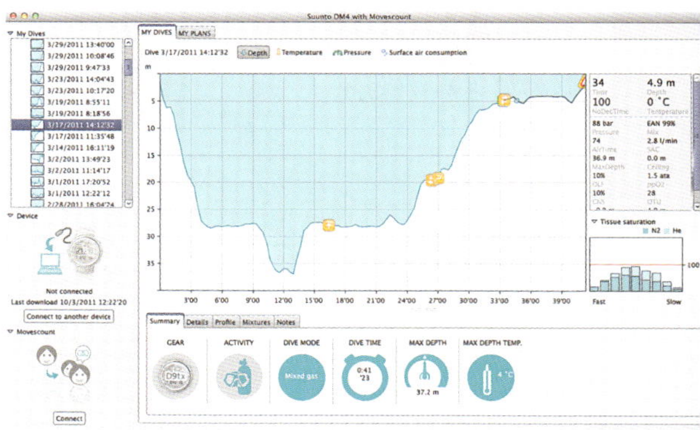

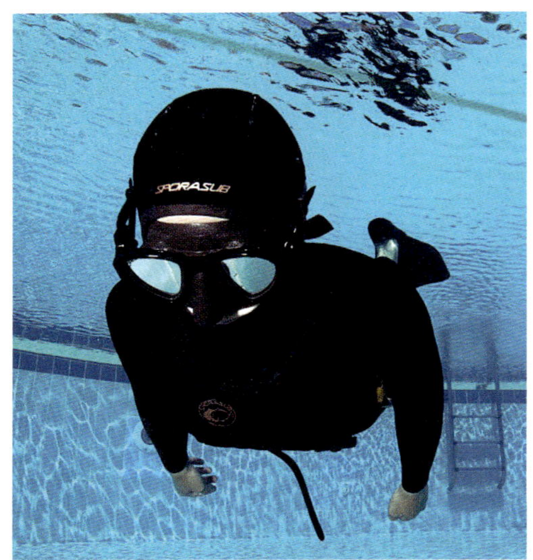

Tarieren

Ganz besonders wichtig beim Freitauchen ist das Bleisystem. Für eine ordentliche Tarierung benötigt man Blei. Dabei variiert die Menge je nach Anzug, Gewässer und Disziplin. Im Schwimmbad trägt man im Allgemeinen einen dünnen Anzug, der einen gut gleiten lässt und wenig Auftrieb hat. Dafür braucht man aber mehr Blei, weil man auf lediglich 1–1,5 m neutral tariert sein sollte.

Der Bleigurt ist in jedem Fall elastisch, meistens aus Gummi und gibt beim tiefen Einatmen nach. Der Gurt wird auf der Hüfte getragen, so schränkt er uns bei der tiefen Bauchatmung nicht ein. Der Vorteil beim Tieftauchen ist, dass der Bleigurt, auch wenn der Anzug durch den Umgebungsdruck komprimiert wird, auf dem Weg nach unten nicht unter die Achseln rutscht. Die Bleigurtschnalle muss schnell und einfach zu öffnen sein, um einen ermüdeten oder verunfallten Taucher besser an der Oberfläche zu halten.

Nur bei einem *Blackout* im Schwimmbad wird der Bleigurt sofort gelöst. Im Meer oder See ist der Taucher auch mit Blei an der Oberfläche positiv tariert und die Gefahr, andere Taucher mit dem absinkenden Blei zu treffen, kann so vermieden werden. Es werden sowohl klassische Bleigurtschnallen als auch der sogenannte Marseille-Style verwendet. Dabei handelt es sich um eine Schnalle wie bei einem normalen Gürtel. Beide Arten lassen sich schnell öffnen und abwerfen.

Die Bleigewichte sind klein und hydrodynamisch. Um voranzukommen, ist die Menge an Gewicht nicht ganz so schwerwiegend: Die Platzierung und die Größe sind wichtiger. Kleine hydrodynamische Bleigewichte, gleichmäßig verteilt, bieten den kleinsten Widerstand. Bleigewichte sollten im Idealfall 500 g pro Stück wiegen und sehr flach sein. Wenn nicht genug Platz ist, weil viel Blei verwendet werden muss, dürfen die Bleistücke nicht größer als 1 kg sein. Im Schwimmbad sind ummantelte Bleistücke zu bevorzugen, weil sie keine Beschädigungen auf den Fliesen hinterlassen.

Seit einigen Jahren wird im Apnoesport Halsblei verwendet. Es hat den Vorteil, dass sich das Blei auf den ganzen Körper verteilt und eine

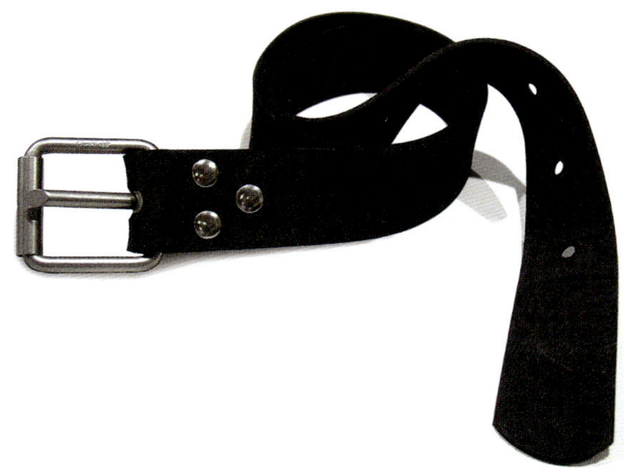

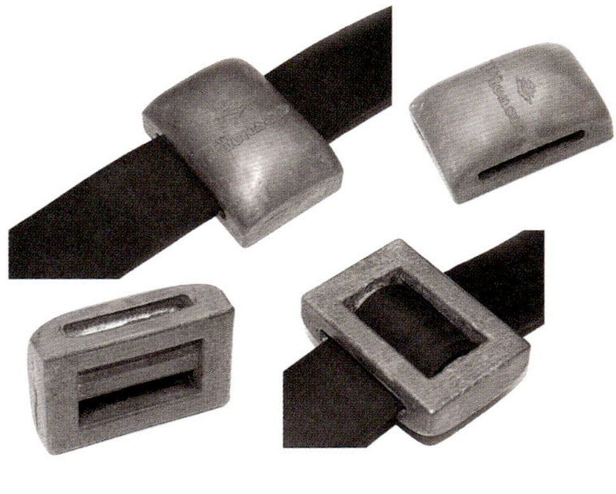

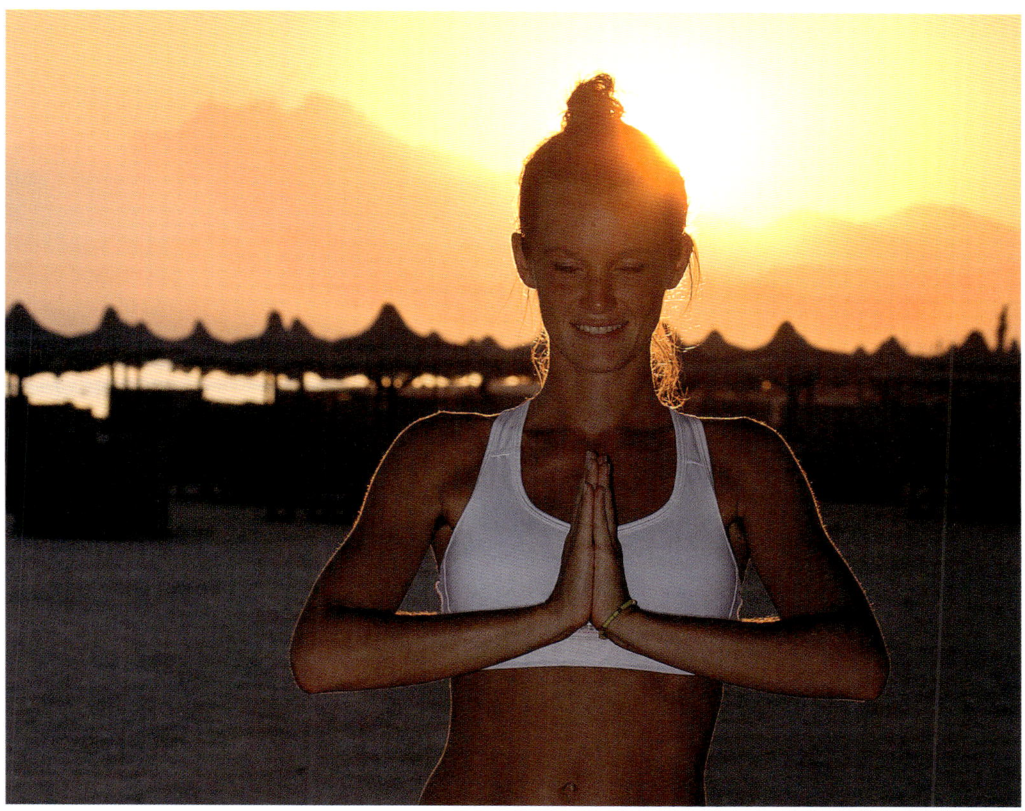

optimale Lage im Wasser erreicht wird. Beim Streckentauchen gleicht das Halsblei den verstärkten Auftrieb im Oberkörper durch die starke Vollatmung aus. Beim Tieftauchen schafft das Halsblei einen niedrigen Schwerpunkt, was die Lage beim *Freefall* deutlich verbessert.

Das Wasser des Ozeans ist dichter als Süßwasser. Deshalb benötigt man im Salzwasser mehr Blei, um den gleichen Effekt wie im Süßwasser zu erzielen. Dafür hat man im Meer häufiger einen dünneren Anzug an, weil sowohl das Wasser als auch die Luft wärmer sind. Die richtige Bleimenge zu bestimmen ist eine wichtige Aufgabe für jeden Freitaucher. Wenn man z. B. beim Streckentauchen Energie dazu verwenden muss die Tiefe zu halten, fehlt einem diese, um mehr Strecke machen zu können. Dieser wichtige Punkt der Tarierungskontrolle wird beim Strecken- und Tieftauchen noch einmal ausführlich erklärt.

Atmung

Wenn das Freitauchen dem Leitbild der Reduktion folgt, dann ist das Equipment nur ein Teil des Ganzen. Die bewusste Limitierung auf nur einen einzigen Atemzug bildet aber das Fundament dieser Leitlinie. Wenn man mit nur diesem einzigen Atemzug reist, dann bedeutet das einen Spagat aus einer perfekten Sauerstoffversorgung und dem Minimieren des Pulsschlags.

Die Grundlagen der hier vorgestellten Atemübungen liegen allesamt im *Pranayama*. *Prana* bedeutet übersetzt »Lebensenergie« und *Yama* »Beherrschung« dieser Energie. Im Yoga geht man davon aus, dass es verschiedene Energiezentren – die Chakren – gibt. Diese ähneln auch den Meridianen in der Chinesischen Medizin und verantworten und regulieren Teile des Körpers.

Luft

Die Luft enthält 21 % Sauerstoff und 78 % Stickstoff. Der Rest setzt sich aus Edelgasen und Kohlendioxid zusammen. Man braucht Sauerstoff zur Verbrennung der Nahrung, um die Körperfunktionen aufrecht zu halten.

Der in der Luft enthaltene Sauerstoff gelangt durch Mund oder Nase in die Luftröhre, von dort in die Bronchien und von dort in die Bronchiolen bis hin zu den Alveolen, wo der Gasaustausch stattfindet. Die Wände der Alveolen sind so aufgebaut, dass nur Gase, aber keine Flüssigkeiten hindurchkommen.

Aufgrund des Prinzips der Diffusion gelangt so der Sauerstoff ins Blut, wo er mithilfe der roten Blutkörperchen bis zu den Zellen transportiert und dort bei der Zellatmung verbraucht wird. Über den Blutkreislauf gelangt das Abfallprodukt der Zellatmung, das CO_2, zurück in die Lungen und wird dort ausgeatmet.

Unser Körper reagiert auf den CO_2-Spiegel. Wenn dieser steigt, erhöht er die Atemfrequenz, wodurch das CO_2 besser abgeatmet werden kann. Diese Mehratmung erkennen wir auch z. B. beim Joggen. Auch hier steigt der CO_2-Spiegel und wir atmen schneller. Apnoetaucher zeichnen sich durch eine hohe CO_2-Toleranz aus.

An der Lungenatmung sind unter anderem die beiden Hauptatemmuskeln beteiligt – die Zwischenrippenmuskulatur und das Zwerchfell. Hierbei handelt es sich um einen laufenden Wechselprozess aus Unter- und Überdruck. Bei der Einatmung zieht das nach unten strebende Zwerchfell Luft ein und bei der Ausatmung entspannt sich das Zwerchfell und presst die Luft somit wieder hinaus. Bei der Einatmung hebt sich die Zwischenrippenmuskulatur und lässt der Lunge Platz, um sich auszudehnen.

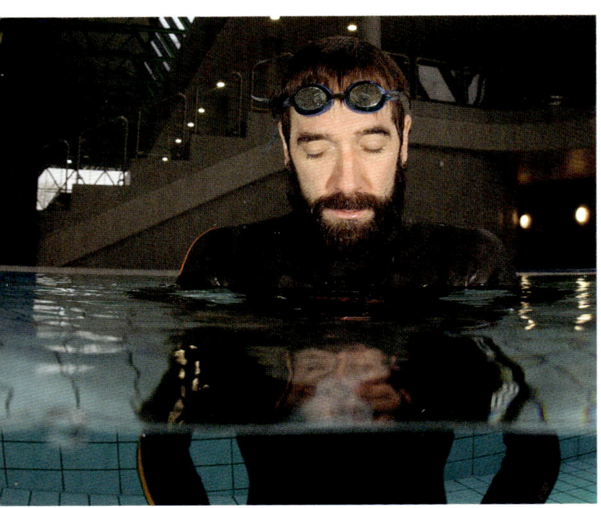

Das Herz-Kreislauf-System verteilt das sauerstoffreiche Blut im Körper und transportiert das sauerstoffarme Blut wieder zurück zur Lunge. Gesteuert wird das ganze durch das Atemzentrum des Gehirns – die Medulla. Sie steuert Nervenimpulse und diese steuern die Ein- sowie Ausatmung.

Wie wir atmen

Die Yogis behaupten, dass jedem Lebewesen eine bestimmte Anzahl von Atemzügen zur Verfügung steht. Atmet man schnell und hektisch, verbraucht man diese Atemzüge natürlich früher. Als Beweis diente den Gelehrten dabei der Vergleich mit der Tierwelt. Schildkröten atmen und bewegen sich langsam und werden alt. Hühner atmen schnell und sterben früh.

Wir achten nicht auf die Atmung und bewegen nur 0,5–1 l unseres Lungenvolumens. Das ist nur ein ganz kleiner Teil verglichen mit der totalen Lungenkapazität. Beim Apnoetauchen steckt daher das meiste Potenzial in der richtigen Atmung. Dabei wird die komplette Vitalkapazität verwendet.

Lungenmessungen für das Apnoetauchen:

- Totale Lungenkapazität (TLC): Das komplette Volumen der Lunge (je nach Geschlecht und Größe 4–6 l).
- Residualvolumen (RV): Das kleinstmögliche Volumen bzw. die Menge an Luft, die nach einer maximalen Ausatmung in der Lunge verbleibt (ca. 20 % der totalen Lungenkapazität).
- Ruheatemzugsvolumen: Die Menge an Luft, die bei einem normalen Atemzug hin- und herbewegt wird.

- Inspiratorisches Reservevolumen (IRV): Die Luftmenge, die nach der normalen Einatmung noch zusätzlich eingeatmet werden kann.
- Expiratorisches Reservevolumen (ERV): Die Menge an Luft, die nach einer normalen Ausatmung noch zusätzlich ausgeatmet werden kann.
- Funktionelle Residualkapazität (FRC): Residualvolumen plus expiratorisches Reservevolumen.
- Als normaler Mensch nutzen wir also nur einen Bruchteil unserer Lunge – das Ruheatemzugsvolumen. Als Apnoe- oder Freitaucher möchten wir aber die komplette Vitalkapazität nutzen, also alles außer dem Residualvolumen.

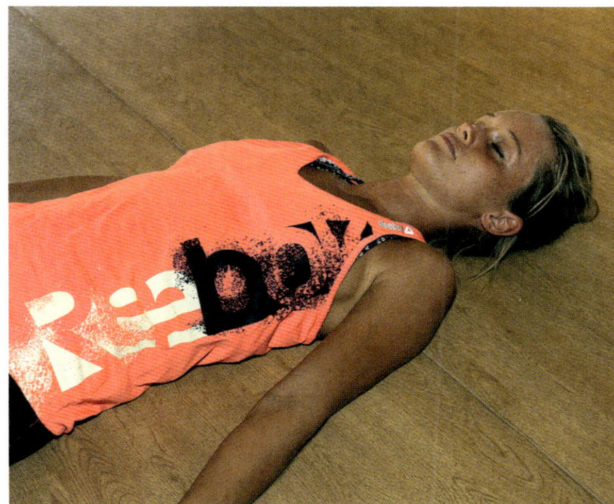

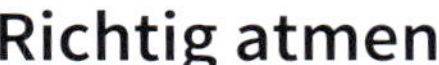

Richtig atmen

Durch die Nase

Die richtige Atmung beginnt durch die Nase. Diese befeuchtet, temperiert und filtert die einströmende Luft. Da man beim Freitauchen aber meistens eine Maske oder einen Noseclip benutzt, funktioniert das nicht so gut. Dabei muss man bedenken, dass bei der Atmung durch den Mund mehr Flüssigkeit verloren geht. Man muss durch die Kombination aus vermehrter und intensiverer Atmung durch den Mund darauf achten, eine Dehydrierung zu vermeiden und mehr zu trinken.

In den Bauch

Die erste Lektion besteht darin, tief in den Bauch zu atmen. Atmet man in den Bauch, dann atmet man automatisch tief ein. Würde man einen Pulsmesser nutzen, könnte man sehen, dass diese einfache Bauchatmung keine Erhöhung des Pulses zur Folge hat. Wenn man darüber hinaus auf eine langsame Ein- und noch langsamere Ausatmung achtet, dann sinkt der Puls Minute für Minute. Bei der Einatmung – auch bei einer langsamen – geht der Puls etwas nach oben, bei der sehr langsamen Ausatmung aber wieder nach unten.

Die Bauchatmung wird dann korrekt ausgeführt, wenn sich die Bauchdecke bei der Einatmung nach außen wölbt und sich bei der Ausatmung wieder zurückbewegt. Zur Überprüfung kann eine Hand auf den Bauch und eine Hand auf die Brust gelegt werden. Bei der Bauchatmung darf sich die Brust nicht heben.

Vollatmung

Die Vollatmung bezeichnet die komplette Füllung unserer Lunge. Zunächst wird in den Bauch geatmet, wie bei der Bauchatmung beschrieben. Dann strömt die Luft in die Flanken, der Brustkorb weitet sich seitlich und schließlich wird der obere Teil der Lunge gefüllt, der Brustkorb hebt sich. Die Schultern bleiben unten. Bei der Ausatmung ist es wichtig, dass diese langsamer als die Einatmung erfolgt. Ob sich zuerst der Bauch und dann der Brustkorb senkt, spielt keine große Rolle. Der Atem soll tief und gleichmäßig ohne Anstrengung erfolgen.

Wissenswert: *Für Anfänger ist der Druck einer voll eingeatmeten Lunge ungewohnt, sodass ein Drang zur Ausatmung spürbar wird. An diesen Druck kann und muss man sich gewöhnen, denn ein Tauchgang mit einer (teil-)ausgeatmeten Lunge ist natürlich erheblich kürzer als mit einer voll eingeatmeten Lunge.*

Vor dem Tauchgang

Vor dem Tauchgang atmet man entspannt in den Bauch. Der Puls senkt sich dabei und man wird trotzdem gut mit Sauerstoff versorgt. Der Mensch ist vielleicht das einzige Lebewesen, das die Atmung bewusst einsetzen kann, um einen gewünschten Gemütszustand herzustellen. Vor dem Tauchen wird eine entspannte und langsame Bauchatmung zu uns zurückführen und unsere mentale Entspannung folgt der körperlichen Entspannung.

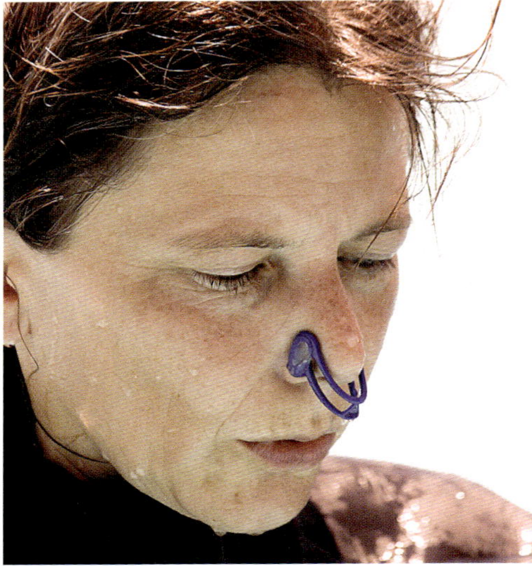

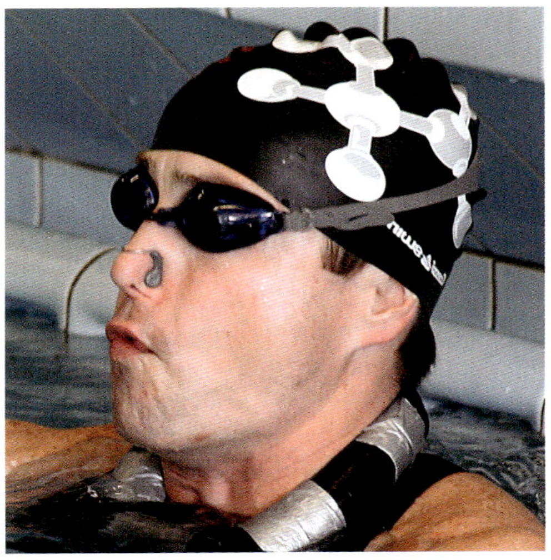

Unmittelbar vor dem Tauchgang ventiliert man die Lungen mithilfe der Vollatmung, also der stufenweisen Füllung der Lunge, und schafft so einen Austausch von alter zu neuer Luft. Da diese Vollatmung auch immer eine Erhöhung des Pulses zur Folge hat, sollten nicht mehr als drei volle Atemzüge gemacht werden. Mit einer vollen Lunge taucht man ab.

Packing/Karpfen

Beim *Lungpacking* wird auf eine voll eingeatmete Lunge noch zusätzlich Luft hinzugepackt: Luft wird durch den Mund in die Lunge nachgeschluckt. Dabei dienen die Stimmlippen als Ventil. Die Stimmlippen öffnen sich, um zusätzliche Luft in die Lunge zu packen, und der Kehldeckel verhindert, dass die Luft wieder nach oben entweichen kann.

Die totale Lungenkapazität kann so über 100 % umfassen, aber die Gefahren durch das Überblähen der Lunge sind nicht zu unterschätzen und auch noch nicht vollständig erforscht. Ein zu agressives Packing kann zu Rissen im Lungengewebe führen. Es gibt viele Freitaucher, die der Meinung sind, dass dies Sollbruchstellen schaffen kann, was zu Embolien etc. führen könnte. Auch Mediziner verweisen darauf.

Das Packing kann außerdem zu Schwindel und im Extremfall zu einem *Blackout* führen (starke Verminderung des venösen Rückflusses zum Herzen, Stretching der Lungendehnungsrezeptoren und veränderter Rückfluss auf die Carotis-Gabel resultieren als Vaso-vagales Re-

Wissenswert: *Der Tauchreflex ist ein Schutzmechanismus, der bei allen lungenatmenden Lebewesen beim Eintauchen (Immersion) in Wasser beobachtet werden kann. Durch eine Stimulation des Parasympathikus wird die Atmung zum Stillstand gebracht, der Herzschlag verlangsamt und der Blutkreislauf zentralisiert (»Bloodshift«). Damit wird der Sauerstoff-Verbrauch vor allem auf die überlebenswichtigen Organe reduziert.*

flexsystem). *Lungpacking* ist keine Übung für einen Beginner und sollte nur in einem Freediving-Kurs unter Anleitung eines Instructors geübt werden. Ansonsten lieber darauf verzichten.

Hyperventilation
Vor einigen Jahren war die Hyperventilation noch Teil der Atemroutine von Athleten. Mittlerweile ist die schnelle, flache Atmung aber aus verschiedenen Gründen aus dem Freediving verschwunden. Hyperventilation senkt den CO_2-Spiegel – dieser ist für den Atemreiz zuständig.

Wichtig zu wissen:
- Hyperventilation führt zu einem erhöhten Puls.
- Hyperventilation verschlechtert die Sauerstoffversorgung und verkürzt den Tauchgang.
- Hyperventilation erhöht die Gefahr, dass ein *Blackout* ohne die Warnung »Atemreiz« auftritt.

Atemreiz

Der Atemreiz ist ein Ergebnis von einem erhöhten CO_2-Anteil, also dem Abfallprodukt unserer Atmung. Wenn der Anteil so hoch ist, dass unser Körper seinen Wohlfühlbereich verlassen hat, dann sendet er den Atemreiz aus.

Fortgeschrittene Freitaucher sprechen dabei gerne von Kontraktionen, einer Art Pumpen des Zwerchfells. Beginner sprechen eher von einem Wärmegefühl in der Brust oder einem Schluckreflex.

Es ist nicht gefährlich, wenn der Atemreiz auftritt. Der Atemreiz weist nämlich nicht darauf hin, dass man schlecht mit Sauerstoff versorgt ist, sondern dass man viel CO_2 in seinem Körper hat.

Wie alles im Körper hat auch der Atemreiz einen Sinn, sogar beim Freitauchen. Mit dem Atemreiz nehmen die positiven Effekte des Tauchreflexes zu. Das heißt, der Puls senkt sich weiter und der Körper gelangt in eine Art »Tauch- oder Schonmodus«, der eine noch längere Apnoe ermöglicht.

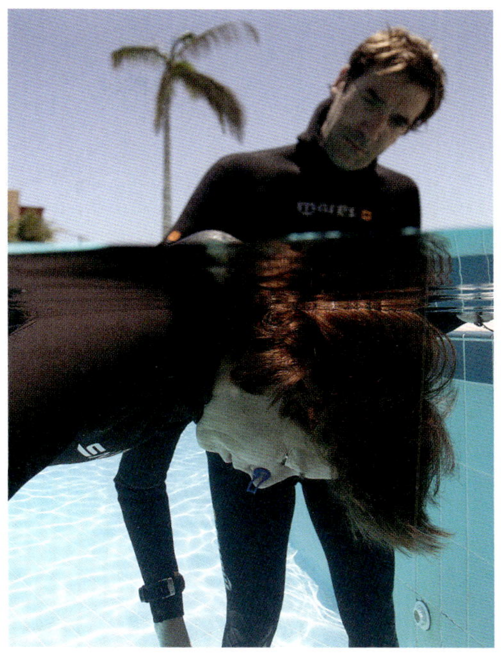

Nach dem Tauchgang

Nach dem Tauchen geht es darum, den Körper möglichst schnell mit Sauerstoff zu versorgen. Wichtig dabei ist, dass man sich an einem Auftriebskörper festhält – im Pool am Beckenrand, im Freiwasser an der Boje. Gerade die ersten Sekunden sind für die Sauerstoffversorgung extrem wichtig. Auch unmittelbar nach dem Auftauchen besteht die Gefahr einer Sauerstoffunterversorgung (Hypoxie).

Folgende Maßnahmen sind extrem wichtig:
- Der Schnorchel muss zum Abtauchen aus dem Mund genommen werden.
- Nach dem Auftauchen an etwas Auftriebgebendem festhalten.
- Sofort nach dem Auftauchen atmen – aktiv ein- und passiv ausatmen.
- Erst frühestens 10 s nach dem Sicherheitstaucher das O.-K.-Zeichen geben und mit ihm sprechen.

Eine Ursache für eine Sauerstoffunterversorgung ist, dass zu früh geredet und nicht diszi-

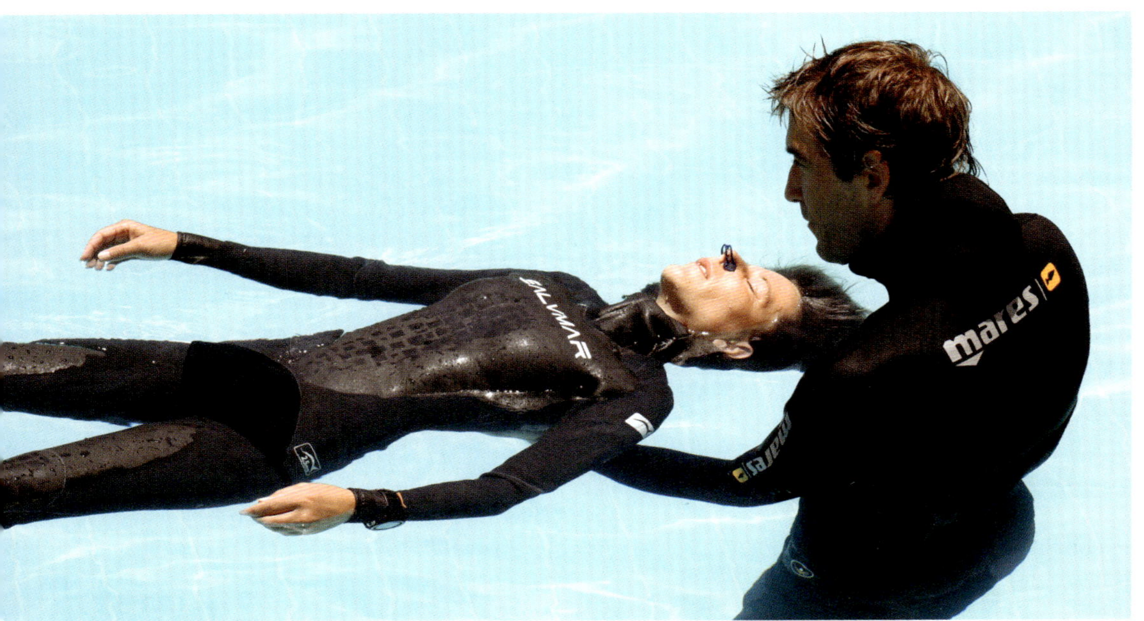

pliniert der Atemroutine nach dem Tauchgang gefolgt wird. Eine besonders effektive Art der Erholungsatmung unmittelbar nach dem Tauchgang ist das sogenannte »*Hookbreathing*«. Dabei wird tief eingeatmet und die Luft so angehalten, dass ein Druck auf den Brustkorb entsteht. Man muss sich vorstellen, dass dabei der in der eingeatmeten Luft enthaltene Sauerstoff in die Blutbahn gedrückt werden soll. Die Ausatmung erfolgt nach zwei Sekunden passiv. Das heißt, man lässt die Ausatmung geschehen. Man atmet auf diese Weise dreimal ein und aus.

Meditation und mental

Man ist im Freitauchen zur Entspannung verdammt. Es ist ziemlich einzigartig, dass man mit einem niedrigen Puls körperliche Leistungen zu erbringen hat. Doch wie schafft man es, sich zu entspannen, gerade in einer scheinbar bedrohlichen Situation wie der des Luftanhaltens?

Während eines Maximalversuchs ist nicht nur technisches Können gefragt. Ein vollständiges Training beinhaltet auch das Mentaltraining. Es beginnt schon damit, dass wir der Idee folgen »*den Atem sein zu lassen*«. Sehr wahrscheinlich stimmt der Spruch von Marc Aurel, dass »*die Seele auf Dauer die Farben der Gedanken annimmt*«. Daher sollte man nicht vom Atemanhalten und dem Besiegen des eigenen Körpers sprechen, sondern sich auch in der Sprache positiv mit Sport und Körper auseinandersetzen.

Die Meditation bedeutet »*bei sich zu sein*«. Gerade beim Zeittauchen hört man in sich hinein. Man nimmt seinen langsamer werdenden Herzschlag wahr. In der Vorbereitung auf einen Tauchgang nutzt man aktiv die Atemmeditation. Man konzentriert sich auf die einströmende kühle Luft und stellt sich vor, wie sie langsam durch Nase, Kehle, Bronchien, Bronchiolen bis hin zu den Alveolen strömt, von dort aus im ganzen Körper verteilt und dann als warme Luft über Bronchien, Kehle und Nase langsam wieder ausgeatmet wird. Für die Meditation nutzt man die entspannende Bauchatmung.

Bei dieser Art der Meditation geht es darum bei sich zu sein und sich nur auf die Atmung zu konzentrieren. Negative Gedanken sollten keine auftauchen. Natürlich tun sie das trotzdem, deshalb ist es wichtig, die Aufmerksamkeit immer wieder auf den Atem zu lenken. Auch Meditation ist eine Übung, die trainiert werden muss.

Mentale Arbeit

Folgende Voraussetzungen müssen für einen erfolgreichen Freitaucher erfüllt sein:

Ich bin entspannt

In einem Interview wurde ich einmal gefragt, was die Kernkompetenz eines Freitaucher sei. Nach längerem Überlegen antwortete ich, *»auf den Punkt entspannen zu können«*. Das ist kein reines Nik-Linder-Zitat. In den folgenden Monaten habe ich entdeckt, dass z. B. Umberto Pelizzari und Stig Severinsen die gleiche Überzeugung haben und manche anderen Freitaucher auch. Die Entspannung vor einem Maximalversuch wird als wichtigste Voraussetzung gesehen.

Ich bin bei mir und im Hier und Jetzt

Nach einigen Rekorden und Wettbewerben hatte ich Schwierigkeiten, mich zu Maximalversuchen zu überwinden. Ich hatte keinen Spass mehr daran. Dabei war mir das nicht sofort bewusst. Trotzdem hat sich nach und nach wieder eine Art Anfängerfehler zurück in mein Training geschlichen. Ich wollte den Maximalversuch möglichst schnell hinter mich bringen. Das beinhaltete eine kurze mentale Vorbereitung nach dem Motto *»machen wir es gleich, dann haben wir es hinter uns«* und einen etwas zu schnellen Tauchgang, der dem gleichen Motto folgte. Erst als ich einen befreundeten Athleten nach seinem Tipp gefragt habe, wie er den Tauchgang angeht, kam ich wieder zu einer erfolgreicheren Methode zurück. Er sagte zu mir: *»Ich atme nicht viel, ich dehne mich nicht so ausgiebig, aber ich rede mit mir und beruhige mich vor dem Tauchgang«*. An sich nichts Neues, trotzdem muss man wachsam sein, dass sich diese Fehler und die mangelnde Entspannung nicht wieder einschleichen.

Während des Tauchgangs ist man im Hier und Jetzt, jede Kontraktion passiert jetzt. Man denkt

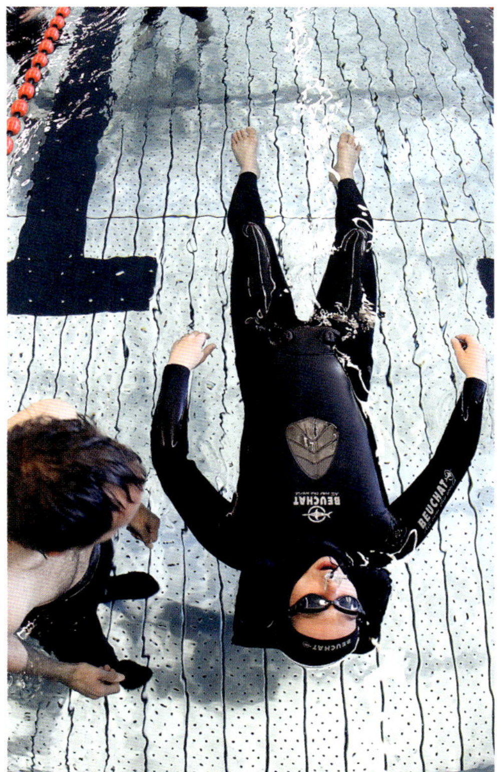

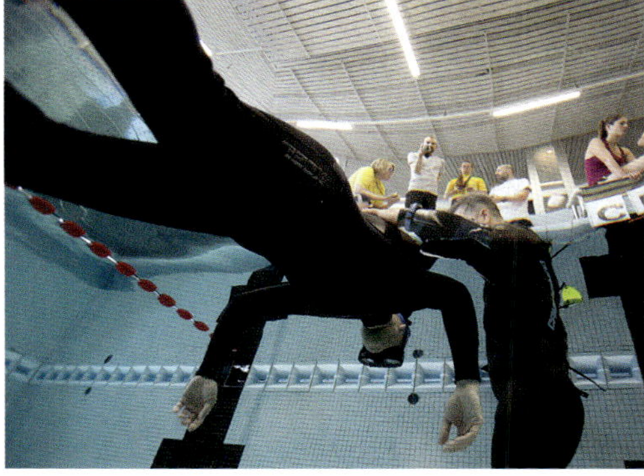

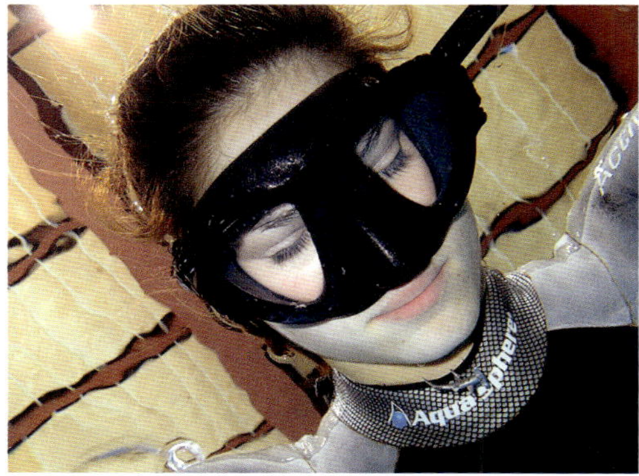

während der *Easy-Going*-Phase niemals, dass bald die *Struggle*-Phase kommt, man denkt nicht an die Uhr, nicht an die Wende, nicht an die Tiefe. Das gesamte Denken beschäftigt sich mit der derzeitigen Sekunde, vielleicht mit dem Flossenschlag, den man jetzt tut, oder der Wende, die man jetzt einleitet, oder der Gleitphase, die man jetzt ausnutzt. Vielleicht denkt man auch an die Kontraktion, die sich gerade im Zwerchfell bemerkbar macht.

Der Atemreiz ist mein Freund

Es ist völlig unproduktiv, wenn man sich mit dem beginnenden Atemreiz verkrampft. Der Atemreiz passiert im Zwerchfellbereich und sollte keinerlei Auswirkungen auf den Rest des Körpers haben – also keine Verspannung oder Anspannung im Nacken oder Ähnliches. Der fortgeschrittene Freitaucher kann entspannt mit dem Atemreiz umgehen und konzentriert sich darauf, diejenigen Bereiche zu entspannen, die vom Atemreiz nicht betroffen sind.

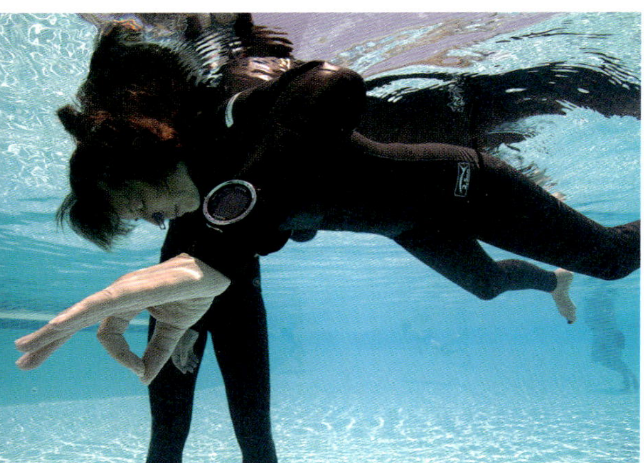

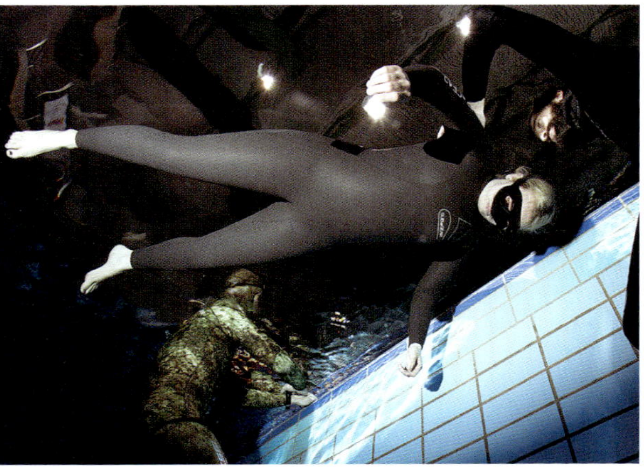

Ich habe einen Anker

Häufig werden Tauchgänge zu früh abgebrochen. Fast jeder Freitaucher hat einen bestimmten Bereich, sei es beim Zeit- oder beim Streckentauchen, wo er dem mentalen Druck nicht standhält. Er entscheidet sich also immer in einem ähnlichen Abschnitt den Tauchgang abzubrechen. Das geht allen so. Aber es gibt Taucher, die diesem Drang schneller nachgeben als andere. Bei der Verankerung geht es deshalb darum, einen Entspannungsmoment zu setzen, der einem genau während dieser paar Meter oder dieser wenigen Sekunden, in denen der Auftauchimpuls entsteht, hilft, den Tauchgang fortzusetzen.

Ich habe mir für diesen Moment eine Situation aus einem bestimmten Entspannungsseminar ausgesucht, das ich einmal besucht habe. Wir hatten damals unsere Unterrichtsstunde immer mit einem dreifachen *»Om«* begonnen respektive beendet. Dieses *»Om«* ist für mich Synonym für das Gefühl der Entspannung der damaligen neun Tage *Pranayama*. Wenn ich also beispielsweise bei der 75-m-Wende, die für mich immer einen kritischen Punkt darstellt, das *»Om«* zu mir sage, übertöne ich damit meine innere Stimme, welche Dinge sagt wie: *»Heute ist nicht dein Tag«* oder *»Letztes Mal war es einfacher«* oder *»Dein Atemreiz kommt ja viel zu früh«* oder *»Die Wende war nichts, du kannst es eigentlich gleich lassen«* oder *»Jetzt wird es ja erst anstrengend, willst du es nicht gleich lassen«* und so weiter.

Ein derartiger Anker hilft also, den kritischen Moment zu überwinden, zur mentalen Ruhe zurückzufinden und den Tauchgang fortzusetzen. *Nimm dir die Zeit, deinen ganz persönlichen Anker zu identifizieren, um diesen im richtigen Moment abrufen zu können.* Durch die Kombination aus Tauchreflex, Atmung und Meditation führt ein Apnoetraining zu einer tiefen Entspannung.

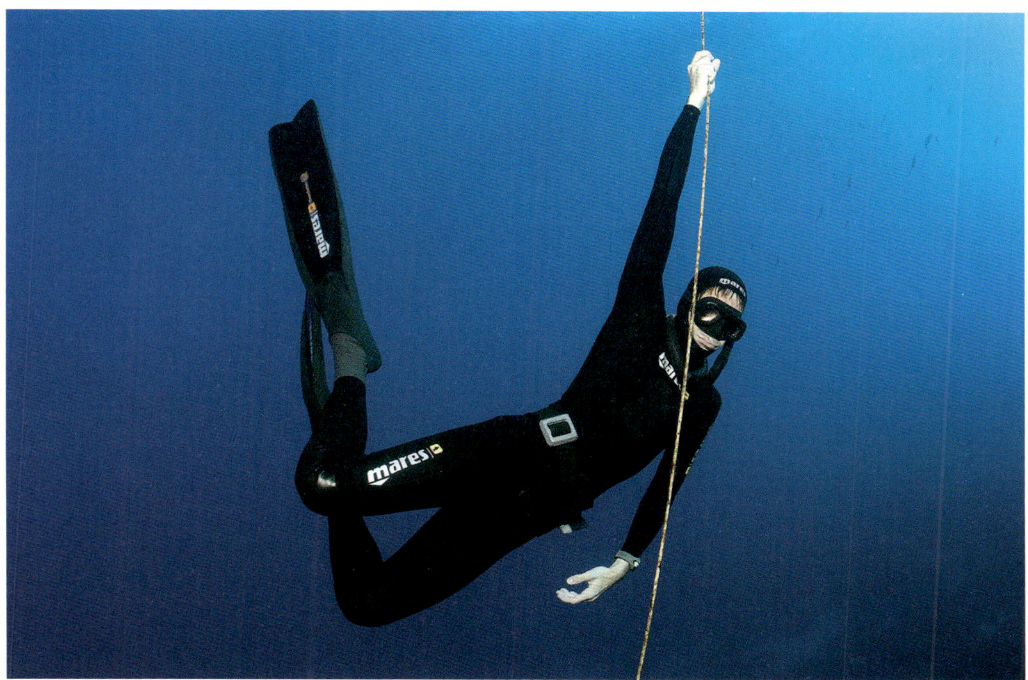

Sicherheit

Apnoetauchen ist immer dann ein sicherer Sport, wenn man seine Limits nicht pusht und gesichert ist.

Hypoxie

Es gibt zwei Möglichkeiten der Hypoxie. Die erste ist der Verlust der Körperkontrolle, der in der Szene auch *»Samba«* genannt wird. Dabei handelt es sich um ein unkontrolliertes Zucken, oft mit Sprachproblemen. Die Symptome verschwinden nach wenigen Sekunden. Die stärkere Form der Hypoxie ist der *Blackout*. Dabei verliert der Taucher für einen Moment oder länger sein Bewusstsein. In beiden Fällen handelt es sich um eine Minderversorgung des Gehirns mit Sauerstoff.

Ursachen der Hypoxie

Grundsätzlich spielen die Tagesform, die Ernährung, das Vorprogramm (was hat man vor dem Maximalversuch für ein *Warm-up* gemacht), die mangelnde Entspannung und die Technik eine Rolle. Hauptsächlich hat man aber nicht in sich hineingehört, die Warnzeichen (enger werdendes Sichtfeld, metallischer Geschmack, verzögerte Wahrnehmung, schlechte Koordination etc.) nicht bemerkt.

Der häufigste Grund einer Hypoxie ist der fallende Sauerstoffpartialdruck beim Flachwasser- und Schwimmbad-Blackout. Aufgrund des größeren Umgebungsdrucks in der Tiefe (auch wenn es nur im Schwimmbad ist), wird der Körper sehr gut mit Sauerstoff versorgt. Aufgrund des Prinzips der Diffusion wandert der Sauerstoff verstärkt in das Blut und von dort in die Zellen. Bei fallendem Druck, wie beim Auftauchen, sinkt der Partialdruck schnell ab. Die Gefahr einer Sauerstoffunterversorgung ist gegeben. Daher passieren *Blackouts* sehr häufig beim Auftauchen, hauptsächlich beim Tieftauchen und zu 90 % auf den letzten 5–10 m.

Wenn man nach einem anstrengenden Tauchgang nicht genügend mit Sauerstoff versorgt ist, dann kann sich auch eine

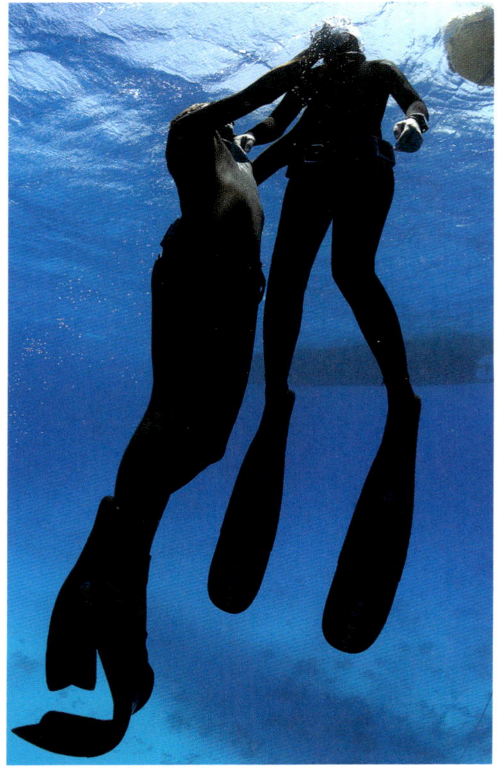

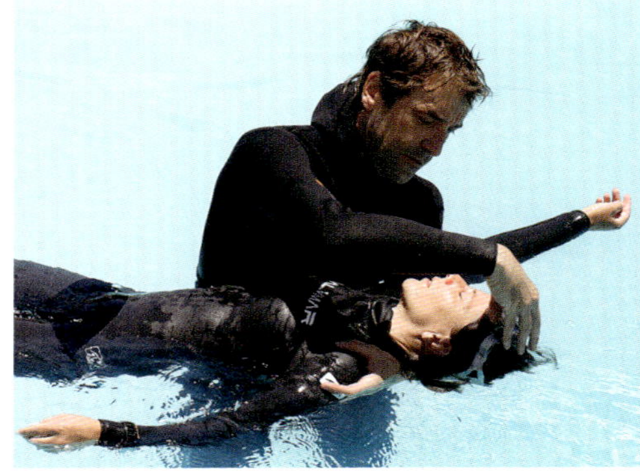

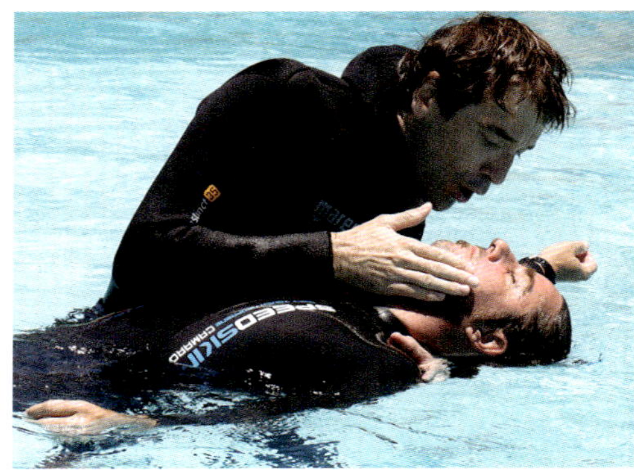

verzögerte Hypoxie einstellen. Insbesondere wenn man unmittelbar nach dem Auftauchen nicht korrekt und lange genug atmet oder wenn man Energie braucht, um sich oben zu halten, weil man sich nicht an einem Auftriebskörper festhält. Wenn man ignoriert, dass der Körper Zeit benötigt, sich mit Sauerstoff zu versorgen kann auch noch nach einigen Sekunden ein *Blackout* oder Verlust der Körperkontrolle (LMC – *Loss of Motor Control*) auftreten.

Hyperkapnie-Blackout

Ein seltener Fall ist der Hyperkapnie-*Blackout*, also ein *Blackout* aufgrund eines sehr hohen CO_2-Spiegels. Er ist im Bereich des Möglichen, kommt aber im Apnoebereich so gut wie nie vor. Trotzdem sollte man auch bei exzessivem CO_2-Training gesichert sein.

Erste Hilfe bei einem Blackout

Bei einem Verlust der Körperkontrolle (LMC) besteht die Gefahr, dass sich der Taucher bei seinen Zuckungen entweder am Beckenrand verletzt oder aufgrund mangelnder Koordination nicht halten kann und wieder ins Wasser fällt. Umsichtige Sicherungstaucher legen ihren Arm zwischen die abstützenden Hände des Tauchers, um das mögliche Aufschlagen des Gesichts zu verhindern. Zusätzlich sollte man vorsorglich die Maske abnehmen, da der Taucher bei einem stärkeren LMC versuchen könnte durch die Nase einzuatmen. Wenn er dann keine Luft bekommt, kann sich an den LMC noch ein *Blackout* anschließen. Normalerweise fängt sich ein Taucher nach einem LMC jedoch schnell wieder.

Bei einem *Blackout* nimmt man dem Betroffenen Maske oder Noseclip und Schwimmbrille ab, bläst ihm über die offenen Atemwege, berührt ihn mit den Fingerspitzen an den Wangen und spricht ihn mit seinem Namen an. Diese

Wiederherstellung wird *»Blow, Tap, Talk«* genannt und holt fast alle Freitaucher sehr schnell wieder ins Bewusstsein zurück. Im Anschluss muss darauf geachtet werden, dass die Atemwege unbedingt über Wasser bleiben.

Der menschliche Körper verengt in dieser Extremsituation die Stimmritze und verschließt die Stimmlippen. Das verhindert die Einatmung von Wasser und erschwert das Ertrinken. Daher bekommt der Taucher aufgrund des *»Blow, Tap, Talks«* wieder einen Einatemimpuls und startet nach dem Öffnen der Atemwege wieder eigenständig mit der Einatmung. Wenn er nicht sofort wieder selbst atmet, müssen Rettungsbeatmungen durchgeführt werden. Spätestens dann öffnen sich die Atemwege. Grundsätzlich sollte nach einem schweren *Blackout* (länger als 5 s) nach Wiedererlangen des Bewusstseins Sauerstoff geatmet werden. Außerdem hat man den Rest des Tages »tauchfrei«.

Blackout vermeiden

Man sollte nicht den Fehler machen, z. B. einfache Tauchgänge ungesichert zu machen. Ist man ohne es zu wissen krank, schlecht hydriert, brütet man was aus, bekommt man unter Umständen doch Stress, weil keine Sicherung da ist? Ist das vorherige Trainingsprogramm zu hart gewesen und man ging, ohne es zu wissen, schon eine Sauerstoffschuld ein?

Durch viele Wiederholungstauchgänge und nicht ausreichende Oberflächenpausen kann es zu einer schleichenden Sauerstoffunterversorgung kommen, weil der Körper nach einer Anstrengung nicht genug Zeit hat, ausreichend Sauerstoff aufzunehmen. Dadurch könnten weitere, im ersten Moment vergleichsweise leichtere Übungen uns bereits ans Limit bringen.

***Wissenswert:** Der »Safety Record der Apnoe« ist ausgezeichnet und trotz der potenziellen Gefahren passieren nur sehr selten Unfälle. Und wenn es passiert, kann man fast immer davon ausgehen, dass der Apnoeist alleine im Wasser war.*

Partnertauchen

»Nah genug dran und weit genug weg« – das Tauchen mit einem Partner ist nicht immer ganz einfach für den Taucher. Er muss sich komplett einem Menschen anvertrauen. Er muss sich blind darauf verlassen, dass der Fokus des Sicherungstauchers auf ihn gerichtet ist. Erst wenn er es schafft genügend Vertrauen aufzubauen, kann er sich vollständig entspannen. Gerade zu Beginn einer Apnoelaufbahn ist die Präsenz des Sicherungstauchers essenziell. Nach einigen Wochen gemeinsamen Trainings kann sich der Sicherungstauchers ein klein wenig zurückziehen. Damit ist nicht gemeint, dass er sich nicht mehr zu 100 % um den Taucher kümmert, nein, es geht darum, den Taucher mit sich *»arbeiten zu lassen«*. Er soll mehr in sich hinein hören, sich wahrnehmen. Ist der Sicherungstaucher in den ersten Wochen noch durch Berührung und Nähe sehr präsent, kann er nun einen Schritt zurücktreten und den Taucher noch weniger in seiner Konzentration beinträchtigen.

Das bedeutet im umgekehrten Fall eine sehr große Verantwortung für den Sicherungstaucher und setzt eine individuelle Intelligenz voraus, einen Instinkt, was der Taucher nun braucht, und darüber hinaus eine klare Absprache. Die Kommunikation vor einem Tauchgang ist sehr

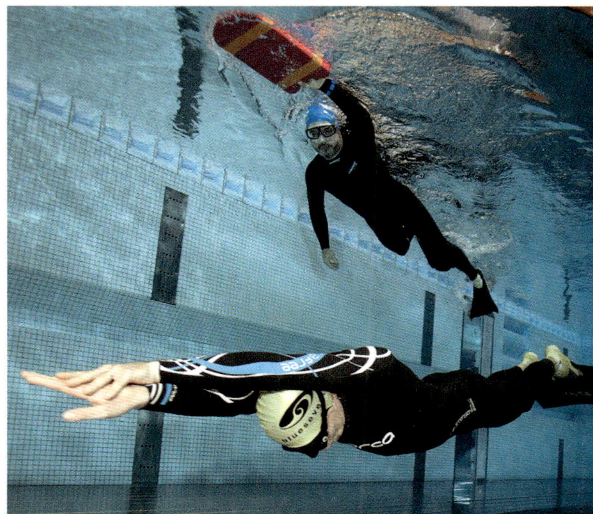

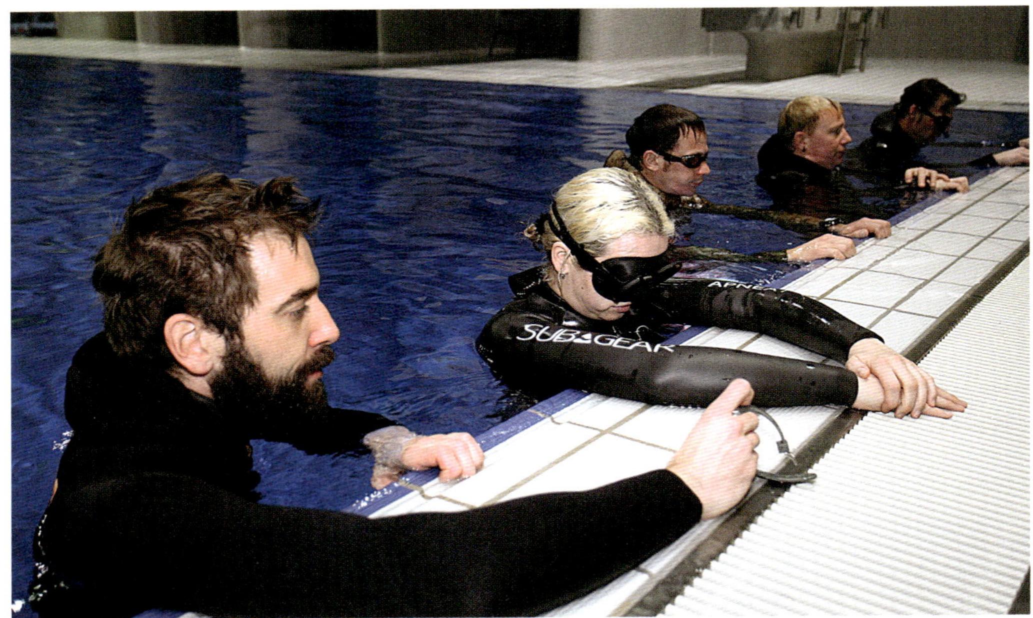

wichtig. Wie tief, wie lang, wie weit? Wo soll die Sicherung einsetzen? Im Falle des Zeitauchens, wann möchte der Taucher das O. K. abgefragt bekommen, und vieles mehr. Sehr vielen Tauchern wird erst mit dem Abtauchen klar, dass sie so konzentriert auf ihren Versuch waren, dass sie keine klaren Absprachen bezüglich der Sicherung und des Coachings getroffen haben. Dann setzt das Nachdenken ein: Wie hat er es jetzt verstanden, wann wird er mein O. K. abfragen, auf welcher Tiefe wird er mich erwarten? Zu viele Gedanken, die einen meditativen und konzentrierten Tauchgang verhindern.

In der Regel muss man immer daran denken:

- Die Gründe, warum es zu *Blackouts* auch bei harmlosen Leistungen kommen kann, sind vielfältig.
- Fakt ist: Man kann auch bei Tauchgängen, die im Vergleich zu den regelmäßigen eigenen Leistungen moderat erscheinen, eine Hypoxie bekommen.
- Im Grunde ist eine Hypoxie nicht schlimm, doch wenn man alleine ist, ist sie oftmals tödlich.
- Die Moral der Geschichte: Tauche nie alleine!

Training

Ein leistungsorientiertes Training verfolgt immer den Grundsatz sich zu verbessern. Zum einen wird das dadurch erreicht, dass der Körper leistungsfähiger wird. Zum anderen wird sich natürlich die verbesserte Technik bemerkbar machen. Dabei spielt es auch eine Rolle, in welchem Stadium man sich momentan befindet.

CO_2 und Intervallläufe

CO_2-Training

Ein Freitaucher, der mit einem erhöhten CO_2-Pegel besser klarkommt, das heißt, diesen länger tolerieren kann, kann auch längere Apnoetauchgänge machen. Der aufkommende Atemreiz wirkt in diesem Fall bei ihm nicht so störend und kann von ihm länger ausgehalten werden.

Schöne Trainingsformen, welche die allgemeine CO_2-Toleranz verbessern, sind z. B. Apnoeläufe: Das sind Spaziergänge, bei denen man z. B. 100 Schritte in gleichmäßiger Geschwindigkeit in Apnoe geht.

Anaerobes Training

Ein Apnoetauchgang ist ein eher anaerobes Vergnügen. Daher spürt man zum Ende des Tauchgangs insbesondere beim Auftauchen die saure Beinmuskulatur. Anaerob bedeutet, dass dem Muskel nicht genügend Sauerstoff zur Verfügung steht und dass er Milchsäure produziert. Laktat bezeichnet das Salz der bei der anaeroben Verbrennung von Kohlenhydraten entstehenden Milchsäure. Daher ist ein schönes begleitendes Training ein Intervalltraining. Zum Beispiel werden beim aeroben Jogging von einer Stunde drei anaerobe Intervalle gesetzt. Hier geht man an 80 % der Leistungsfähigkeit. Das bedeutet, man läuft gleichmäßig verteilt auf die Stunde dreimal fast so schnell wie man kann, für z. B. 30 s lang.

Marathonläufer trainieren häufig mit der Intervallmethode. Das Intervalltraining hat gezeigt, dass man eine bessere Fitness in kürzerer Zeit aufbauen kann. Wie fit man ist, bestimmt zum einen das Laktat (Milchsäure) und zum anderen die Zeit, die der Puls nach einer Belastung benötigt, um wieder in den Normalbereich zurückzukehren. Diese Form der Intervallläufe macht fit. Durch das Setzen der anaeroben Reize kann man in der Folge längere Strecken mit niedrigerem Puls laufen.

Das Ganze hat folgende Vorteile:

- Die CO_2-Toleranz steigt.
- Die Laktattoleranz steigert sich – bessere anaerobe Leistungsfähigkeit.
- Ein niedrigerer Ruhepuls.

Muskeln

Muskulatur wird besser durchblutet und verbraucht mehr Sauerstoff. Meistens sehen die Apnoetaucher deshalb wie Marathonläufer aus. Das heißt, sie haben einen Körper, der durch Ausdauertraining definiert wurde. Sie besitzen Muskeln an den Stellen, an denen sie gebraucht werden – Muskeln, die lange Leistung bringen können. Hier besteht ein klarer Unterschied zwischen Ausdauerfitness und Maximalkraft-Training. Bei dem Maximalkraft-Training werden Hanteln und Gewichte mit ca. 80 % des maximal zu bewältigenden Gewichts mit wenigen Wiederholungen gestemmt. Beim Ausdauertraining werden die Hanteln oder Gewichte mit wenig Gewicht häufig gestemmt. Beim Apnoetauchen geht es darum, lange Leistung zu bringen. Darüber hinaus spielt die Leistungsfähigkeit des Körpers eine tragende Rolle. Wenn der Körper Anstrengungen leichter wegsteckt, dann verbraucht er weniger Sauerstoff, weil auch der Puls dabei nicht in die Höhe geht. Ein trainierter Körper hat auch im Hinblick auf das Gewichtsmanagement Vorteile, weil man auch im Ruhezustand mehr Kalorien verbrennt.

Apps als Trainingsmöglichkeiten

Die Zeiten, in denen man mit der Stoppuhr auf der Couch oder auf der Matte sitzt, sind mittlerweile vorbei. Ob iOS oder Android – es gibt zahl-

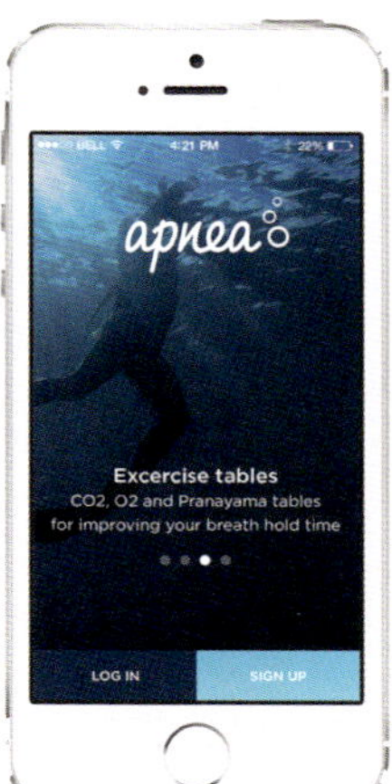

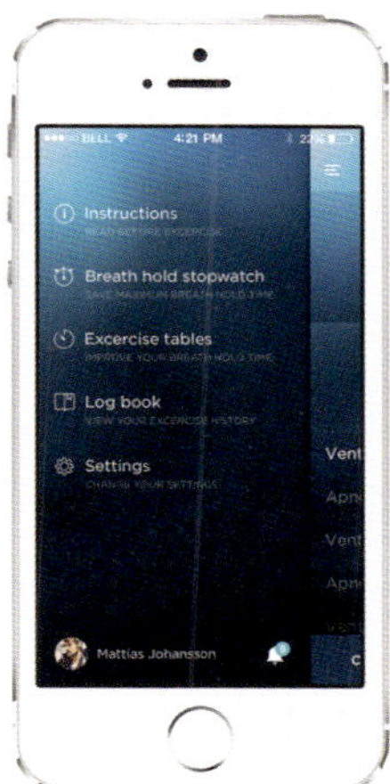

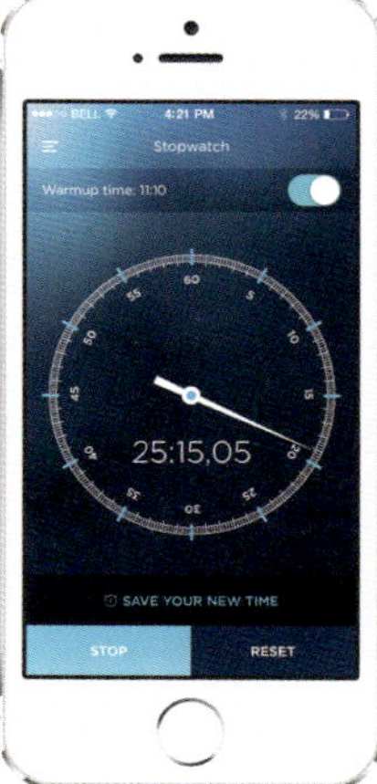

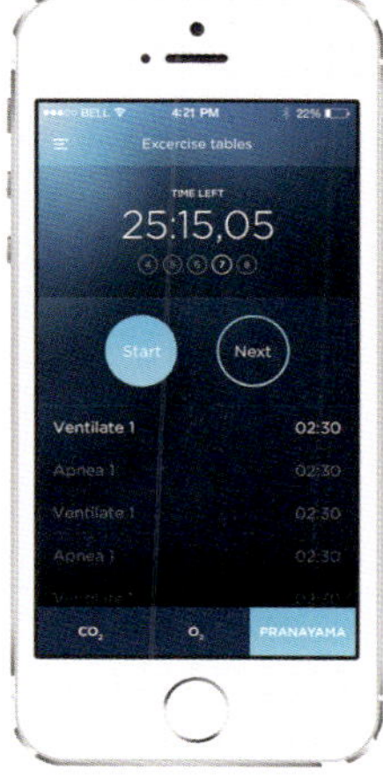

reiche Apps, die es Trainierenden ermöglichen, Trainingstabellen auf sich und ihr Können abzustimmen. Der große Vorteil dabei ist, dass man die Zeiten, in denen man die Luft anhält, und die Zeiten, in denen man atmen soll, angesagt bekommt. Man muss also nicht die ganze Zeit auf die Uhr schauen. Die Apps sind zahlreich und es gibt immer mehr davon, wie »*I hold Breath*«, »*Apnea Tables*«, »*Paced Breathing*«, »*Anaerobic Plus*« und viele mehr. Bei einigen Apps wie z. B. *Anaerobic Plus* kann man sogar den Zeitpunkt der Kontraktionen markieren.

***Wissenswert:** Ein trainierter Sportler verbraucht auch in der Ruhe- und Entspannungsphase erheblich mehr Kalorien als ein weniger aktiver Mensch!*

Wieder andere Apps wie »*3D Yoga*« haben nichts mit Trainingstabellen zu tun, erleichtern das Training an Land aber dadurch, dass man Yogastellungen (Asanas) am Bildschirm so drehen kann, dass man die Position aus jedem Blickwinkel betrachten kann, was das Nachvollziehen erheblich erleichtert.

Technik

Nur mit einer guten Technik kann man gute Leistung bringen. Wenn die Wende zuviel Kraft kostet, wenn der Beinschlag den Körper zu sehr anstrengt oder man damit nicht den nötigen Vortrieb generieren kann, dann nützt der gut trainierte Körper auch nicht viel. Man muss sich immer vor Augen halten, dass man nur mit einem Atemzug unterwegs ist. Es läuft also auf höchst effiziente Bewegungsabläufe hinaus. Wie viele Beinschläge braucht man pro Bahn? Wie sehr muss man sich anstrengen, um den Bereich des positiven Auftriebs beim Tieftauchen zu überwinden? Wie leicht fällt einem die Wende? Wie hydrodynamisch ist der Körper? Wie gut sitzt die Ausrüstung?

Beim Techniktraining sollte man mehrere Aspekte nutzen:

- Das eigene Empfinden: Wie fühlt es sich an? Ist z. B. die Wende gut gelungen? Bekomme ich mit dem Beinschlag einen guten Vortrieb?
- Das eigene Empfinden kann einen täuschen. Es fühlt sich gut an und man kann sich richtig vorstellen, wie gut das aussieht. Hier ist es gut, das Feedback des Trainingspartners oder Sicherungstauchers einzuholen. Man braucht jemanden, der einem sagt, wie gut oder schlecht es tatsächlich war.
- Eine Analyse mit einer Kamera. Hier sieht man, wie eigenes Empfinden und Wirklichkeit auseinande gehen. Man kann sehr konkret sehen, wie die Körperhaltung ist.
- Tauchzeit und Strecken bzw. Tiefen. Wie lange braucht man pro Bahn? Taucht man gleichmäßig oder wird man schneller oder langsamer? Taucht man schnell ab und langsam auf? Wie ist die Fallgeschwindigkeit und wie schnell taucht man auf in Meter pro Sekunde?

Maximalversuche

Sie sind vor allem für den Kopf anstrengend. Bei einem Maximalversuch geht es darum, einen Versuch zu machen, der im Bereich einer persönlichen Bestleistung liegt. Wenn man häufig Maximalversuche macht, wird man bald merken, dass Begriffe wie »Tagesform« keine große Rolle mehr spielen. Maximalversuche sollten in das regelmäßige Training integriert werden. Dabei verträgt sich der Maximalversuch nicht so besonders mit einem anstrengenden CO_2-Training, kann aber gut mit einem anschließenden Techniktraining kombiniert werden.

Der Maximalversuch hat folgende Vorteile:

- Er trainiert mental, da man dabei einen für sich anstrengenden Tauchgang macht, auf den man sich stark konzentrieren muss.
- Er trainiert die anaerobe Fähigkeit, weil man apnoe taucht und somit zum Ende des Tauchgangs wenig Sauerstoff zur Verfügung steht.
- Er trainiert die CO_2-Toleranz, weil sich während des Tauchgangs CO_2 ansammelt, mit dem man klarkommen muss.
- Er trainiert die O_2-Toleranz, weil man während des Tauchgangs Sauerstoff verbraucht.
- Er ist eine anspruchsvolle Technikschulung, weil man gerade zum Ende des Tauchgangs überprüfen kann, wie sauber man arbeitet, wenn es anstrengend wird.
- Er zielt auf eine Verbesserung der persönlichen Bestleistungen ab.

In der Zeit zwischen Wettkämpfen oder nach einem Wettkampf sollte der Fokus auf der Grundlagenausdauer, also CO_2, anaerobes Training und Techniktraining liegen, und gelegentlich einem Maximalversuch zu Trainingszwecken und als Standortbestimmung. In den 8–12 Wochen vor einem Wettbewerb erhöht man die Anzahl der Maximalversuche. Die Fitness ist dann aufgebaut, jetzt geht es darum, bis zum Wettbewerb die Bestleistung zu erhöhen. In der Woche vor einem Wettkampf gönnt man dem Körper normalerweise Ruhe und macht ggf. ein Techniktraining.

Spaß

Das beste Training nützt einem nichts, wenn man es nicht macht. Daher sollte das Training Spaß machen. Ich kann mich zwar ein paar Wochen mit einem Ziel vor Augen zu einem Training zwingen, das anstrengend ist, auf lange Sicht ist es aber sinnvoller einen Mix zu finden, der einem Spaß macht. Zu einem guten Freitaucher gehört ein gesunder Lebenswandel: aktiv zu sein, sich gut zu ernähren und ausreichend zu schlafen. Da wir ein gutes Körperempfinden entwickeln

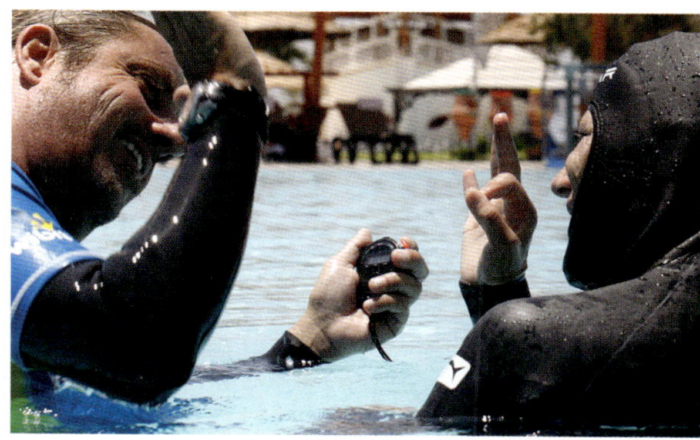

müssen, um erfolgreich frei zu tauchen, fällt das aber auch nicht schwer! Statik oder Zeittauchen ist die Basisdisziplin beim Apnoetauchen. Das was früher als Kinderspiel begonnen hat, wird nun professionell weitergeführt. Wie lange man die Luft anhalten kann, ist die wichtigste Frage.

Für ganz viele Apnoetaucher ist das Zeittauchen die große Hass-Disziplin. Man ist auf sich und seine Gedanken reduziert. Es bedarf keiner Muskeln und keiner besonderen Technik – das Zeittauchen braucht nur einen komplett entspannten Körper. Man muss sich fallen lassen, loslassen und dabei mental sehr gut drauf sein. Sehr viele Taucher sind extrem gut in Dynamik oder Tieftauchen, erreichen aber beim Zeittauchen nur eine Durchschnittszeit. Durch die Bewegung verbraucht man viel Energie, daher betragen die Zeiten, die man beim Streckentauchen erreichen kann, meistens nur etwa ein Drittel der Zeit, die man in Statik erreicht. Dabei gibt es tatsächlich Athleten, die in etwa die gleiche Zeit beim Streckentauchen erreichen wie im Zeittauchen. Sie können in der Dynamik tatsächlich besser entspannen.

***Wissenswert:** Viele Weltklasseathleten trainieren nur wenig im Wasser, sondern mehr mit Aerobik-Training wie Spinning, Jogging, Fahrradfahren, Skilanglauf, Schwimmen, Inlinerfahren. Hinzu kommen Atemübungen, Stretching, Yoga, Pilates, Klettern, Rudern und vieles mehr.*

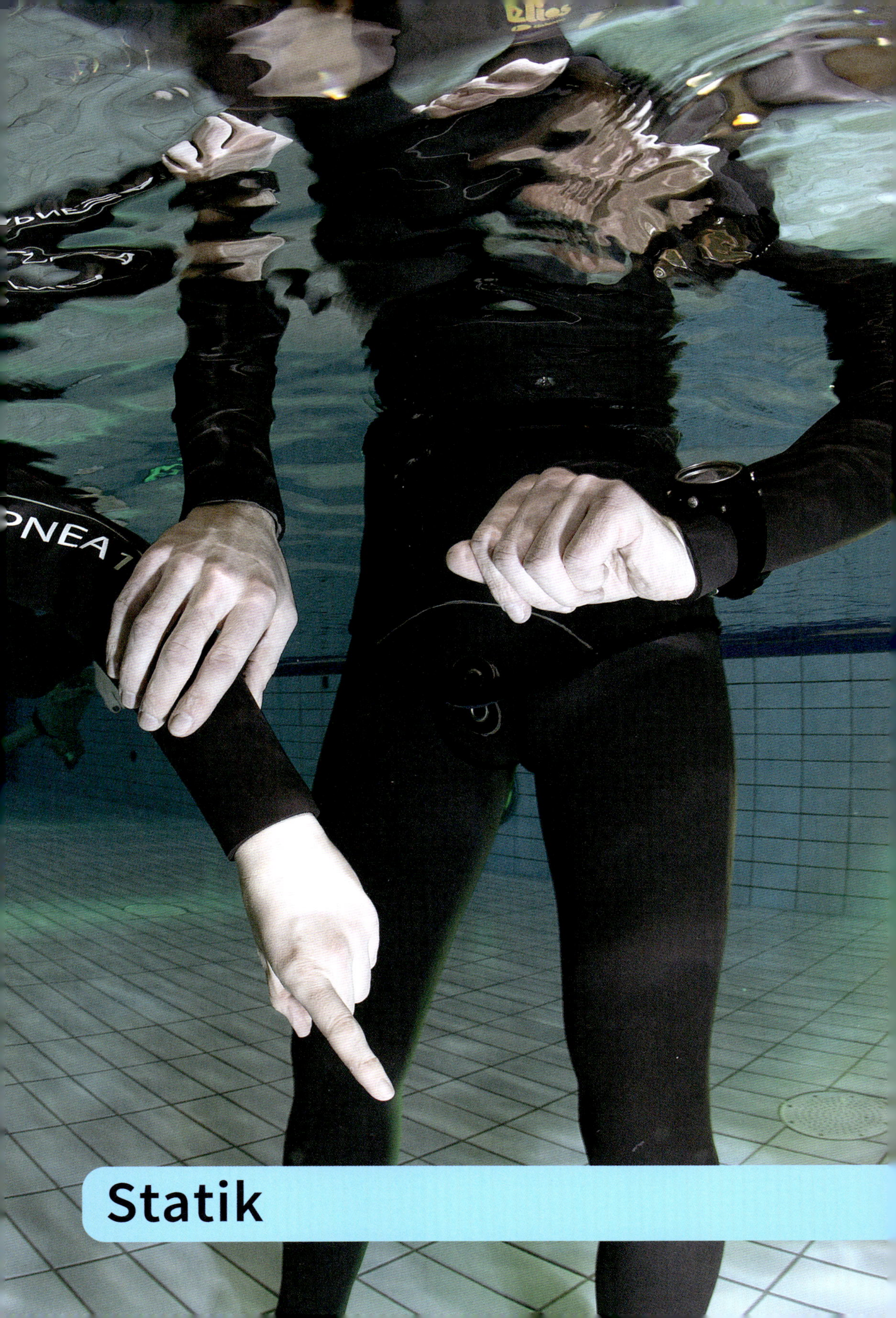

Statik

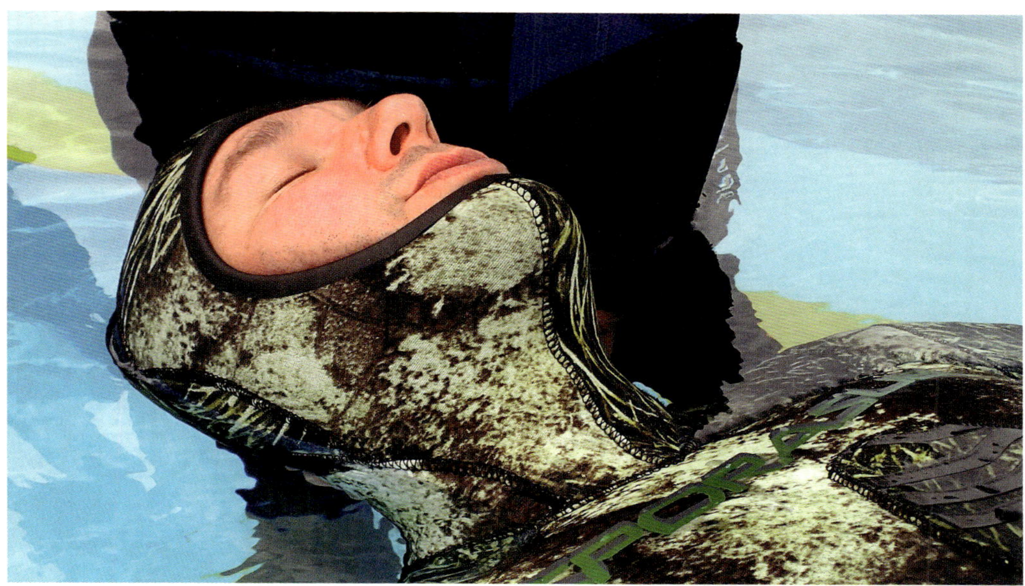

Equipment

Die Statik bildet den Grundstock für das erfolgreiche Freitauchen: Wer sich während des Atemanhaltens gut entspannen kann, die *Easy-Going-* und die *Struggle*-Phase gut meistert, der kann in der Dynamik und im Tieftauchen auf diesem Fundament sehr gut aufbauen. Beim Zeittauchen braucht man sehr wenig Equipment. Man muss sich entspannen, darf nicht frieren und muss in der Vorbereitung gut atmen können. Je weniger man dazu an Equipment braucht, desto besser.

Anzug

Wenn der Körper friert, muss er versuchen Wärme zu erzeugen, und das schafft er durch Zittern. Kaltes Wasser und Frieren verbrauchen ungeheuer viel Energie. Zittern nützt beim Tauchgang aber nichts: Im Gegenteil, man verbraucht Energie und mit einem unterkühlten Körper sich zu entspannen zu versuchen ist aussichtslos.

In der völligen Bewegungslosigkeit, in der man beim Zeittauchen an der Wasseroberfläche treibt, braucht man einen dickeren Anzug als vielleicht zunächst erwartet. In Wassertemperaturen von bis zu 27 °C ist ein 3-mm-Anzug für eine ausgeprägte Zeittauch-Session zu dünn. Dabei hängt es natürlich auch wieder vom eigenen Wärmeempfinden und dem eigenen Fettanteil ab. Fett isoliert besser; fortgeschrittene Freitaucher brauchen meistens einen dickeren Anzug, weil sie weniger Fett haben.

Es spielt keine Rolle, ob man einen Overall oder einen zweiteiligen Anzug mit High Waist Pants und Weste benutzt. Eine integrierte Kopfhaube hält den Kopf warm und hilft auch dabei, Umgebungsgeräusche dumpfer werden zu lassen.

Der Anzug sollte komplett, also nicht kurz sein, weil wir eine entspannte Lage an der Oberfläche brauchen. Bei einem kurzen Anzug hängen die Beine nach unten und der Körper versucht durch unbewusste Spannung, den aufstrebenden Oberkörper nach unten zu drücken. Ob der Anzug eine glatte Oberfläche hat, ist völlig unerheblich, da man für das Zeittauchen keinerlei Gleitfähigkeit braucht. Frontreißverschlüsse sind aber nicht geeignet, weil sie sich nicht ausdehnen können. Häufig drücken sie auf den Adamsapfel oder den Hals, weil bei einem komplett entspannten Nacken der Kopf nach unten hängt.

Maske, Noseclip und Brille

Für das Zeittauchen verbringt man Zeit mit sich und weniger mit der Umwelt. Daher ist eine Maske nicht unbedingt nötig. Wer das Gefühl von Wasser im Gesicht nicht mag, kann natürlich trotzdem eine aufziehen. Sie sollte klein sein, damit die Rezeptoren im Gesicht den Tauchreflex erleichtern.

Alternativ besteht die Möglichkeit eine Nasenklammer zu verwenden. Diese lässt das Gesicht komplett frei und verhindert, dass Wasser in der Nase einen Niesreiz auslöst. Wer im Augenbereich trotzdem kein Wasser haben möchte, kann zusätzlich zur Nasenklammer eine Schwimmbrille aufziehen. Das hat gegenüber der Tauchmaske den Vorteil, dass mehr Teile des Gesichtes frei bleiben.

Uhr

Es ist eine Frage der Philosophie, ob eine Uhr im Statik-Training verwendet wird oder nicht. Natürlich ist die Stoppuhr für das Training unabdingbar. Man muss nur aufpassen, dass sie keine allzu große Rolle spielt. Gerade bei Maximalversuchen gibt es viele Apnoetaucher, die penetrant auf die Uhr blicken. Eine Entspannung ist so nicht möglich und die Idee *»nicht an die Zeit zu denken«* geht völlig verloren. Nach einigen Monaten Training sollte bei einem Maximalversuch bewusst auf die Uhr verzichtet und einfach so lange die Luft angehalten werden, wie es geht. Wenn die Fixierung auf die Zeit weg ist, sind oftmals tolle Ergebnisse möglich.

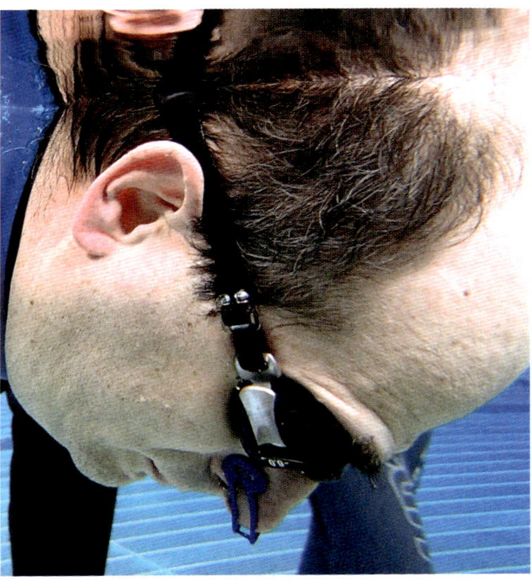

Sonstiges

Auftriebskörper wie Poolnudeln können für eine entspanntere Atmung vor dem Tauchgang sorgen. Manche Freitaucher haben einen iPod dabei, um kurz vor dem Tauchgang entspannende Musik zu hören. Doch je mehr Equipment und Rituale man nutzt, umso abhängiger ist man davon. *Keep it simple* – man braucht nur die Luft anzuhalten.

Nützliche Techniken

Während der Statik sollte man nicht an die Uhrzeit denken. Das ist so ähnlich, wie zu sagen: *»Denke nicht an den rosa Elefanten«*. Man braucht also etwas anderes, um einen entspannten Tauchgang machen zu können. Dazu sind Ansätze oder Techniken aus dem *Yoga Nidra*, dem Autogenen Training etc. besonders geeignet.

Autogenes Training

Beim Apnoetauchen ist die Ruhe- und Schwereformel aus dem Autogenen Training besonders nützlich, um die Achtsamkeit auf sich selbst zu führen und zu zentrieren:

Ruhe- und Schwereformel

- Ich bin ganz ruhig.
- Mein rechter Arm ist ganz schwer.
- Mein linker Arm ist ganz schwer.
- Beide Arme sind ganz schwer.
- Arme und Beine sind angenehm schwer.
- Ich bin ganz ruhig, mein Herz schlägt ruhig und langsam.
- Meine Arme sind angenehm warm.
- Meine Beine sind angenehm warm.
- Ich bin ganz ruhig, mein Herz schlägt ruhig und langsam.

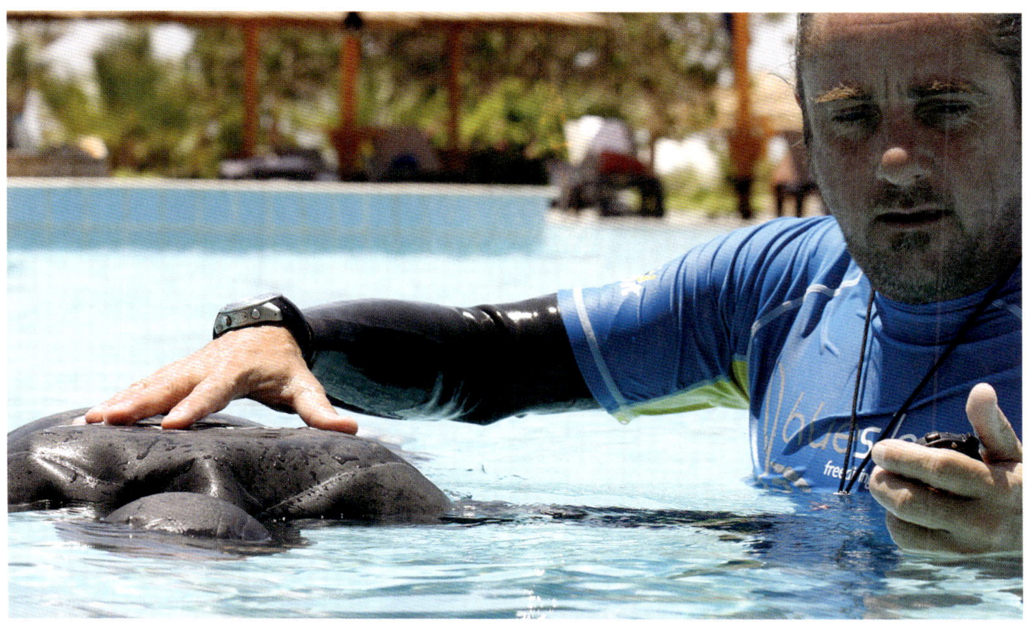

Fantasiereisen

Im Autogenen Training werden auch Fantasiereisen eingesetzt. Gerade, wenn man im Wasser liegt und das Plätschern des Wassers hört, sind solche Vorstellungen wunderbar geeignet, um sich an einen entspannten Ort zu träumen:

Stell dir vor, du liegst im Meer, das Wasser schimmert azurblau, die Wellen umspülen sanft deine Haut, dein Gesicht, deinen Nacken, deine Schultern, deine Arme, deinen Rücken, deine Beine, deine Füße. Du riechst den Geruch des Meeres, das Wasser ist angenehm warm und trägt dich …

Diese Vorstellungsreise kann man beliebig und nach seinem Wohlgefühl weiter ausbauen. Wenn es gelingt, ganz einzutauchen und loszulassen, ist es, als riecht man das Meer und fühlt die Wärme auf der Haut. Der Körper erinnert sich an Gefühle und Körperwahrnehmungen, die er aus dem richtigen Leben kennt, und kann diese jederzeit in der Fantasie abrufen und real werden lassen. Man spricht in diesem Fall von verankerten Gefühlen und Wahrnehmungen. Diese Fähigkeit kann man sich für die Entspannung zunutze machen – Hauptsache, es handelt sich um angenehme, entspannende Erinnerungen oder Gedanken.

Bodyscan

Der Bodyscan kommt aus der Tiefenentspannung des *Yoga Nidra* (der Schlaf des Yogi). Bei dieser Übung ziehen sich Körper und Verstand aus dem Alltag zurück, das Bewusstsein bleibt wach, wodurch eine tiefe Entspannung möglich wird. Die Atmung wird wie beim Schlaf herabgesetzt, die Aufmerksamkeit richtet sich auf den Körper, wir kommen ganz zu uns.

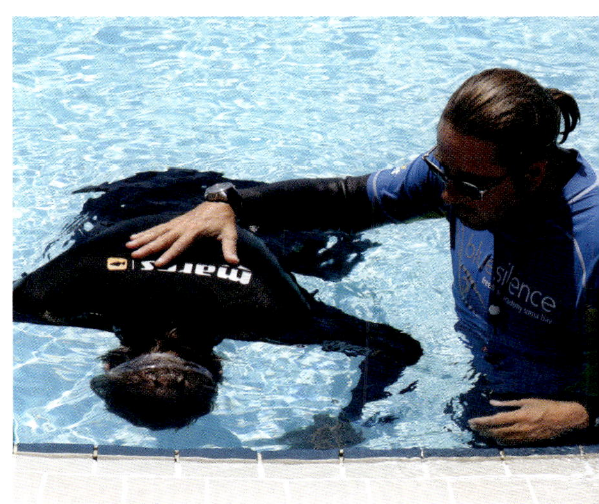

Die Übung folgt einem bestimmten systematischen Ablauf, man geht mental durch den ganzen Körper und entspannt dabei Körperregion für Körperregion, Muskel für Muskel. Zum Kennenlernen und Üben empfiehlt sich eine entsprechende Meditations-CD. Das hilft, um im Wasser rascher in diesen Zustand zu finden, und gelassen durch den Körper zu scannen.

Phasen des Tauchgangs

Es gibt beim Apnoetauchen zwei Phasen, die man bei der Statik besonders deutlich wahrnimmt. Es handelt sich um die *Easy-Going*-Phase und die *Struggle*-Phase.

Verlängerung der Easy-Going-Phase

Die *Easy-Going*-Phase ist die Phase der Tiefenentspannung, in der kein Atemreiz auftaucht. Wir wissen bereits, dass der Atemreiz nichts mit einer mangelnden Sauerstoffversorgung zu tun hat. Wenn man in einen Flow-Zustand kommt, ist eine Art Schlaf möglich. Eine ruhige *Easy-Going-Phase* erreicht man mit begleitenden Techniken, wie z. B. dem Bodyscan. Man geht nach und nach beginnend beim Kopf über den Nacken- und Schulterbereich durch den gesamten Körper und entspannt dabei Muskel um Muskel.

Die *Easy-Going*-Phase kann bereits vor dem Tauchgang positiv beeinflusst werden. Dazu nutzt man eine Übung aus der progressiven Muskelentspannung, um den Nacken-Schulter-Bereich zu entspannen. Die Progressive Muskelentspannung basiert auf dem Anspannen und raschen Entspannen einzelner Muskeln. Durch die Anspannung und das anschließend abrupte Lösen kann sich der Muskel tiefer entspannen.

Und so geht die Übung (im Stehen, Sitzen oder Liegen):

- Schultern an die Ohren ziehen.
- Nackenmuskeln anspannen.
- Fäuste ballen und Luft anhalten.
- Spannung 5–7 s lang halten.
- Ruckartig die Anspannung lösen und ausatmen.
- 20 s nachspüren.

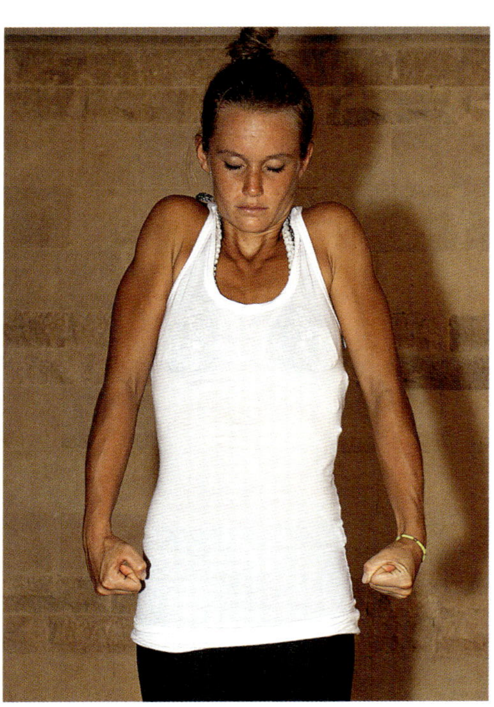

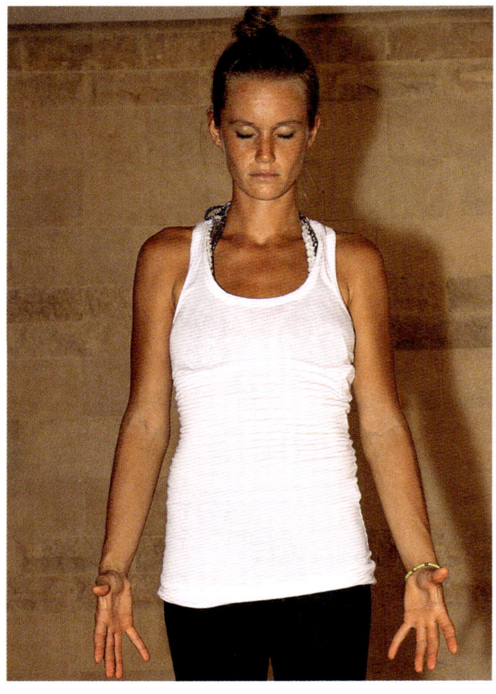

Verlängerung der Struggle-Phase

Mit dem Atemreiz kommt man in die *Struggle*-Phase. In dieser Phase hat man Kontraktionen. Zu Beginn fühlen sich diese extrem unangenehm an, nach 20 s fühlt es sich häufig wieder etwas besser an.

Wie das Verhältnis zwischen *Easy-Going*- und *Struggle*-Phase sein sollte, kann man nicht konkret sagen. Normalerweise gilt: Wer nach 2–3 min den Atemreiz bekommt, kann gleich lange in der *Struggle*-Phase verbringen.

Wie lange man tatsächlich kämpfen kann, hängt von verschiedenen Faktoren ab:

- Entspannung und Konzentration.
- Atmung vor dem Abtauchen.
- Willenskraft.
- Körperliche Voraussetzungen (gut hydriert, nicht frieren, nicht zu viel gegessen etc.).

Wer vor dem Abtauchen hyperventiliert, wird eine sehr lange *Easy-Going*-Phase und eine sehr kurze *Struggle*-Phase haben. Die korrekte Atmung vor dem Abtauchen sieht folgendermaßen aus: Grundsätzlich wird vor dem Abtauchen ruhig in den Bauch geatmet. Die letzten drei Atemzüge dann mit Vollatmung, um die Lunge zu ventilieren. Danach extrem tief einatmen und abtauchen.

Der aufkommende Atemreiz wird zunächst als leichter Druck in der Bauchgegend wahrgenommen. Man kann noch leichten Gegendruck ausüben, um die erste richtige Kontraktion noch ein bisschen hinauszuzögern. Mit dem Atemreiz ruft man sich in Erinnerung, dass sich dieser nur in der Gegend des Zwerchfells bemerkbar macht. Das heißt, man lenkt die Aufmerksamkeit bewusst auf den restlichen Körper. Man konzentriert sich vor allem auf den Nacken-Schulter-Bereich und versucht diesen kontinuierlich zu entspannen.

Es ist kontraproduktiv, sich zu bewegen, sich zu drehen, den Kopf nach oben zu nehmen, im Becken aufzustellen, Luft abzulassen, auf die Uhr zu blicken oder den Kontraktionen zu sehr nachzugeben. All das wird den Tauchgang verkürzen.

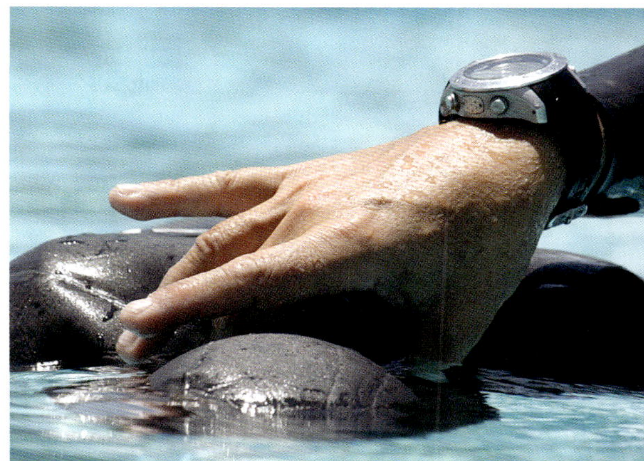

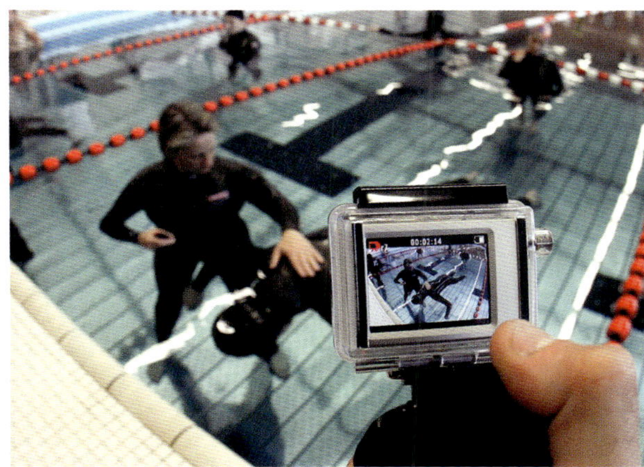

Um es anders auszudrücken: Der richtige Weg ist ruhig im Wasser liegenzubleiben, sich die Kontraktionen im Zwerchfell austoben zu lassen und einfach unbeeindruckt an der Wasseroberfläche zu treiben. Der beste Zeittaucher ist keineswegs der, der eine lange *Easy-Going*-Phase hat, sondern derjenige Taucher, der harmonischer mit den Kontraktionen umgehen kann.

Dabei kann man sich auch bewusst darauf konzentrieren, dass die Zeit zwischen den Kontraktionen länger wird, in dem man sagt *»O. K., noch 10 s, dann darf die nächste Kontraktion kommen«*. So verhindert man eine Aneinanderreihung von Kontraktionen.

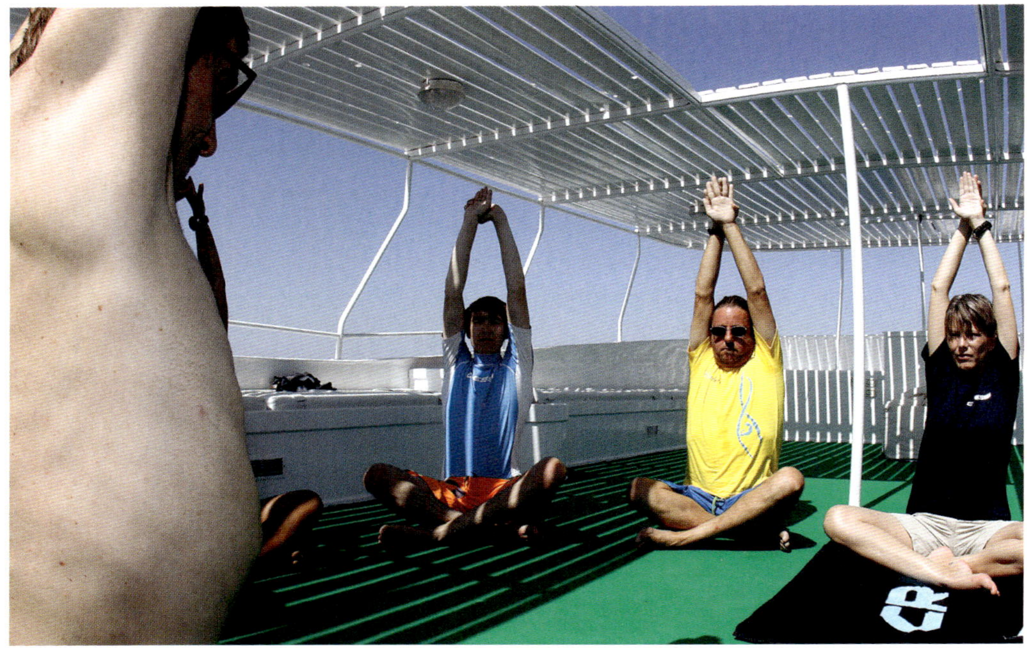

Warm-up

Wenn man sich seine Lunge als verklebten Blasebalg vorstellt, dann braucht man eine Übung, die diese Lunge so vorbereitet, dass man mit einem Atemzug möglichst viel frische Luft aufnehmen kann.

Voratmung

Eine besonders geeignete Übung dafür ist die Aufladeübung aus dem *Pranayama*. Diese Übung dient ursprünglich der Freisetzung und Verteilung der Energie aus dem Sonnengeflecht (in der Gegend des Zwerchfells). Für Freitaucher ist es zudem eine perfekte Übung, um die an der Atmung beteiligte Zwischenrippenmuskulatur zu stretchen. Ich vergleiche die Lunge gerne mit einem verklebten Blasebalg oder Ballon. Mit dieser Übung wird der verklebte Ballon einmal aufgeblasen und die Lunge einmal ausbelastet.

- Man stellt sich hüftbreit auf die Matte, geht dabei leicht in die Knie (ist also locker in den Knien). Der Brustkorb ist aufgerichtet und offen, die Schultern sind leicht nach außen gedreht.
- Man beginnt mit der Bauchatmung und legt dabei eine Hand auf den Bauch.
- Man atmet ein paar Mal ruhig in den Bauch. Mit jeder Einatmung hebt sich unser Bauch und die darauf liegende Hand, mit jeder Ausatmung senkt er sich. Der Brustkorb bleibt dabei ruhig.
- Nun legt man die Hände unterhalb seines Bauchnabels ineinander.
- Man atmet langsam ein und führt dabei die Arme seitlich nach oben, die Hände greifen ineinander.
- Man hält die Luft kurz an.
- Dann atmet man langsam aus, die Arme senken sich zurück in die Ausgangsposition. Die Ausatmung geschieht passiv. Ziel ist es, doppelt so lange aus- wie einzuatmen.
- Man atmet wieder ein, führt die Arme nach oben und greift die Hände, stretcht nun aber in der Apnoephase zusätzlich einmal nach links und einmal nach rechts. Wichtig ist, dass man dabei den Brustkorb lang macht. So wird die Zwischenrippenmuskulatur gedehnt.
- Ausatmen, Hände senken sich in die Ausgangsposition.

Danach ist man in der Lage, die nur unzureichend genutzte Lunge bis zur totalen Lungenkapazität auszunutzen.

Entspannungsübung

Die größte Herausforderung beim Zeittauchen ist es, den Körper auf den Punkt komplett zu entspannen. Auch deshalb ist es die Basisdisziplin. Denn auch wenn sich bei der Dynamik die fehlende absolute Entspannung nicht ganz so extrem auswirkt, ist doch auch dort die Fähigkeit auf den Punkt herunterzufahren sehr wichtig. Man legt sich auf die Yogamatte neben dem Becken. Den Anzug hat man bis zur Hüfte an. Wenn es warm genug ist, trägt man nur Badesachen.

Man legt ein 500-g-Stück Blei auf seinen Bauch und platziert es knapp unter dem Rippenbogen, also auf dem oberen Bereich des Zwerchfells. In den folgenden 10 min hat man nichts anderes zu tun als gegen den leichten Druck des Bleis anzuatmen. Das heißt, dass sich mit jeder Einatmung das Bleistück hebt. Mit jeder Ausatmung lässt man das Blei nach unten sinken. Das ist eine einfache Übung, um zu sich zu kommen. Man hat etwas zu tun und nach und nach fährt man seinen Puls herunter. Ein- und Ausatmung sollten dabei nicht forciert werden. Während dieser Übung sorgen wir dafür, dass uns nichts berührt, die Handflächen liegen geöffnet nach oben, die Augen sind geschlossen.

Das Ziel dieser Übung ist eine Tiefenentspannung, welche man mit ins Wasser nehmen möchte. Man will nach dieser Übung zeitnah ins Wasser, es sollte deshalb keine Unruhe mehr aufkommen, weil man sich noch umziehen oder die Maske suchen muss. Und es versteht sich von selbst, dass man nicht laut schreiend ins Wasser hüpft – damit wäre die ganze Entspannung von Körper und Geist dahin.

Warm-up im Wasser

Durch die Bauchatmung hat man seinen Körper zum Entspannen gebracht und gut mit Sauerstoff versorgt. Nun geht es darum, den Tauchreflex zu wecken und den Körper auf das Luftanhalten vorzubereiten.

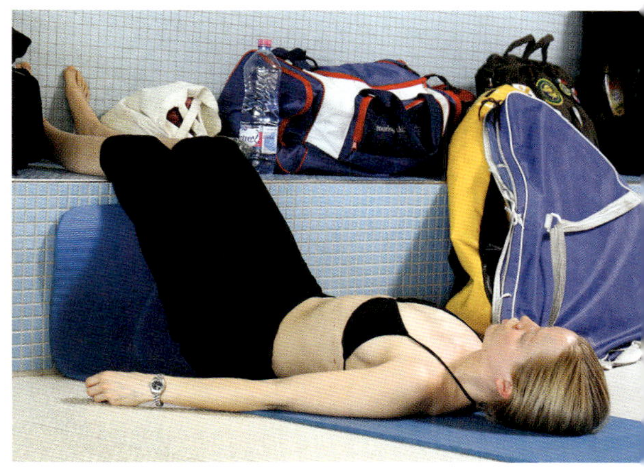

Folgende Tabelle ist ein Beispiel für ein mögliches Warm-up:

(Zwischen jedem Punkt 2 min Pause mit ruhiger Bauchatmung – die letzten drei Atemzüge tiefe Vollatmungen. Anschließend mindestens 5 min Pause vor einem Maximal-Versuch.)

1. FRC-Tauchgang (also passiv ausgeatmet) bis zum Atemreiz. Auftauchen.
2. FRC-Tauchgang wieder bis zum Atemreiz, dann in der *Struggle*-Phase bis 30 zählen. Auftauchen.

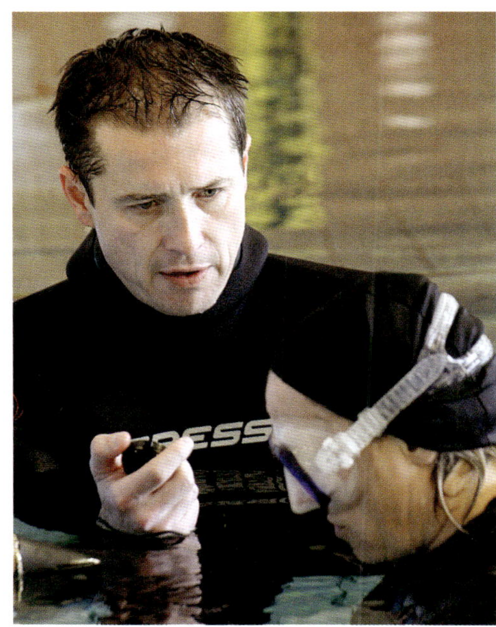

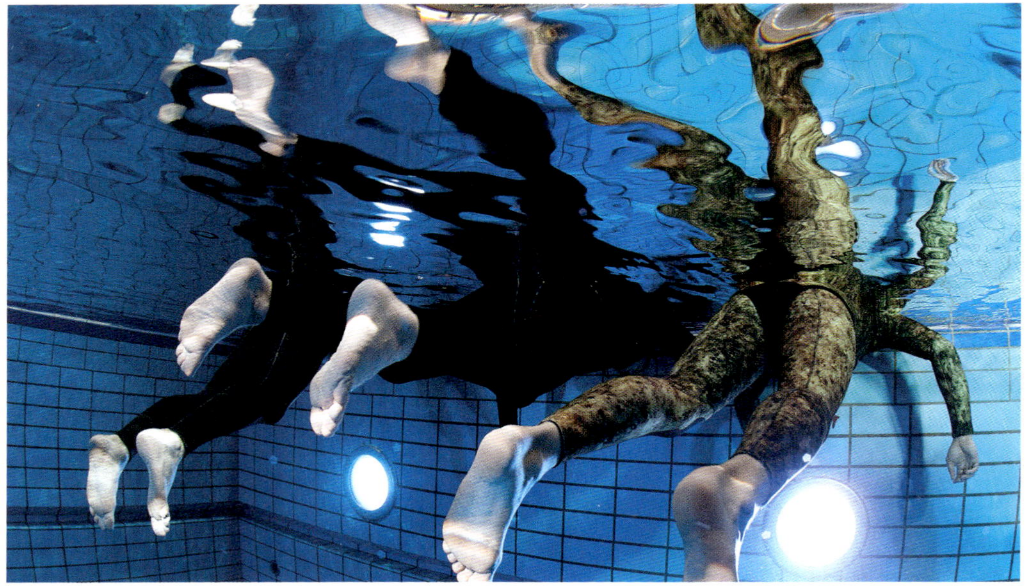

3. Tauchgang, ab jetzt mit voller Lunge, mit derselben Tauchzeit wie in Tauchgang 2.
4. Tauchgang, Tauchzeit aus Tauchgang 3 um 30 s steigern.
5. Tauchgang, erneut um 30 s steigern.
6. Tauchgang: Der Atemreiz soll nun 1– 1 : 30 min ausgehalten werden. In Rücksprache mit dem Taucher erfährt der Coach, wann der Atemreiz aufgetaucht ist. Manchmal spürt oder sieht er es auch beim Sichern. Dadurch weiß er, ab wann im Folgetauchgang der Atemreiz wahrscheinlich einsetzt. Jetzt muss der Taucher den Atemreiz 1–1 : 30 min aushalten.

Ergänzung: Der FRC-Tauchgang ist eine Art Kaltstart. Der Tauchgang fühlt sich schwer an, der Atemreiz kommt früh und sehr heftig. Trotzdem scheint ein solcher Tauchgang schneller den Tauchreflex zu wecken. Außerdem fühlt sich der Atemreiz unangenehmer an als das nachher mit voller Lunge der Fall ist. Das heißt, wenn es ernst wird, fühlt es sich quasi besser an. Die drei vollen Atmungen zum Schluss können langsam erfolgen. Sie dienen dazu, die Lunge zu ventilieren und mit frischer Luft zu füllen. Der letzte Atemzug mit voller Lunge ist ein besonders tiefer Atemzug in Bauch und Brustkorb.

Trainingstabellen

Eine Trainingstabelle soll die CO_2-Toleranz erhöhen. Es geht also darum, den Atemreiz zu spüren und sowohl mental als auch körperlich harmonischer mit ihm umzugehen. Früher waren CO_2-Tabellen so angelegt, dass man die Pausen bei gleichbleibender Tauchzeit verkürzt hat. Man hat z. B. eine Tauchzeit von 1 : 30 min und beginnt mit einer Atemzeit von 1 : 30 min, die in jedem Durchgang um 15–30 s verkürzt wird.

Das Problem bei dieser Tabelle ist aber, dass sie zeitlich nicht besonders effektiv ist. Das heißt, vermutlich atmet man in Pausen von 30 s aufwärts alles an CO_2 ab, was angesammelt wurde. Erst zum Ende der Tabelle bekommt man die gewünschten Kontraktionen.

Grundsätze einer effektiven Tabelle

- Kurze Atemzeit, damit sich der CO_2-Spiegel aufbauen kann.
- Eine Tauchzeit, die mindestens acht Durchgänge durchgehalten werden kann.
- Mindestens nach dem vierten Durchgang (also der Hälfte) müssen Kontraktionen auftauchen.

Dafür gibt es drei Beispiele:

1. Zeitliche CO_2-Tabellen: Die Tabelle wird unterbrochen durch eine oder maximal zwei Atemzüge. Hier sammelt sich sehr schnell CO_2 an, das durch ein bis zwei Atemzüge nicht abgeatmet werden kann. Zum Beispiel: 1 : 30 min Luft anhalten und zwei Atemzüge zwischenatmen.
2. CO_2-Tabellen, die Kontraktionen folgen: Hierbei werden Kontraktionen gezählt. Das bedeutet, man achtet überhaupt nicht auf die Zeit, sondern zählt z. B. 10 Kontraktionen, anschließend 2 Atmungen, 10 Kontraktionen, 2 Atmungen etc. Auch diese Tabelle muss mindestens 8 Durchgänge lang eingehalten werden.
3. Eine Mischung aus beiden Tabellen: Die zeitliche CO_2-Tabelle verhindert, dass man sich selbst überlistet. Das ist aber bei der zweiten Tabelle möglich. Wenn man weiß, dass man nur z. B. 10 Kontraktionen durchhalten muss, dann kann das zur Folge haben, dass man diesen Kontraktionen sehr schnell nachgibt, um es schneller hinter sich zu haben.

Die dritte Tabelle berücksichtigt also sowohl die Zeit als auch die Kontraktionen. So kann die Apnoephase so aussehen, dass man 1 min die Luft anhält und von da an die Kontraktionen zählt.

Alle CO_2-Tabellen können angepasst werden. Um acht Durchgänge durchzuhalten, sind die Apnoephasen vergleichsweise gering. Man sollte nicht zu hoch einsteigen, sonst schafft man es kaum bis zum Ende. Wenn man aber feststellt, dass man erst beim siebten Durchgang Kontraktionen bekommt, dann muss die Apnoezeit erhöht werden. Außerdem sollte man in seinem Trainingslogbuch festhalten, wie die Tabelle funktioniert hat. Ab welchemTauchgang habe ich Kontraktionen bekommen? Wie hat sich meine Gesamtzeit verlängert?

Mögliche Steigerungen:

- Anzahl der Kontraktionen bei den Tabellen 2 und 3 erhöhen.
- Apnoezeit bei Tabellen 1 und 3 erhöhen.
- Tabellen passiv ausgeatmet tauchen (FRC-Tauchgänge), geht bei allen drei Tabellen.

Da man zwischen den Apnoephasen nur maximal 1–2 Atemzüge nimmt, kann die Erholungszeit dazwischen kaum variiert werden. Der Grund, warum man nur maximal zwei Atemzüge macht, liegt darin, dass man seinen aufgebauten und erwünschten CO_2-Spiegel nicht unterbewusst schnell und flach wieder abatmen will. Wer sich steigern möchte, muss seinen Fortschritt ständig dokumentieren und die Intensität der Tabelle mit dem erzielten Fortschritt erhöhen. Die Tabellen finden sich am Ende dieses Kapitels.

Rolle des Coachs

Sicherheit

Die wichtigste Aufgabe des Coaches ist es die Sicherheit zu garantieren. Das heißt, dass er im Fall einer Sauerstoffunterversorgung den Taucher sichert. Beim Zeittauchen ist der Beckenrand besonders gefährlich. Gerade zum Ende eines Tauchgangs soll sich der Freitaucher am Beckenrand festhalten, um die Erholungsatmung zu machen. Sollte er hier einen LMC haben, ist die Gefahr groß, dass er sich nicht festhalten kann und mit dem Gesicht gegen den Beckenrand prallt. Daher legen umsichtige Sicherungstaucher ihren Arm zwischen die

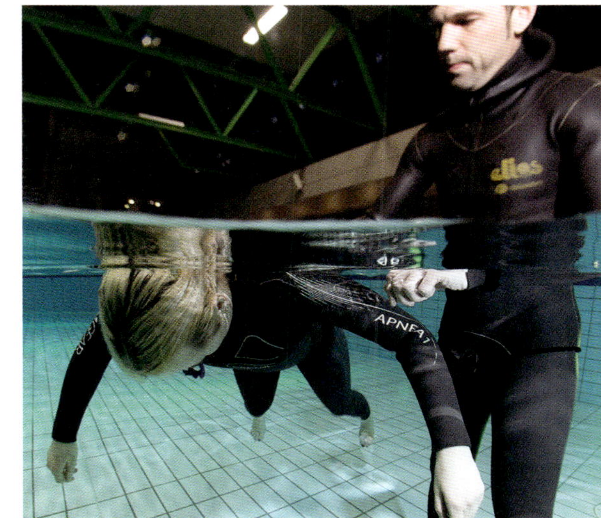

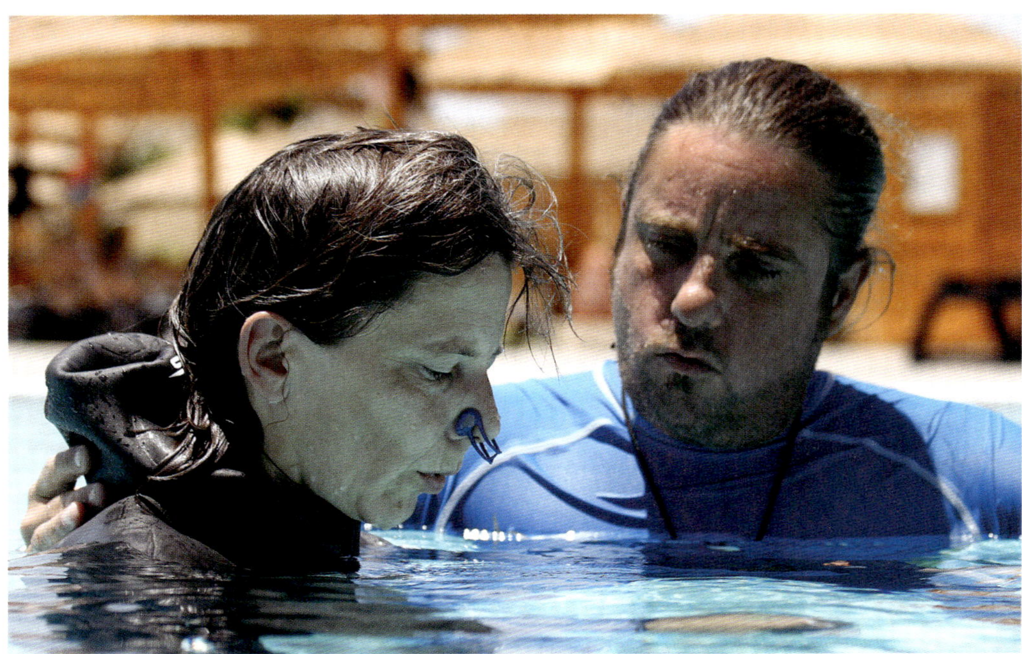

abstützenden Hände des Tauchers, um das mögliche Aufschlagen des Gesichts mit dem Arm abzufedern.

Wenn der Freitaucher sich nicht auf den Beinen halten kann, muss er festgehalten werden, damit er mit den Atemwegen nicht wieder unter Wasser gerät. Sollte es sich um einen LMC handeln, der etwas länger dauert, sollten Maske oder Noseclip abgenommen werden, damit der Athlet die Atemwege frei hat, um sich besser mit Sauerstoff zu versorgen.

Im Falle eines *Blackouts* dreht man den Taucher auf den Rücken, entfernt Maske oder Brille und Noseclip, bläst ihm in die Region der Atemwege, spricht ihn an und berührt ihn mit den Fingern um den Mund im Gesicht. Wenn er nach 5 s nicht von selbst einzuatmen beginnt, führt man eine Beatmung durch.

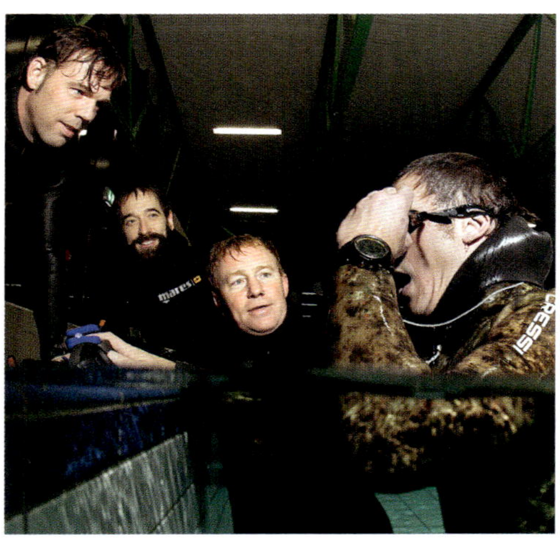

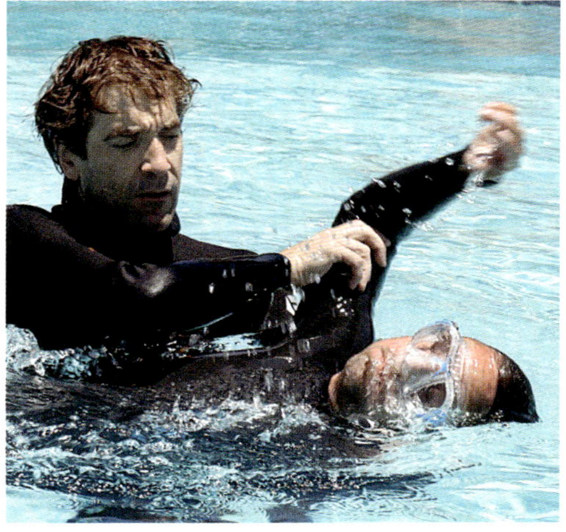

Zeit nehmen

Vor allem aber hält der Coach die Zeit fest. Er beobachtet den Taucher und kann im Nachhinein ein Feedback über seine Leistung geben. Gerade das Durchsprechen nach dem Tauchgang ist besonders wichtig:

- *»Wann hattest du Kontraktionen?«*
- *»Kurz nachdem du mich das erste Mal abgefragt hast.«*

Auch das sind wichtige Informationen, um den Trainingszustand im Logbuch zu fixieren.

Die Sicherung schließt ein regelmäßiges Abfragen des O. K. mit ein. Meistens wird das O. K. durch einen leichten Druck am Oberarm angefragt und durch ein Heben des Fingers der Hand des gleichen Armes erwidert.

Sinnvoll ist es das O. K. unregelmäßig abzufragen. Wenn man weiß, dass man z. B. nach 1 min abgefragt wird, dann wartet man darauf anstatt die Zeit zur Erreichung der Tiefenentspannung zu nutzen. Zu früh sollte das O. K. auch nicht abgefragt werden, denn gerade zu Beginn stört das unter Umständen die Entspannung in der *Easy-Going*-Phase. Das O. K. kurz vor oder nach dem zu erwartenden Ende der *Easy-Going*-Phase abzufragen ist für die meisten Taucher am angenehmsten. Zum Beispiel: »Bitte frag mich unregelmäßig ab und nicht vor 2:30 min.«

Hier kann die Abfrage nach 2:43 min oder 3:01 min kommen. Zum Ende des Tauchgangs wird die Abfragehäufigkeit erhöht. Zum Schluss kann das durchaus alle 15 s der Fall sein. Der Apnoetaucher sollte die Zeit erst dann erfahren, wenn er durch ein Tippen auf seine (imaginäre) Uhr am linken Handgelenk danach fragt.

Der Sicherungstaucher hält mit einer Hand den Taucher am Rücken in der Position, sodass dieser nicht in ein anderes Buddyteam treibt oder zu weit vom Beckenrand weggetrieben wird. Dabei ist wichtig, dass die Hand, die den Tauchpartner hält, nicht die Hand ist, an deren Handgelenk sich die Uhr befindet. Die Hand auf dem Rücken muss Ruhe ausstrahlen. Ein Taucher merkt sofort, wenn der Sicherungstaucher den Arm leicht dreht, um auf die Uhr zu blicken.

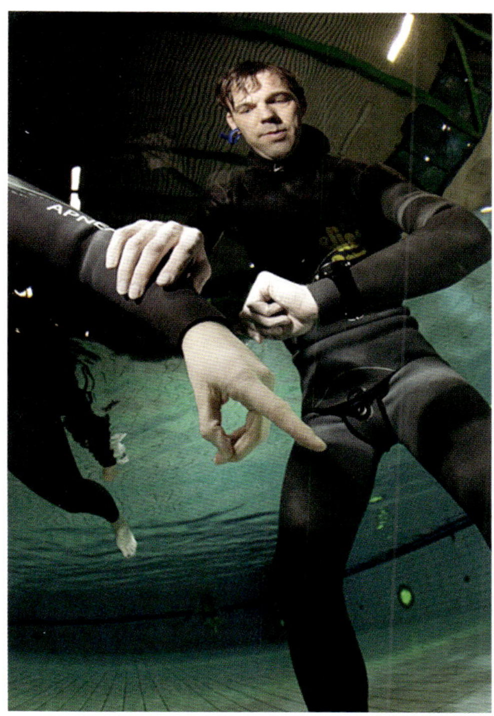

Achtsamkeit

Der Coach ist dafür verantwortlich das *Warm-up* zu leiten, die Atem- und Entspannungszeit vor dem Tauchgang anzusagen, die Sicherheit zu wahren und den Taucher die gesamte Zeit über zu beobachten. Beginner tendieren als Sicherungstaucher dazu, zu oft auf die Uhr zu schauen. Sie müssen aber den Taucher im Auge behalten und nur gelegentlich die Zeit überprüfen, um rechtzeitig das O. K. abzufragen. Es ist außerdem wichtig, dass sich der Coach während des Sicherns nicht mit anderen unterhält oder im Schwimmbad den Mädels oder Jungs hinterherschaut. Ein Taucher kann nur dann richtig loslassen, wenn er weiß, dass er die volle Aufmerksamkeit hat.

Innere Stimme übertönen

Der Coach ist also der Oberflächenmanager. Abgesehen von der Sicherheit begünstigt er auch einen entspannten Tauchgang. Der Taucher hat immer wieder mit seinem inneren

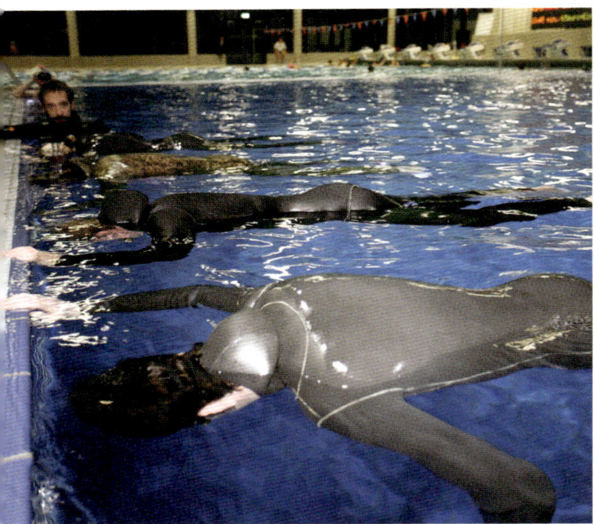

Zweifel zu tun. Jedes Mal, wenn er taucht, redet ihm die innere Stimme ein, *»das ist heute nicht dein Tag«* oder *»das letzte Mal war es viel einfacher«* oder *»der Atemreiz kommt zu früh«* und vieles mehr. Die Zeit verklärt die Erinnerung. Daher ist Logbuchschreiben auch so wichtig.

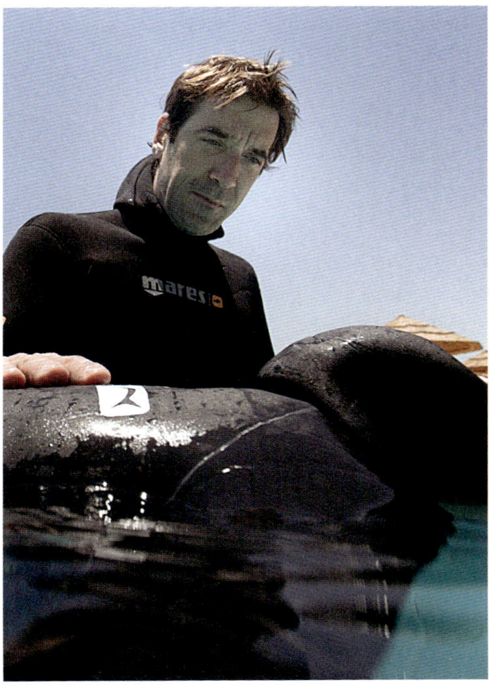

Hat man das letzte Mal beim Zeittauchen ein gutes Ergebnis gehabt, dann ist es wichtig, im Trainingslogbuch einzutragen, wann der Atemreiz kam und wie sich der Tauchgang angefühlt hat. Beim nächsten Versuch weiß man dann, dass es beim letzten Mal auch anstrengend war.

Der fortgeschrittene Coach erkennt mangelnde Entspannung. Er sieht, wie sich der Taucher bewegt, merkt, wie er den Kontraktionen zu sehr nachgibt, registriert, dass der Kopf aufgrund der mangelnden Entspannung im Nacken nach oben strebt, und vieles mehr. Hier setzt der Coach ein, berührt leicht den Nacken und redet dem Taucher gut zu: *»Du machst das gut, entspanne dich noch einmal, das sieht sehr gut aus, und nochmal den Kopf hängen lassen, sehr schön«*. Wenn sich der Taucher entspannt hat, kann sich der Coach wieder auf seine Rolle als Sicherungstaucher reduzieren. Wenn der Taucher aber in der letzten Phase vor dem Auftauchen ist, ist kontinuierliches Coachen angesagt. Zusätzlich zum Reden kann der Taucher auch bewusst abgelenkt werden.

Ablenkungsspiele

1. O. K. umgekehrt abfragen: Man drückt den rechten Arm und fordert den Taucher verbal auf, das O. K. links zu geben. So merkt man, ob er in der ultimativen Phase noch klar im Kopf ist. Oder man fordert ihn auf, die Zeigefinger beider Hände zu heben.
2. Das Fingerspiel: Man fordert den Taucher auf, beide Hände vor den Oberkörper zu nehmen und zunächst nur die kleinen Finger zu berühren. Man lobt den Taucher, wenn er das geschafft hat, und geht dann langsam von Finger zu Finger, bis sich nach und nach beide Hände vollständig berühren. So hat man den Taucher etwa 30 s lang von seinen Kontraktionen abgelenkt. Dieses Spiel ließe sich endlos erweitern, aber letztlich soll es ja nur die letzten 30 s abdecken, ansonsten soll sich der Taucher selbst entspannen.

Zum Ende des Tauchgangs, in der Phase der stärkeren Kontraktionen, führt man den Taucher langsam an den Beckenrand, sodass er weiß, wo er ist. Er kann nun jederzeit auftauchen und *Hookbreathing* machen, um den Körper mit Sauerstoff zu versorgen. Der Coach überwacht die nächsten 15 s lang das Verhalten des Tauchers und bekommt dann sein O.-K.-Zeichen. Ein guter Coach hält sich im Hintergrund und agiert, wenn er gebraucht wird.

Trainingsplan Statik

1. Woche

Trockentraining Atemübungen

A. Täglich Wechselatmung – 10 Durchgänge (*Anuloma Viloma*, siehe S. 117):
   1. Einatmen 4 s, Atem anhalten mindestens 16 s.
   2. Ausatmen 8 s, Atem anhalten mit leerer Lunge 8 s.

B. Täglich die Apnoephasen mit voller und leerer Lunge erhöhen.

Idee/Ziel: Die Wechselatmung ist eine Kombination aus Atmung und Meditation, denn sie führt uns zu unserem Atem und zu uns zurück. Unsere Gedanken schweifen nicht ab, was eine Grundvoraussetzung für entspannte Tauchgänge ist. Die Apnoephase wird Schritt für Schritt verlängert.

Im Wasser – Warm-up-Tabelle O_2

Eine *Warm-up*-Tabelle dient dazu, den Atemreiz zu wecken. Wir sollen uns in der *Easy-Going*-Phase wohlfühlen. Die Tabelle, insbesondere wenn sie von einem Sicherungstaucher angesagt wird, hat das Ziel, entspannt längere Apnoezeiten zu ermöglichen und Vertrauen in die eigenen Fähigkeiten zu entwickeln. Mindestens einmal in der Woche:

- Start: 1 min die Luft anhalten.
- 2 min Pause.
- 1:15 min die Luft anhalten.
- 2 min Pause.
- 1:30 min Apnoe.
- Immer um 15 s erhöhen, solange es geht (natürlich gesichert).

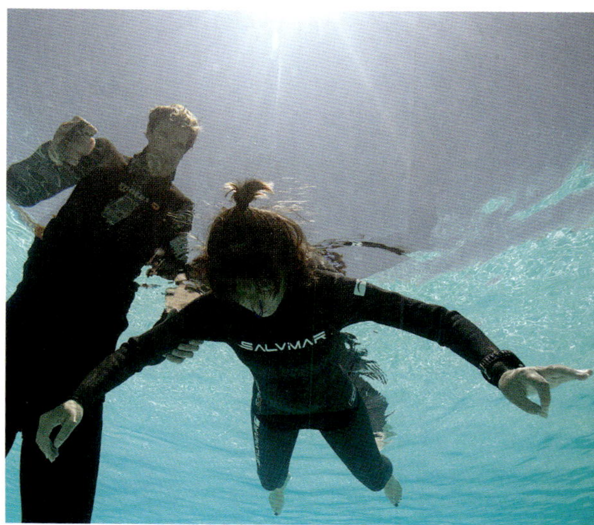

2. Woche

Trockentraining Atemübungen

Man beginnt mit einer entspannten Wechselatmung mit dem folgenden Verhältnis: 4 s einatmen, 16 s Atem anhalten, 8 s ausatmen und keine Apnoephase mit ausgeatmeter Lunge. Anschließend wiederholt man täglich die O_2-Tabelle, die man letzte Woche im Wasser gemacht hat, und versucht sich jeden Tag zu steigern. Die Wechselatmung erfolgt im Fersen- oder Lotussitz.

Im Wasser – CO_2-Tabelle (mindestens einmal in der Woche)

- 1:30 min die Luft anhalten.
- 2 Atemzüge.
- 1:30 min die Luft anhalten (insgesamt 10 Durchgänge).

3. Woche

Trockentraining-Atemübungen

Man macht täglich seine CO_2-Tabelle, die man letzte Woche bereits im Pool gemacht hat, jetzt aber im Sitzen oder im Liegen. Außerdem führt man jeden Tag einen Apnoewalk durch, z. B. 100 Schritte in Apnoe bei gleichmäßiger Geschwindigkeit.

Im Wasser – FRC-CO_2-Tabelle
FRC bedeutet passiv ausgeatmet. Der Atemreiz kommt früher und fühlt sich unangenehm an. Das Ziel ist es die *Struggle*-Phase zu verlängern. Die besten Zeittaucher sind die, die möglichst entspannt in der *Struggle*-Phase bleiben können.

- FRC-Tauchgang bis zum 1. Atemreiz.
- FRC-Tauchgang bis zum 1. Atemreiz + 15 s.
- FRC-Tauchgang bis zum 1. Atemreiz + 30 s.
- FRC-Tauchgang bis zum 1. Atemreiz + 45 s.
- FRC-Tauchgang bis zum 1. Atemreiz + 1 min.
- Steigern so lange wie möglich; jeweils 2 min Pause dazwischen.

Vor dem Tauchen immer Atemübungen laut Buch, um die Lunge vorzubereiten.

4. Woche

Trockentraining-Atemübungen
Man macht täglich seine FRC-Tabelle, die man letzte Woche im Pool gemacht hat, sitzend oder liegend. Außerdem gibt es jeden Tag einen Apnoewalk, z. B. 100 Schritte in Apnoe bei gleichmäßiger Geschwindigkeit.

Im Wasser: O_2-Tabellen (zweimal die Woche mit jeweils 2 min Pause)

- Tauchgang FRC bis zum 1. Atemreiz.
- Tauchgang FRC bis zum 1. Atemreiz + 15 s.
- Tauchgang (ab jetzt mit voller Lunge), so lange wie zweiter Tauchgang.
- Jeden Tauchgang um 20 s erhöhen und die *Struggle*-Phase nicht länger als 1 min ertragen, danach 5 min Pause und ein gesicherter Maximalversuch, so lange wie möglich.

Der Trainingsplan schafft eine Basis, um die Grundlage der CO_2-Toleranz zu schaffen und uns Schritt für Schritt an längere Apnoephasen heranzuführen. Die Maximalversuche werden nach und nach unsere Apnoezeit verlängern. In den folgenden Wochen kann das Training aus Woche 4 wiederholt werden. Nach spätestens sechs Wochen sind außergewöhnliche Apnoezeiten möglich. Wichtig dabei sind auch die mentalen Techniken aus dem Kapitel Statik.

Trainingstabelle Statik

Das Beispiel geht davon aus, dass der Taucher bei dem Tauchgang FRC + Atemreiz eine Tauchzeit von 1:30 min hatte. Daher wird die Tabelle mit voller Lunge mit diesem Wert weitergeführt. Außerdem geht das Beispiel davon aus, dass der Taucher mit voller Lunge ab ca. 2:15 min den ersten Atemreiz bekommen hat. Der Coach steigert also bis ca. 3:30 min. Somit hat der Taucher beim *Warm-up* Kontraktionen von ca. 1:15 min verarbeitet. Damit ist er nach einer Erholung von 5 min für den Maximalversuch bereit.

Herkömmliche CO_2-Tabelle

Atemphase	Apnoephase
1:30 min	1:30 min
1:15 min	1:30 min
1 min	1:30 min
45 s	1:30 min
30 s	1:30 min
15 s	1:30 min
10 s	1:30 min
5 s	1:30 min
2 Atemzüge	1:30 min

Zeitliche CO_2-Tabelle

Atemphase	Apnoephase
	1:30 min
2 Atemzüge	1:30 min
2 Atemzüge	1:30 min
2 Atemzüge	1:30 min
2 Atemzüge	1:30 min
2 Atemzüge	1:30 min
2 Atemzüge	1:30 min
2 Atemzüge	1:30 min

Ab der Hälfte (dunkler Bereich) sollten während der Apnoephase Kontraktionen gefühlt werden, die im Trainingsablauf nach Tabelle intensiver werden und früher kommen. Wenn die Kontraktionen früher kommen, muss die Apnoephase verkürzt werden, bei späteren Kontraktionen erhöht.

CO_2-Tabelle, die Kontraktionen folgt	
Atemphase	Apnoephase
	Atem für die Dauer von 10 Kontraktionen anhalten
2 Atemzüge	Atem für die Dauer von 10 Kontraktionen anhalten
2 Atemzüge	Atem für die Dauer von 10 Kontraktionen anhalten
2 Atemzüge	Atem für die Dauer von 10 Kontraktionen anhalten
2 Atemzüge	Atem für die Dauer von 10 Kontraktionen anhalten
2 Atemzüge	Atem für die Dauer von 10 Kontraktionen anhalten
2 Atemzüge	Atem für die Dauer von 10 Kontraktionen anhalten
2 Atemzüge	Atem für die Dauer von 10 Kontraktionen anhalten
Bei dieser Tabelle spürt man von Anfang an die Kontraktionen. Die Tauchzeit wird aufgrund des erhöhten CO_2-Spiegels zum Ende hin abnehmen.	

Kombinierte Zeit- und Kontraktionen-Tabelle	
Atemphase	Apnoephase
	Atem anhalten 1 min + anschl. 5 Kontraktionen
2 Atemzüge	Atem anhalten 1 min + anschl. 5 Kontraktionen
2 Atemzüge	Atem anhalten 1 min + anschl. 5 Kontraktionen
2 Atemzüge	Atem anhalten 1 min + anschl. 5 Kontraktionen
2 Atemzüge	Atem anhalten 1 min + anschl. 5 Kontraktionen
2 Atemzüge	Atem anhalten 1 min + anschl. 5 Kontraktionen
2 Atemzüge	Atem anhalten 1 min + anschl. 5 Kontraktionen
2 Atemzüge	Atem anhalten 1 min + anschl. 5 Kontraktionen
Hier spürt man auch von Anfang an Kontraktionen, die Tauchzeit nimmt ebenfalls aufgrund des erhöhten CO_2-Spiegels ab, aber die Tauchzeit ist immer bei über 1 min.	

Warm-up-Tabelle	
Atemphase	Apnoephase
	FRC bis Atemreiz
2 min	FRC bis Atemreiz + 30 s
2 min	1:30 min
2 min	2 min
2 min	2:30 min
2 min	3 min
2 min	3:30 min
5 min	Maximalversuch

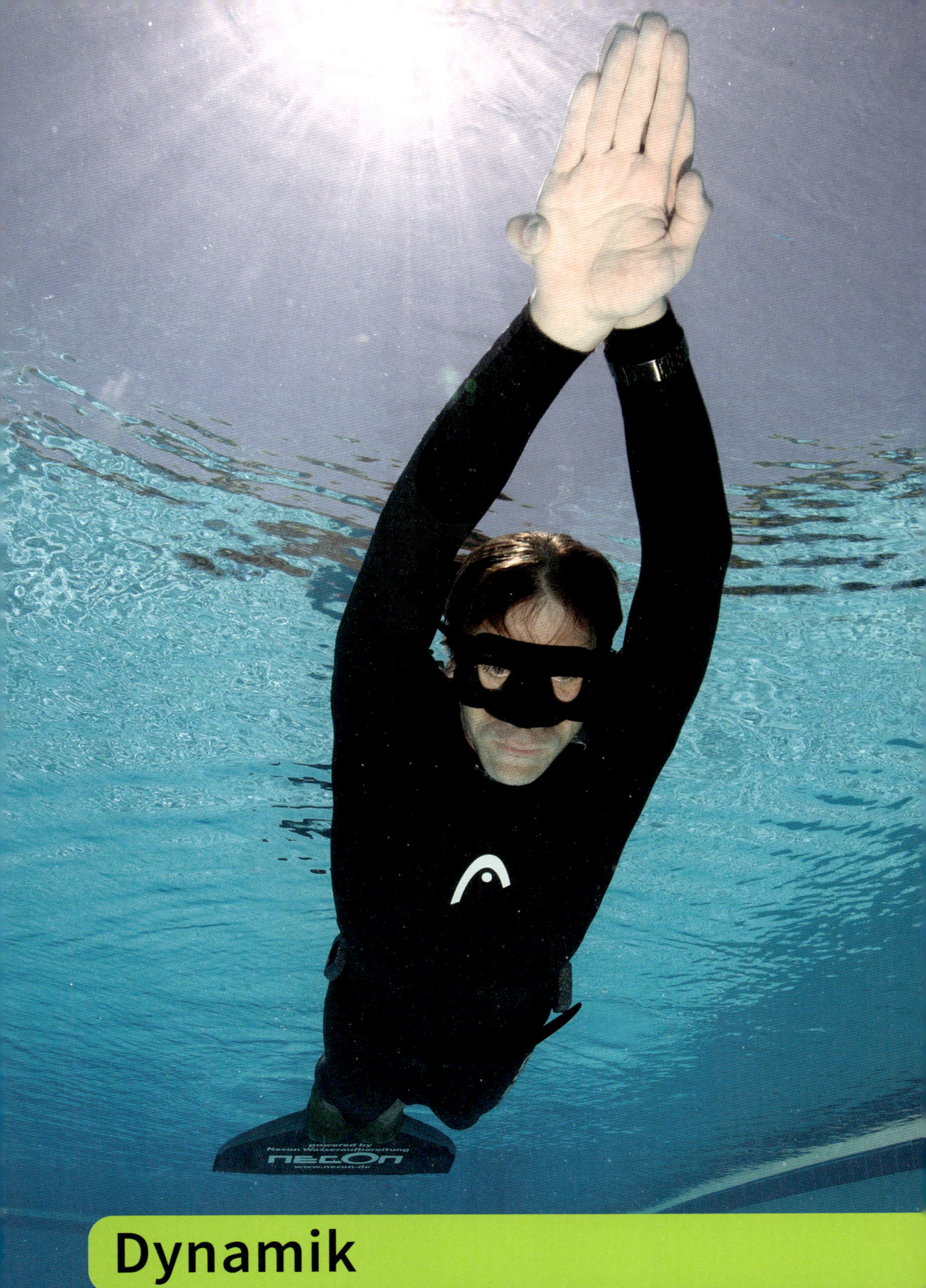

Dynamik

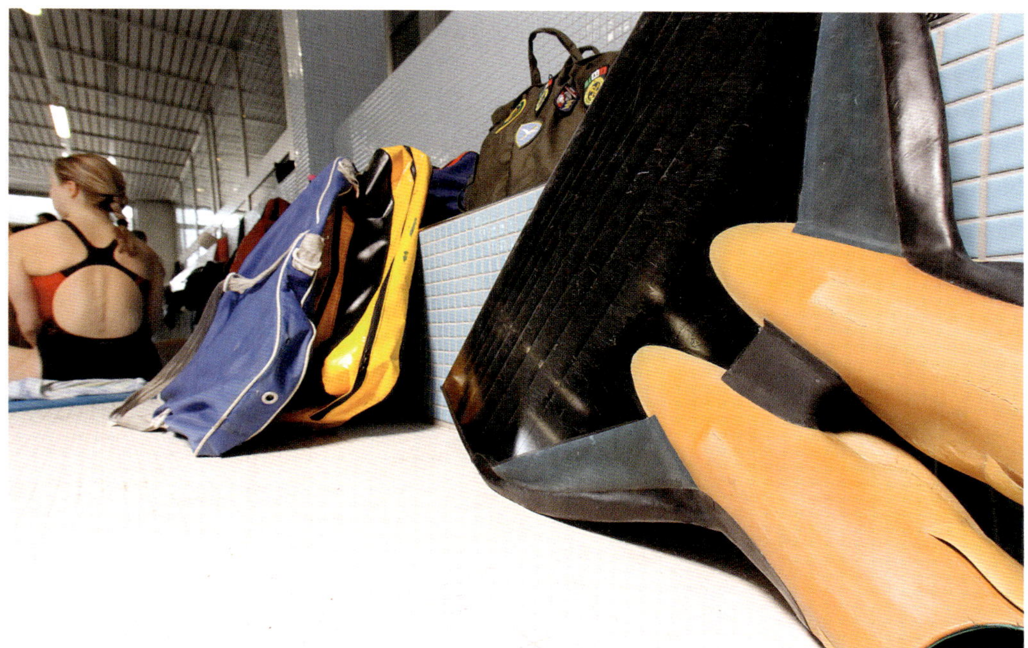

Equipment

Beim Streckentauchen geht es darum, mit einem Atemzug so weit wie möglich zu tauchen. Man unterscheidet dabei das Streckentauchen mit (DYN – Dynamik) und ohne Flossen (DNF – Dynamik ohne Flossen). Fast immer werden die Wettkämpfe dazu in einem Schwimmbecken mit einer Länge von 25 oder 50 m zurückgelegt. Optimale Bedingungen hat man, wenn die Tiefe konstant bei 1,80–2,20 m liegt. Hier hat man genug Platz, um perfekt austariert weder mit den Flossen an die Oberfläche zu schlagen, noch den Grund zu berühren. Bei Becken, deren Tiefe während eines Tauchgangs zwischen 1 m und 4 m variiert, ist es anspruchsvoller, die Tauchtiefe konstant zu halten.

Leider hat man nicht immer Sportbäder zur Verfügung, sondern sehr häufig Universalbecken, die auf den ersten 5 m für die Nichtschwimmer abgesteckt sind und auf den letzten 20 m so weit abfallen, dass die Springer sich nicht den Kopf anstoßen, wenn sie vom 3-m-Brett springen. Die meisten Taucher favorisieren für das Streckentauchen mit Flosse ein 50-m-Becken, weil für jede Wende Energie verwendet werden muss, die Konzentration und Sauerstoff kostet. Ohne Flossen ist allerdings die 25-m-Bahn beliebter, da durch das Abstoßen ein ganz erheblicher Vortrieb erzeugt wird, der es dem geübten Taucher ermöglicht, sehr weit zu gleiten und während der Gleitphasen Sauerstoff zu sparen.

Neopren

Für das Streckentauchen spielt das Neopren eine große Rolle. Vor einigen Jahren war es völlig normal, sich den Anzug zu sparen. Denn mit dem Anzug braucht man mehr Blei, um eine neutrale Tarierung herzustellen, man ist damit nicht so beweglich und außerdem fühlt man das Wasser nicht so stark. Gerade aber das Fühlen des Wassers ist wichtig, denn man erkennt minimale Widerstände durch mögliche Fehlhaltungen in Bezug auf den Strömungswiderstand. Heute wissen wir, dass das richtige Oberflächenmaterial bis zu 50-mal bessere Gleiteigenschaften als Haut hat. Auf der Haut entstehen Verwirbelungen, die das Vorankom-

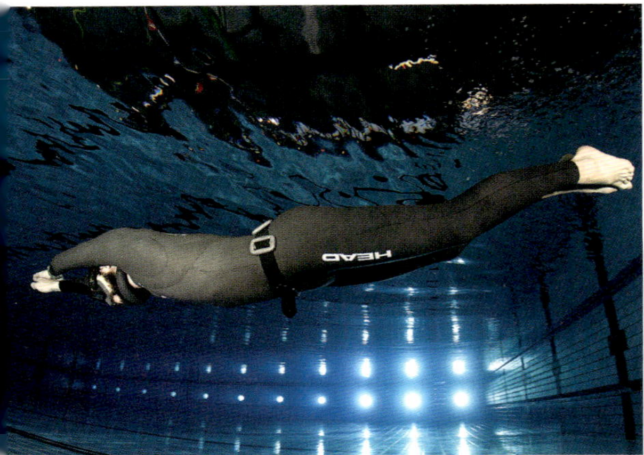

men im Vergleich zu einem Schwimmanzug erschweren. Welches Material ist also das Beste?

Das Oberflächen-Material: Die meisten Hersteller, wie z. B. Orca, Camaro oder Blue Seventy, nutzen eine Beschichtung namens *»SCS«*. Die *Super Composite Skin* reduziert die Oberflächenverwirbelung, die Flüssigkeit perlt schnell ab und ist damit für ein verbessertes Gleitverhalten verantwortlich. Viele andere Weiterentwicklungen sind für das Freitauchen irrelevant, weil sie einen verstärkten Auftrieb beabsichtigen, der für das Schwimmen, nicht aber für das Streckentauchen wichtig ist.

Die richtige Passform: Bei der Betrachtung der Schwimmanzüge, die maßgeblich auf Hydrodynamik Wert legen, ist abgesehen von der Beweglichkeit und dem extrem gleitfähigen Oberflächenmaterial die Kompression entscheidend. Damit ist gemeint, dass der Anzug den Körper so formt, dass er stromlinienförmiger wird und dem Wasser weniger Widerstand bietet. Man kann sich gut vorstellen, was ein zu weiter Kragen oder ein zu großer Anzug in Bezug auf die Hydrodynamik anrichten.

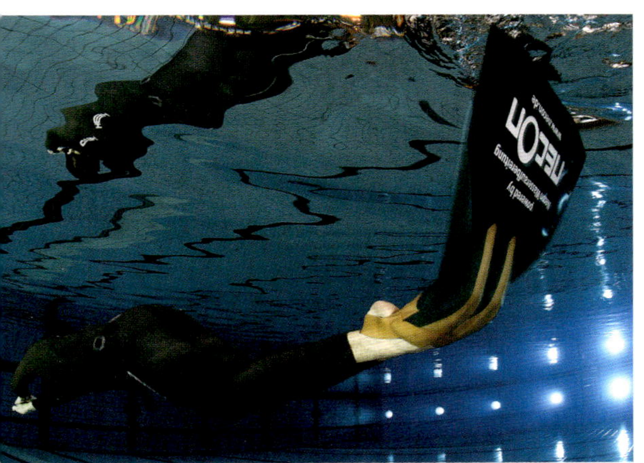

Flossen

Es gibt heute eine Vielzahl von Flossen und Flossenherstellern. Was sind die Vorteile der Monogegenüber den Bi- oder Stereoflossen und wie viel macht das Material dieser Flossen aus?

Stereoflossen: Entscheidend für den Vortrieb sind die richtige Technik, die richtige Passform und der richtige Härtegrad. Wenn die Flosse zu hart ist, kann sie nicht perfekt getreten werden, es entstehen Fehlstellungen und diese machen einen Flossenschlag ineffizient. Später in diesem Kapitel werden mögliche Fehler beim Flossenschlag betrachtet und das entsprechende Technik- und Krafttraining vorgeschlagen.

Monoflossen: Seit einigen Jahren werden im Strecken- oder Tieftauchen keine Rekorde mehr mit Stereoflossen gebrochen. Die Monoflosse hat den Vorteil, dass bei einem perfekten Monoflossen-Kick die Arbeit des Schlags auf den gesamten Körper verteilt wird. Insbesondere die stärksten Regionen unterer Rücken, Oberschenkel- und Bauchmuskulatur leisten dabei die meiste Arbeit. Dadurch ist man in der Lage, eine so großflächige und harte Flosse zu treten. Die Größe und die Härte sorgen für einen immensen Vortrieb.

Die Monoflosse wurde viele Jahre nur bei den Finswimmern eingesetzt und fand erst spät Einzug bei den Freedivern. Während es beim Finswimming um die Schnelligkeit geht und die Athleten mithilfe eines Frontschnorchels schwimmen, geht es beim Apnoetauchen wieder um den größtmöglichen Vortrieb bei minimalem Aufwand. Daher hat sich bei den Monoflossen ein Ablauf aus Arbeit und Entspannung etabliert (Kick-Glide).

Härte und Material bei Monoflossen: Für das Streckentauchen wird eher ein weicheres Flossenblatt verwendet. Es geht darum, eine gleichmäßige Geschwindigkeit aufzubauen. Normalerweise hat man direkt nach dem ersten Flossenschlag die Zielgeschwindigkeit. Bei einem geübten Streckentaucher wird jede Bahn gleich schnell getaucht, von der ersten bis zur letzten. Das ist anders als beim Tieftauchen, wo zu Beginn und nach der Wende ein besonders starker Vortrieb erforderlich ist.

Es gibt in der Regel drei unterschiedliche Härtegrade: Weich, Medium und Hart. Die harten Flossen werden überwiegend von Finswimmern eingesetzt. Die meisten Freitaucher nutzen Medium, damit sie sowohl beim Tieftauchen als auch beim Streckentauchen die gleiche Monoflosse verwenden können.

Fußteile und Winkel bei Monoflossen: Wenn man das Know How der Finswimmer auf Apnoedynamik übertragen würde, dann müssten die Flossen extrem eng sitzen. Nur mit einer sehr eng anliegenden Flosse kann man den optimalen Vortrieb erzielen. Eine zu lockere Flosse wackelt und kann nicht so viel Druck aufbauen.

Manche Apnoetaucher nutzen dieses Wissen und haben daher eine Trainingsflosse und eine Wettkampfflosse. Nur so können sie ein Training während einer Stunde durchhalten. Die Trainingsflosse sitzt bequemer und ist meistens eine einfachere Flosse.

Die Idee ist, dass bei einem Wettkampf oder einem Maximalversuch kurz die unbequeme Flosse angezogen wird und sich eine Art »Aha«-Effekt einstellt, das heißt, eine Verbesserung gegenüber den Trainingsresultaten. Jedoch entspricht diese Einstellung nicht meiner eigenen Philosophie: Genau so, wie ich nur einen Körper für Training und Wettkampf habe, habe ich auch für beides nur eine Monoflosse!

Auch bei den Monoflossen gibt es Unterschiede, was den Winkel betrifft. Es gibt Flossen ohne Winkel und mit einem Winkel zwischen 13° und 23°. Wichtig dabei ist es, eine möglichst waagerechte Form der Flosse im Wasser zu erhalten.

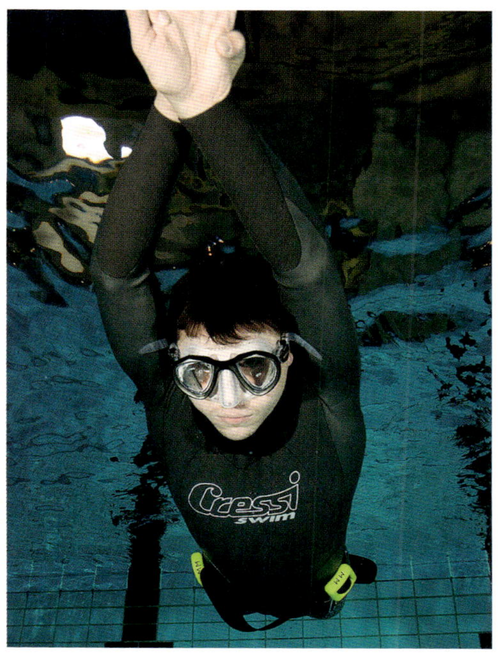

Blei und Tarierung

Beim Streckentauchen verwendet man einen Gummibleigurt, der die Atmung nicht behindert. Die Bleistücke sind gleichmäßig verteilt, sodass man eine schöne horizontale Lage im Wasser erhält. Ideal sind Bleistücke, die 0,5–1 kg wiegen. Beim Streckentauchen werden teilweise sehr schwere Halsbleie verwendet. Ein Halsblei gleicht den Auftrieb im Oberkörper durch die starke Einatmung aus. Das Halsblei muss immer wieder neu angepasst werden. Eine Tarierungskontrolle muss nicht nur dann erfolgen, wenn man einen neuen Anzug »ausbleit«, sondern auch alle paar Monate mit dem gewohnten Equipment. Durch Training, veränderte, verbesserte Körperhaltung, eine tiefere Einatmung durch effektivere Nutzung der Lunge und nicht zuletzt durch das immer dünner werdende Neopren des gewohnten Anzugs muss die nötige Bleimenge immer wieder neu angepasst werden.

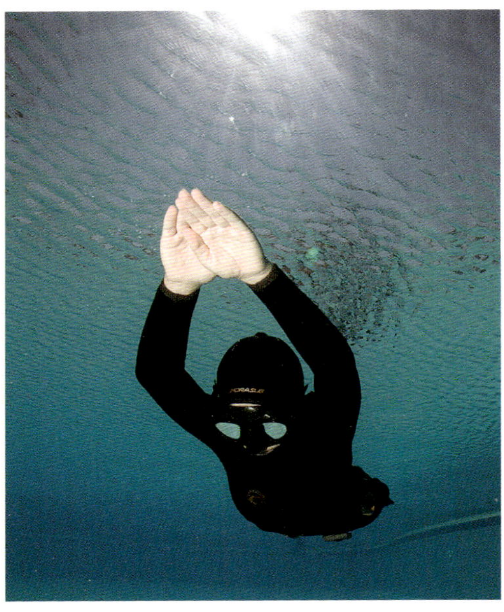

Tarierungskontrolle
Für die Tarierungskontrolle steht man in einem flachen Becken am Boden an der auf 1,40–1,60 m befindlichen Kante und nimmt seinen finalen, sehr tiefen Atemzug. Dann lässt man sich fast senkrecht ins Wasser gleiten, stößt sich mit den Füßen von der Wand ab, macht einen Armschwung und gleitet, ohne die Beine zu benutzen. Dann beobachtet man, was am Ende der Gleitphase passiert. Hat man zu viel Blei, sinkt man sehr schnell auf den Boden, hat man zu wenig Blei, treibt man nach oben. Das Ganze muss so lange wiederholt werden, bis man eine neutrale Tarierung erreicht hat. Man sollte das Ganze sowohl mit als auch ohne Flosse probieren. Interessanterweise ergeben sich häufig Unterschiede.

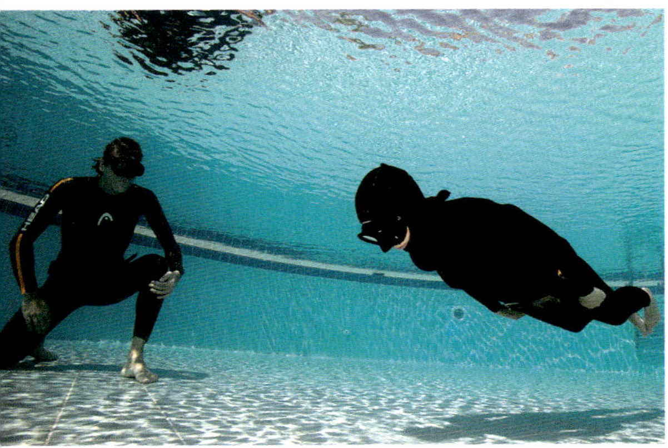

Jetzt hat man die richtige Bleimenge bestimmt, doch nun muss man noch herausfinden, ob das Blei optimal auf dem Körper verteilt wurde. Dabei helfen sowohl das eigene Gefühl als auch die Dokumentation mit Video. Zieht es die Beine nach oben, muss der Gewichtsgurt weiter nach unten gezogen werden. Geht der Oberkörper nach oben, muss mehr Blei in das Halsblei. Wenn das Blei nicht korrekt verteilt ist, kann man das durch Körperspannung und Flossen- bzw. Armschlag ausgleichen. Doch auch das kostet Energie.

Dynamik mit Stereoflossen

Wie schafft man es mit einem Atemzug möglichst weit zu kommen? Welche Techniken und Überlegungen sind dazu Voraussetzung?

Richtige Geschwindigkeit

Gerade für das Streckentauchen ist das Herausfinden der richtigen Geschwindigkeit besonders wichtig. Ist man zu schnell unterwegs, verbraucht man zu viel Energie und damit Sauerstoff. Doch ist das Geheimnis tatsächlich so langsam wie möglich zu tauchen? Nein, es geht darum, die individuelle Geschwindigkeit zu finden. Heute gibt es auch bei den Top-Athleten große Unterschiede in der Geschwindigkeit. Frederic Sessa zum Beispiel ist sehr schnell mit der Monoflosse unterwegs, während Alexej Molchanov scheinbar unendlich lange für eine Bahn braucht.

Es ist sehr wichtig, die Selbstkontrolle und Disziplin zu haben, die gewählte Geschwindigkeit auch bis zum Ende zu tauchen. Ein Beginner wird zum Ende hin eher schneller – er möchte den Tauchgang beenden und es bald hinter sich haben. Gerade in der *Struggle*-Phase ist es aber von besonderer Bedeutung, die Disziplin aufzubringen, die Geschwindigkeit nicht zu variieren.

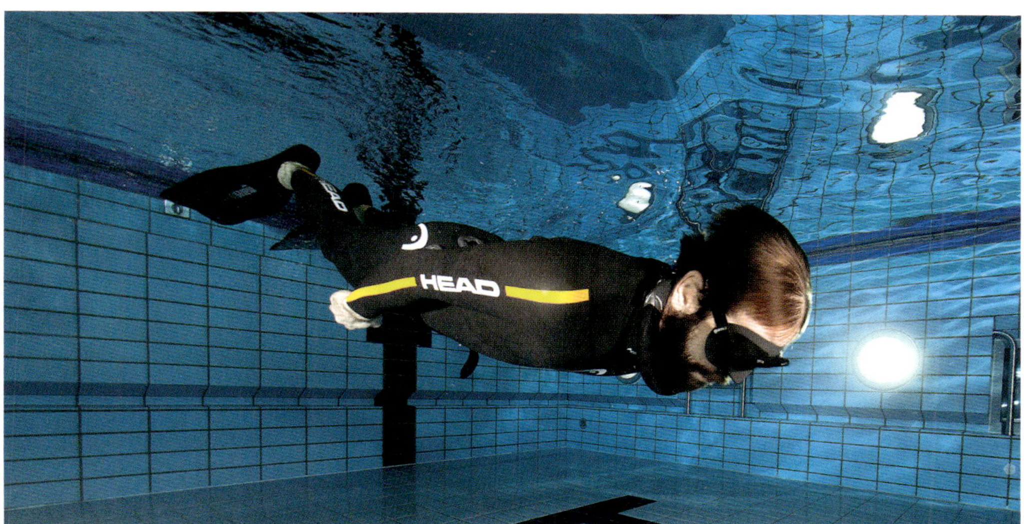

Hier ist das Feedback des Coaches/Sicherungstauchers sehr wichtig. Er muss während des Tauchgangs die Uhr im Blick haben, um die Rundenzeiten und die Gesamtzeit zu dokumentieren. Wer am Ende seiner Kräfte noch einmal einen Spurt hinlegt, muss zunächst an seiner Disziplin arbeiten und kann erst danach in das Finetuning der Geschwindigkeit einsteigen.

Welche Geschwindigkeit die richtige ist, hängt davon ab, wie gut der Apnoetaucher trainiert ist. Ist er sehr fit, wird er mit einer schnelleren Geschwindigkeit vielleicht weiter kommen, ohne dass sein Puls sich dabei erhöht. Seine Muskulatur kann in der anaeroben Phase noch Leistung bringen. Wer sehr lange seine Luft anhalten kann, das heißt, wer ein sehr guter Zeittaucher ist, kann im Allgemeinen auch lange Strecken tauchen. Sehr oft sind besonders gute Zeittaucher eher langsam unterwegs.

Zur Leistungsüberprüfung kann man mehrere Maximalversuche in unterschiedlichen Geschwindigkeiten absolvieren.

Wichtig dabei ist, dass jeder Maximalversuch den gleichen Grundsätzen folgt:

- Gleiches *Warm-up/Stretching* und Atemprogramm.
- Ungefähr gleiche Ernährung und gleich viel trinken am Tage des Maximalversuchs.
- Gleiches Sportprogramm am Tag vor dem Maximalversuch und keinen Sport am Tage des Maximalversuchs.
- Bei den Athletinnen können Eisprung und Periode die Transparenz beeinträchtigen.

Ein Maximalversuch ist ein Tauchgang, den man bis ans Limit führt. Wichtig dabei ist es rechtzeitig aufzutauchen, sodass man keine Hypoxie-Anzeichen wie *Loss of Motor Control* oder *Blackout* bekommt. Ein Maximalversuch zielt auf eine Leistung ab, die im Bereich von plus/minus 10 % der eigenen persönlichen Bestleistung liegt. Es müssen mehrere Stunden Pause zwischen zwei Maximalversuchen liegen. Um ganz sicher zu

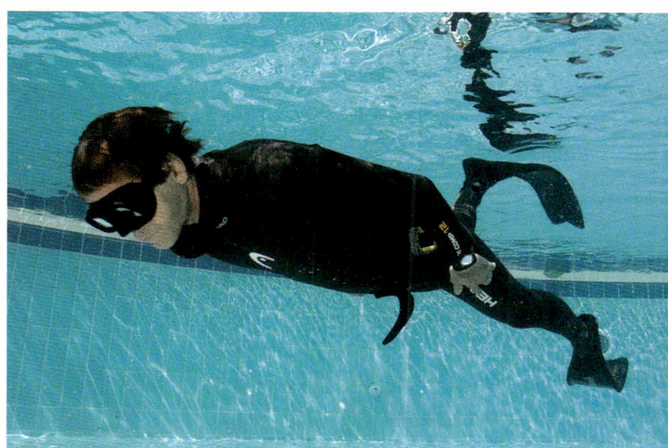

gehen, dass man die gleichen Voraussetzungen für den folgenden Maximalversuch hat, sollte nur ein Maximalversuch pro Tag gemacht werden.

Nach dem Tauchgang muss überprüft werden, ob die Zeit pro Bahn konstant und wie lange Gesamtzeit und Strecke waren. Das muss zusammen mit Angaben zum *Warm-up*-Programm, zum Anzug und zur Bleimenge ins Trainingslogbuch eingetragen werden. Ist man nun mit der langsameren Zeit weiter gekommen oder nicht? Falls man gleich weit gekommen ist, war der Tauchgang anstrengender oder leichter? Auch das sollte ins Logbuch.

Richtiger Flossenschlag

Jeder Beinschlag kostet Kraft, Energie und damit Sauerstoff. Daher ist das Ziel, mit einem Schlag die größtmögliche Strecke zurückzulegen.

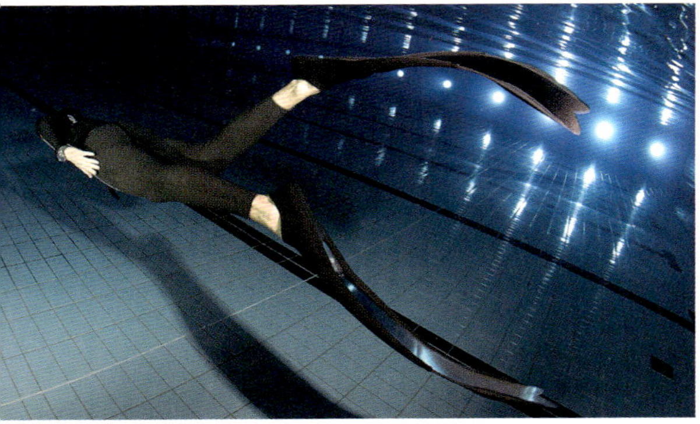

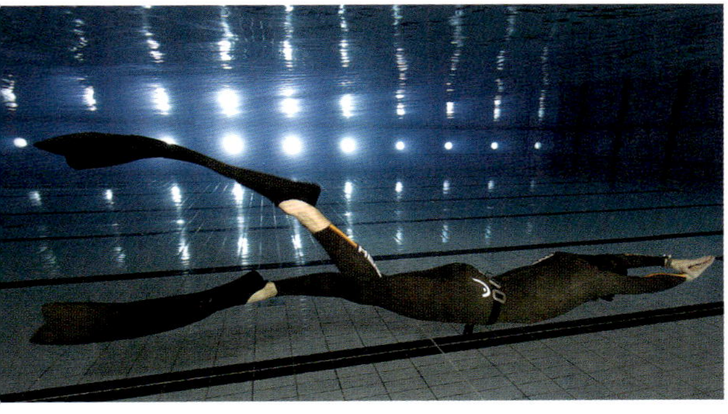

Der richtige Flossenschlag mit Stereoflossen

Der Beinschlag mit langen Apnoeflossen ist besonders anspruchsvoll. Insbesondere die richtige Amplitude und die Schlagzahl sowie die Gleitphasen sind beim Kraulbeinschlag wichtig. Wenn der Flossenschlag richtig ausgeführt wurde, überträgt sich die Arbeit, die in den Hüften entsteht, über die Beine und den Spann auf die Flossen. Wenn sich die Flossen am Totpunkt (dem Zeitpunkt, an dem sich die Flossen beim Auseinanderziehen nach oben und unten am weitesten voneinander entfernt haben) befinden, bilden sie in etwa eine Art Ei oder eine halbe Acht.

Betroffene Muskeln

Muskulär gesehen liegt die Hauptarbeit dabei auf dem Oberschenkelmuskel (*Musculus quadriceps*), dem Großen Gesäßmuskel (*Musculus gluteus maximus*), dem Halbsehnenmuskel (*Musculus semitendinosus*) an der Schenkelunterseite sowie auf der Wadenmuskulatur und den vorderen Schienbeinmuskeln. Eine große Belastung liegt aber auch auf den im Fuß befindlichen Muskeln, wie Zehenstrecker (*Musculus extensor digitorum longus* und *M. e. d. brevis*) und -beuger (*M. flexor hallucis longus* und *M. flexor digitorum longus*) sowie dem dritten Wadenbeinmuskel, der sich etwas oberhalb des Fußes befindet.

Wer viel auf weichem Boden joggt, Fußball, Basketball oder Beachvolleyball spielt, bringt gute Voraussetzungen für das Tauchen mit einer langen harten Flosse mit. Denn diese Sportler haben im Allgemeinen eine starke Muskulatur in Beinen und Füßen.

Sportliche Menschen haben meistens ausreichende Muskulatur in Oberschenkeln, dem Gesäß und Waden. Probleme machen eher die Muskeln vom dritten Wadenbeinmuskel abwärts. Fehlende oder nicht ausgebildete Muskulatur führt zu Problemen, die wir später noch erläutern.

Variation der Kraulbeinschlags

Im Gegensatz zum Monoflossen- bzw. Delfinschlag ist der Kraulbein- bzw. Flutterschlag meistens eine kontinuierlich ausgeführte Bewegung. Es wird konstant geschlagen und man hat schnell die Reisegeschwindigkeit erreicht.

Eine andere Möglichkeit ist es, zwischen einem Flossenschlagzyklus eine Gleitphase einzubauen. Also nachdem jedes Bein einmal gekickt wurde, einige Sekunden zu gleiten, und bevor die Geschwindigkeit zu stark abnimmt, den nächsten Zyklus zu beginnen. Die Gleitphasen dienen dazu, eine Entspannung zwischen der Arbeit »Flossenschlag« zu integrieren.

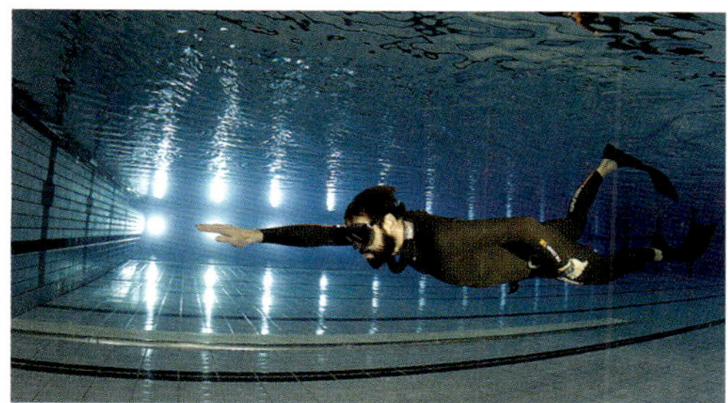

Richtige Körperhaltung

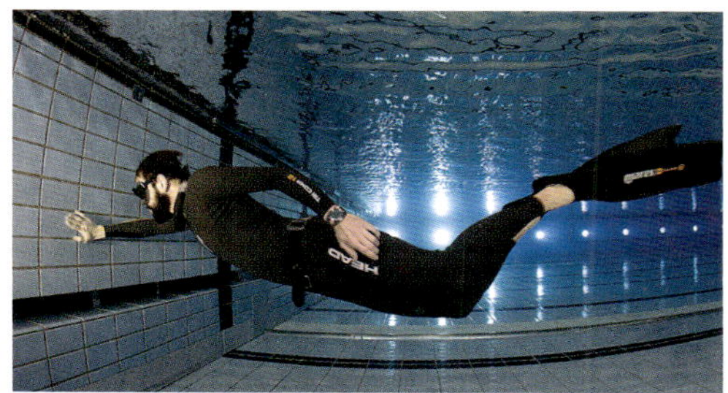

Der Tauchgang beginnt wie bei der Tarierungskontrolle beschrieben. Nach dem Einsinken und dem Abstoßen folgt der Armschwung. Diese ersten Meter werden genutzt, um die richtige Höhe zu finden. Taucht man zu flach oder zu tief, stimmt die definierte Bleimenge nicht mehr. Andersherum kann man durch die leichte Variation der Tauchtiefe immer wieder den Bereich des neutralen Auftriebs finden, falls man durch Luftabblasen oder Ähnliches schwerer wird.

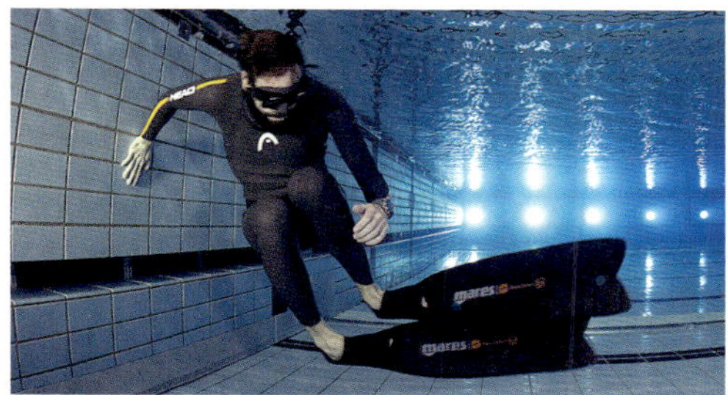

Man nutzt die erste Gleitphase und beginnt mit dem langsamen Beinschlag. Beim Kraulbeinschlag liegen die Arme meistens am Körper an. Vor allem trainierte Monoflossen-Taucher finden es aber angenehmer, die Arme über den Kopf nach vorne zu strecken. Dadurch sind sie etwas hydrodynamischer. Der Nachteil ist aber, dass man Muskeln anspannt, die wieder Energie verbrauchen. Wenn die Arme eng am Körper anliegen, bilden sie kaum Widerstand im Wasser.

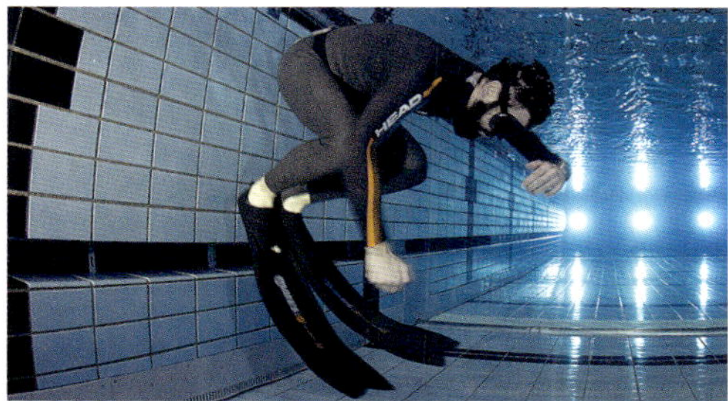

Der Nacken bildet eine Linie mit der Wirbelsäule, das Kinn ist nahe an der Brust. Das entspannt den Nacken und sorgt dafür, dass der erste Atemreiz nicht so früh kommt. Ein entspannter Nacken überträgt sich bei allen Disziplinen des Apnoetauchens auf den Rest des Körpers.

Wende

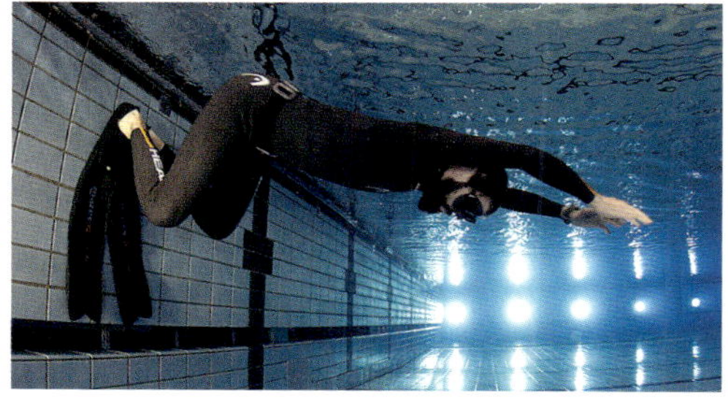

Sowohl der Beginn des Tauchgangs als auch die Wende kosten Kraft und Energie. Eine perfekt ausgeführte Wende wird den Tauchgang mit Sicherheit erheblich verlängern. Es gibt eine ganze Anzahl von Wendemöglichkeiten. Oftmals ist diejenige Wende, die am einfachsten durchgeführt werden kann, die effektivste.

Die Wende mit Stereoflossen (wie sie auch von vielen Monoflossentauchern und fast allen Tauchern ohne Flossen eingesetzt wird) funktioniert folgendermaßen:

- Auf der Höhe der T-Bodenmarkierung strecken wir den rechten Arm aus, wenn wir nach links wenden möchten, sonst umgekehrt. Unser Körper dreht sich so, dass die linke Seite nach oben zeigt.
- Zwischen »T« und Wand beginnen wir den Wendevorgang einzuleiten, unsere Hand dreht sich nach links ein. Wenn wir es mit dem Stundenzeiger auf der Uhr vergleichen, zeigt die Hand nach 9 Uhr.
- Unser Oberkörper dreht sich ebenfalls ein, und wenn die Hand den Beckenrand berührt, bildet der Arm mit der Brust eine Linie (der Oberkörper ist bereits zur Hälfte gedreht).
- Die Beine werden angezogen, sodass Beine und Flossen nur einen sehr geringen Wasserwiderstand bilden.
- Sobald die Füße an der Wand sind, verlassen die Fingerspitzen die Wand.
- Die Arme gehen wieder über den Kopf, die rechte Hand unter die linke Hand, das Kinn an die Brust.
- Abstoßen, gleiten, Armschwung, einsetzen des Beinschlages.

Häufige Fehler mit Stereoflossen

Flossen drehen sich nach innen und berühren sich

- **Problem:** Zu hartes Flossenblatt – die Muskulatur ist vor allem im Fußbereich noch nicht so weit ausgebildet, um diese harte Flosse schlagen zu können. Somit nützen die langen Flossen nichts, weil die Arbeit nicht dazu genutzt wird, um vorwärtszukommen. Das Wasser wird dadurch nach außen verdrängt.
- **Abhilfe:** Benutzen eines weicheren Flossenblatts. Parallel Aufbau der Muskulatur durch Stretching von Zehenstrecker und -beuger sowie dem dritten Wadenbeinmuskel (siehe Stretching). Ergänzendes Crosstraining wie Jogging auf weichem, ungleichmäßigem Untergrund (Wald oder Strand).
- Dass sich Flossen nach Innen drehen und berühren, kann auch damit zusammen hängen, dass zu viel Druck auf den Fuß gegeben wird. Der Flossenschlag muss sich aber auf das ganze Bein verteilen.

Im Wasser ist vor allem Rückenschwimmen an der Oberfläche sehr effektiv, weil man dabei den eigenen Flossenschlag sieht und korrigieren kann. Zu Beginn mit normalen Schwimmbadflossen und später mit langen Apnoeflossen, da gerade, wenn die schützende Muskulatur noch nicht weit ausgebildet ist, die Gefahr der Überbelastung der Knochen und vor allem der Sehnen wie der Achillessehne besteht. Auch das Training mit einem Kickboard oder Schwimmbrett ist sehr gut geeignet, wie zum Beispiel Kraulbeinschlag mit den Händen am Brett.

Oberkörper dreht sich zu weit hin und her

- **Problem:** Die Amplitude ist zu groß, die Beine gehen zu weit auseinander. Das ist anstrengend und nicht effizient. Darüber hinaus ist der Tauchgang dann sehr unruhig, ein Flow-Zustand ist so fast unmöglich.
- **Abhilfe:** Es empfiehlt sich, das Training unter Wasser zu filmen. Hier erkennt man den Unterschied zwischen einem sauberen und einem Flossenschlag mit zu großer Amplitude. Zuhause sollte der eigene mit dem sauberen Flossenschlag verglichen werden.

Es macht auch Sinn, in einem Training den Flossenschlag zweimal unterschiedlich auszuführen. Nicht öfters, sonst weiß man nach dem Training nicht mehr, wie welcher Flossenschlag ausgeführt wurde. Noch besser ist es, den Flossenschlag direkt im Schwimmbad grob auszuwerten. Das heißt auf dem kleinen Display betrachten, korrigieren und wieder betrachten. Nach dem Training kann dann die Feinabstimmung auf einem großen Bildschirm erfolgen.

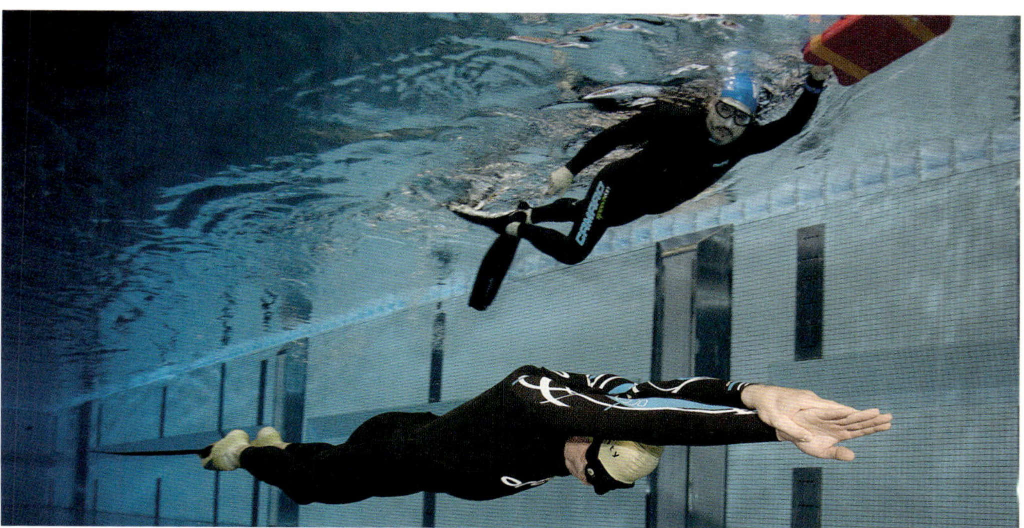

Zu schnelles Tauchen

- **Problem:** Fast immer ist eine zu kleine Amplitude Schuld an einem schnellen Tauchgang. Dabei wird die halbe Acht nicht ansatzweise zu Ende gebracht. Hier sieht man sehr deutlich, dass die Flossen im Vergleich zum sauberen Flossenschlag noch zu eng beieinander sind. Dadurch entfalten die Flossen bei Weitem nicht ihr Potenzial. Hier könnte man genauso gut normale Schnorchelflossen nehmen, das Resultat wäre das gleiche.
- **Abhilfe:** Auch hier ist die Videoauswertung ein nützliches Trainingstool. Darüber hinaus sollte man die Zeit im Auge behalten. Wie lange braucht man pro Bahn, kann man auch langsamer tauchen? Wie viele Flossenschlagzyklen macht man pro Bahn?

Jeder Flossenschlag oder jeder Zyklus, bestehend aus einem Flossenschlag mit dem linken und einem mit dem rechten Bein, kostet Kraft. Man muss also das Optimum herausholen. Wenn man weniger Kicks braucht, dann verbraucht man auch weniger Sauerstoff. In den nächsten Wochen des Trainings sollte versucht werden, mit weniger Flossenschlägen pro Bahn auszukommen. Wie viele Flossenschläge man braucht, verrät uns entweder das Video oder unser Trainingspartner.

Problemfall Knie

- **Problem:** Genau wie die Knöchel können auch die Knie Probleme machen. Entweder man ist zu locker in den Knien – man spricht dabei von Fahrrad fahren – oder man ist zu steif. Ist man zu steif, sind zu viele Muskeln angespannt. Ist man zu locker, verdrängt man zu wenig Wasser nach hinten.
- **Abhilfe:** Mithilfe einer Videoauswertung überprüfen, wie man taucht. Auf dem Video sieht man die Defizite sehr klar, insbesondere wenn man sie mit einem sauberen Flossenschlag vergleicht.

Dynamik mit Monoflossen

Auch der Monoflossenkick zielt darauf ab, mit einem Flossenschlag möglichst weit zu kommen. Bei der Monoflosse hat man den Vorteil, dass man ein sehr viel größeres Blatt hat. Nun bedeutet größer nicht immer besser, denn wenn man nicht die Muskulatur hat, um dieses große Blatt zu treten, dann ist größer kontraproduktiv. Doch genau hier greift der Hauptvorteil der Monoflosse. Die Arbeit des Vortriebs verteilt sich auf den ganzen Körper und die Arbeit machen Regionen, die mit viel Muskulatur ausgestattet sind.

Richtiger Flossenschlag

Der Monoflossenschlag ist eine elegante Bewegung, die ihren Ursprung in der Körpermitte hat und sich sowohl auf den Oberkörper als auch auf die Beine auswirkt. Die über den Kopf ausgestreckten Arme geben dabei die Richtung vor.

Wenn die Flosse nach unten zu drücken beginnt, ist der Oberkörper leicht aufgerichtet und die Arme beginnen im selben Augenblick wieder nach unten zu streben. Die Beine sind dabei leicht angewinkelt.

Sobald der Abwärtsschlag vollzogen ist, geben die Arme wieder die Richtung vor. Arme, Schultern und Kopf bleiben statisch – sie sind eine Einheit und scheinen sich nicht zu bewegen. Das erneute Aufwärtsstreben des Oberkörpers geht dabei wieder aus der Bewegung des unteren Rückens hervor.

Das Geheimnis eines effektiven Flossenschlages ist, dass die Welle durch den Körper geht und die Flosse ganz zum Schluss die geballte Kraft entfalten kann. Das Ganze ähnelt einem Peitschenschlag, der auch am Ende der Peitsche die Energie entlädt.

Betroffene Muskeln

Die Hauptarbeit leisten Muskeln, die im Alltagsleben den Körper stützen und normalerweise ausreichend vorhanden sind. Hauptsächlich sind dies Bauch-, untere Rücken-, Gesäß-, Lenden- und Oberschenkelmuskulatur, unter anderen *Musculi transversi* und *M. rectus abdominis* in der Bauchgegend, *Musculus latissimus dorsi* im Rücken, *M. quadratus femoris* des Beckengürtels und die *Musculi psoas major* und *minor* sowie *M. illiocostalis* im Bereich der Lenden.

Auch der obere Rücken leistet Arbeit, hier sind es vor allem der *M. trapezius* im Schulterbereich und der *M. rhomboideus* im oberen Rücken. Abwärts der Hüfte betrifft es die gleiche Muskulatur wie beim Kicken der Stereoflossen. Allerdings ist bei korrekter Ausführung der Druck auf die Füße und deren zum Teil weniger ausgeprägte Muskulatur geringer.

Auch wenn die Stützmuskulatur vergleichsweise gut entwickelt ist, kann mit einem Krafttraining nachgeholfen werden: Bauchaufzüge, Hanteltraining, Schwimmen, Liegestütze, Inliner fahren, Volleyball und vieles mehr. Ein gesunder Rücken ist Resultat einer guten Rumpf- und Stützmuskulatur.

Richtige Körperhaltung

Der Tauchgang beginnt wie beim Tauchen mit Stereoflossen. Man lässt sich absinken, stößt sich ab, die Arme sind bereits über dem Kopf nach vorn ausgestreckt. Dabei nutzt man die erste Gleitphase durch das Abstoßen und korrigiert die Tauchtiefe, sodass man sich exakt im Bereich des neutralen Auftriebs befindet. Wich-

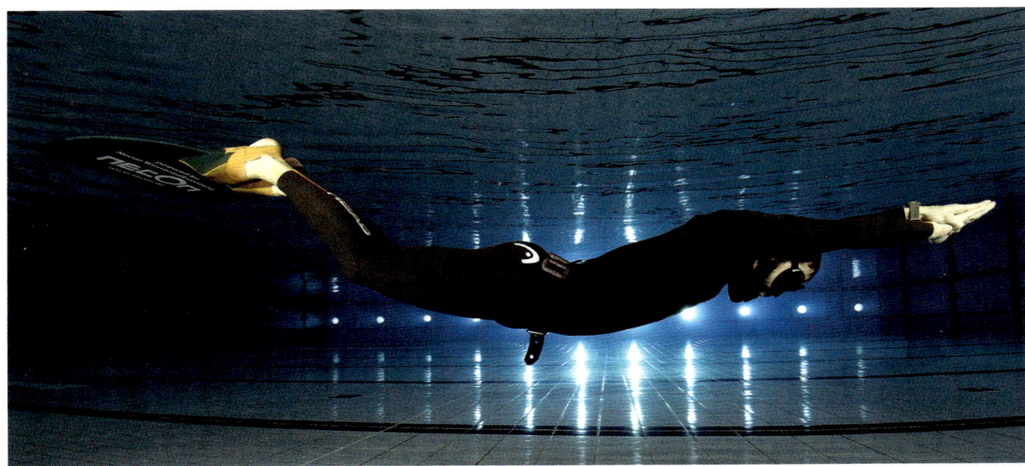

tig dabei ist, dass die Arme sich über dem Kopf befinden, eine Hand liegt über der anderen. Das Kinn strebt zur Brust. Beginnend aus dem unteren Rücken strebt man mit dem Oberkörper, die Arme voran, nach oben. Mit Beginn des ersten Flossenschlags strebt der Oberkörper wieder nach unten. Wichtig ist, dass der Flossenschlag nicht in den Beinen, sondern in der Körpermitte seinen Ursprung hat. Der häufigste Fehler ist das Schlagen der Flosse aus den Knien.

Zwischen den Kicks nutzt man die Gleitphase, um zu entspannen. Hierbei sollten die Muskeln, vor allem ab dem unteren Rücken, bewusst locker gelassen werden und erst mit dem beginnenden neuen Zyklus wieder angespannt werden.

Variation des Delfinschlags

Kontinuierliches Schlagen, wie es zum Beispiel der Weltklasse-Freitaucher Fred Sessa praktiziert, ist nur eine Art, den Delfinschlag durchzuführen. Dabei scheinen wenige Gleitphasen genutzt zu werden. Anders ist der Molchanov-Stil. Hier wird zweimal gekickt und anschließend folgt eine lange Gleitphase. Im Allgemeinen sind die »Gleiter« die langsameren Taucher.

Warum gibt es selbst in der Weltspitze noch so unterschiedliche Stile? Während die Monoflosse tatsächlich die Stereoflossen bei den Weltklasse-Freitauchern abgelöst hat, gibt es beim Streckentauchen noch immer unterschiedliche Stile, die zu Weltrekorden führen. Dabei scheint aber der Hintergrund des Athleten das Wichtigste zu sein. Scheinbar sind Athleten wie Frederic Sessa aufgrund ihrer langen Laufbahn als Schwimmer, Finswimmer und Ähnlichem in der Lage schneller zu tauchen. Ihr Körper kann die Arbeit aufgrund ihrer Grundfitness länger tolerieren.

Es geht also darum, die persönliche Geschwindigkeit zu finden, welche die größte Leistung bringt. Zu Beginn muss eher langsamer getaucht werden. Nur so erkennt man Fehler, fühlt den Tauchgang und fühlt sich selbst. Erst wenn der Punkt erreicht ist, an dem man nicht mehr weiterkommt, sollte an der Geschwindigkeit gefeilt werden.

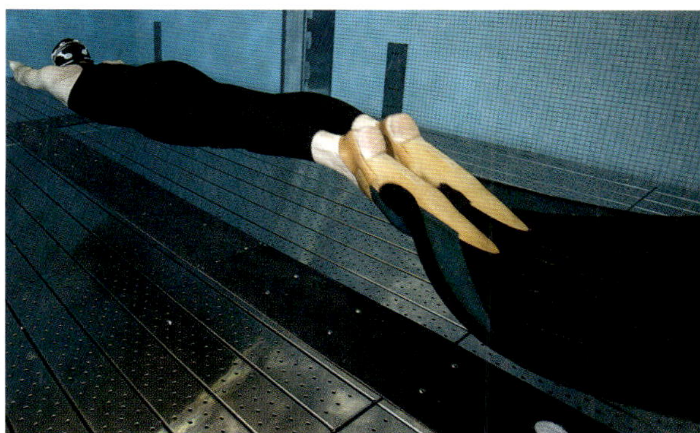

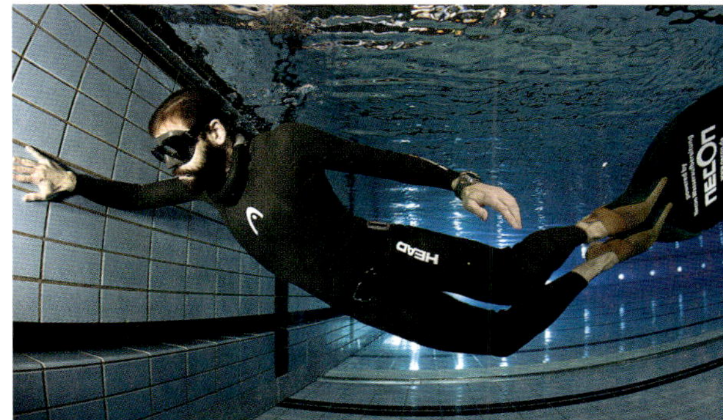

Wende

Auch die Wende mit der Monoflosse folgt dem Grundsatz einer möglichst energiesparenden Wende mit anschließendem effektivem Vortrieb. Gerade bei der Monoflosse sind 50-m-Becken ein Vorteil. Die Wende mit der Monoflosse ist meist dieselbe wie mit Stereoflossen.

Doch es gibt noch eine Wende, die sehr häufig von erfahrenen Tauchern verwendet wird. Bei dieser Monoflossenwende wird der Körper so gedreht wie bei der bereits beschriebenen Wende. Allerdings taucht der Oberkörper etwas tiefer ab. Dadurch kann die Flosse nach oben gedreht werden. Wichtig ist, dass die Flosse bei dieser Drehung keinen großen Wasserwiderstand bietet. Die Flosse berührt nicht den Beckenrand. Der Vortrieb wird dadurch

generiert, dass die Flosse nach der Drehung so positioniert ist, dass sie sofort, wenn die Arme wieder nach vorn zeigen, einen Schlag nach unten machen kann. Da es eine sehr anspruchsvolle Wende ist, nutzen die meisten Athleten die normale Wende wie mit den Stereoflossen.

Häufige Fehler mit Monoflossen

Flosse bricht seitlich aus

- **Problem:** Gerade bei Beginnern bleibt die Monoflosse nicht in der Spur. Das Blatt rutscht seitlich weg und man bemerkt, dass nicht genug Druck auf das Blatt gegeben werden kann. Der erhoffte Vortrieb bleibt erstmal aus.
- **Abhilfe:** Der Monoflossen-Taucher muss zuerst lernen, dass sich die Bewegung im Rücken abspielt. Sowohl der Oberkörper mit den über den Kopf ausgestreckten Armen wie auch die Beine sind eher starr.

So geht eine Welle durch den Körper, welche die vereinte Kraft mit Druck auf das Flossenblatt bringt. Wenn die Kraft aber, wie von den Stereoflossen gewohnt, hauptsächlich aus den Beinen kommt, können diese nicht genug Kraft aufbringen, um die Flosse sauber zu treten. Die Flosse bricht aus, weil der Schlag aus den Knien und nicht aus dem Körper kommt. Wenn man sich darauf konzentriert, die Knie nicht zu knicken, ist man einen Schritt weiter. Man sollte das Ganze filmen, weil sich eigene Empfindung und tatsächlicher Stil häufig nicht decken.

Monoflossentaucher gräbt sich nach unten

- **Problem:** Der Taucher scheint sich immer weiter nach unten zu »graben«. Er macht zwar eine wellenförmige Bewegung, trotzdem kommt er immer näher an den Grund.
- **Abhilfe:** Der Zyklus ist nicht komplett beendet. Vor allem die Aufwärtsbewegung ist nicht ausreichend. Ein gutes Training betont die Aufwärtsbewegung mehr.

Es ist sinnvoll, einen Zyklus aus Abwärts- und Aufwärtsbewegung zu unterbrechen und ggf. eine Gleitphase einzubauen. Durch diese Pause wird ein Bewusstsein dafür geschaffen, wo man sich nach der Aufwärtsbewegung befindet. Ist man dort, wo man sein muss? Die Aufwärtsbewegung ist der schwierigere Teil des Zyklus. Daher muss er besonders trainiert werden, z. B. indem man die Aufwärtsbewegung überdeutlich macht.

Kopf geht hoch und herunter

- **Problem:** Der Kopf und häufig auch die Arme bewegen sich auf- und abwärts. Durch diese Bewegung versucht der Taucher vergeblich eine Welle durch den Körper zu generieren, die ihren Anfang in den Händen nimmt und sich durch den gesamten Körper zieht. Leider erzeugt er dadurch einen großen Strömungswiderstand im Oberkörper, den er auch durch eine mögliche gute Kraftübertragung auf die Flosse nicht kompensieren kann.
- **Abhilfe:** Viele Monoflossentrainer nutzen einen Tennisball, den die Taucher zwischen Kinn und Brust klemmen. Dadurch ist gewährleistet, dass sich der Kopf nicht bewegt.

Ansonsten empfiehlt sich auch hier eine Videoaufnahme. Gerade zu Beginn hat man das Gefühl, einen sauberen Stil entwickelt zu haben, erkennt jedoch auf dem Video sehr schnell, wo die Fehler liegen.

Taucher ist zu steif

- **Problem:** Der Rücken bewegt sich nicht, es geht keine Welle durch den Körper. Ein Vortrieb kann dann nur durch den Schlag aus den Knien generiert werden.
- **Abhilfe:** Genau wie beim Ausbrechen der Monoflosse muss die Kraft aus dem ganzen Körper kommen.

Der einzige Unterschied zu dem dort beschriebenen Fehler liegt darin, dass der Taucher entweder aufgrund einer ausgeprägten Muskulatur in der Lage ist die Flosse so zu treten, dass sie nicht ausbricht, oder, was wahrscheinlicher ist, kurze schnelle Kicks macht, die nicht so kraftaufwändig sind. In jedem Fall wird die Monoflosse nicht optimal genutzt. Die Abhilfe ist somit die gleiche wie bei »Flosse bricht seitlich aus« .

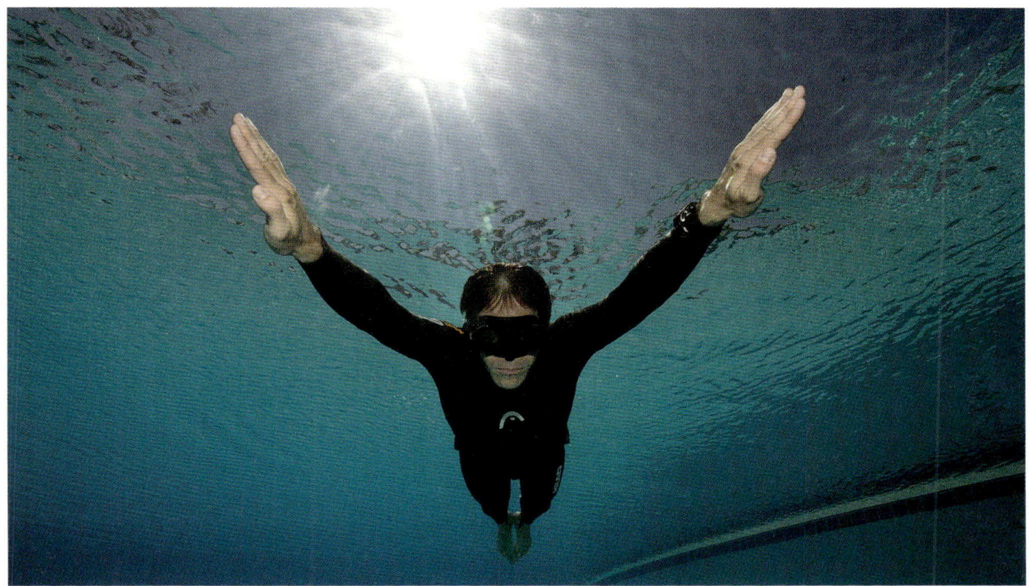

Dynamik ohne Flossen

Besonders komplex ist der Ablauf und die Koordination beim Streckentauchen ohne Flossen. Hier muss man nicht nur den Beinschlag und den Armschlag perfekt beherrschen, sondern diese auch noch in einen logischen Zusammenhang bringen – das heißt, sie zum richtigen Zeitpunkt aufeinander folgen lassen.

Richtiger Bewegungsablauf

Schlüssellocharmschwung

Anders als viele Hobbyschwimmer den Armschwung beim Brustschwimmen machen, werden die Arme nicht weit nach außen am Körper entlang geführt. Die Arme werden von ihrer Ausgangsposition ausgestreckt über dem Kopf (ähnlich den über dem Kopf ausgestreckten Armen des Monoflossentauchers) langsam, aber kraftvoll, die Handflächen nach außen, die Ellbogen leicht eingeknickt und auf Höhe des unteren Rippenbogens, zusammengeführt. Anschließend berühren sich die Fingerspitzen fast oder liegen leicht übereinander, die Daumen der Hand werden eng am Körper entlang nach unten geführt. Auf Höhe des Unterleibs öffnet sich der Armschwung wieder nach außen. Während der folgenden Gleitphase bleiben die Hände an den Oberschenkeln, die Handflächen nach außen, und die Daumen berühren die Oberschenkel fast.

Beinschlag

Das größte Problem beim Streckentauchen ohne Flossen ist, abgesehen von der Koordination von Armen und Beinen, der Beinschlag. Der Armschwung generiert einen moderaten Vortrieb, der Beinschlag scheint passiv nachzukommen. Diese Annahme ist falsch. Den Unterschied zwischen einem Fortgeschrittenen und einem Beginner macht tatsächlich der Beinschlag. Der Beinschlag ist relativ einfach erklärt, denn er ist der gleiche wie beim Brustschwimmen. Doch auch hier ist der Unterschied zwischen einem Hobbyschwimmer und einem Athleten deutlich zu sehen. Ineffizient wird der Beinschlag dann, wenn sich eine Schere ausgebildet hat. Diese verhindert eine parallele Haltung der Beine. Wir kommen bei den häufigen Fehlern noch auf dieses Phänomen zurück.

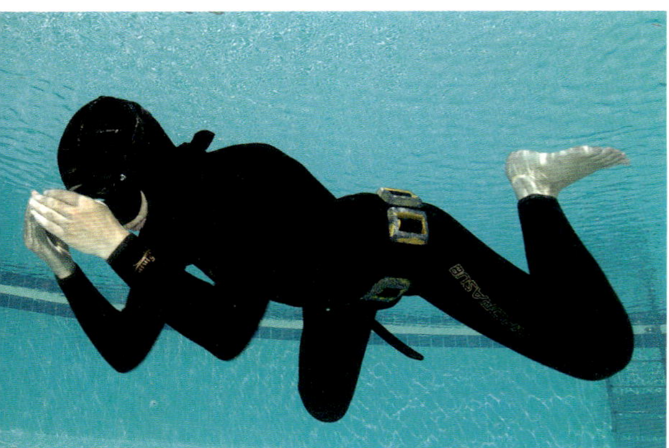

Beim korrekten Beinschlag werden die Beine weit nach außen und am Ende auch die Füße nach außen gedreht. Beim anschließenden Zusammenbringen der Beine wird so maximal viel Wasser verdrängt, vor allem wenn der Beinschlag so weit beendet wird, dass sich die Beine am Ende leicht berühren. Wenn man den Beinschlag trocken übt, dann muss man darauf achten, dass zu Beginn Bauch und Oberschenkel eine Linie bilden, das heißt, die Oberschenkel beim Einleiten des Brustbeinschlages nicht nach vorn herausstehen, denn das würde einen zu großen Wasserwiderstand bieten.

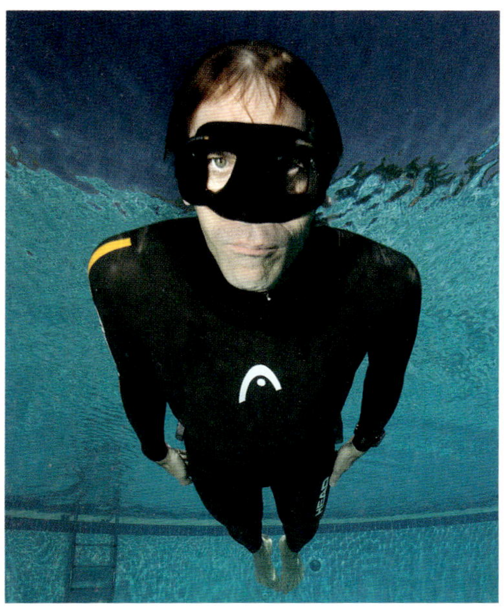

Gleitphase und Koordination

Den Unterschied zwischen dem Streckentauchen ohne Flossen und dem Brustschwimmen unter Wasser machen die Gleitphasen aus. Nach dem Armschwung folgt erst einmal eine Gleitphase, nach dem Beinschlag ebenfalls.

Man macht einen Armschwung und gleitet. Bevor man langsamer wird, beginnt man mit dem Beinschlag. Parallel – die Beine gehen auseinander – führt man die Arme wieder zurück zur Körpermitte und bringt sie vor dem Brustkorb übereinander, führt sie vor der Nase nach vorn oberhalb des Kopfes. Gleichzeitig mit dem Zusammenführen der Beine sind die Arme voll ausgestreckt und man kann mithilfe des durch den Beinschlag entstandenen Vortriebs gleiten. Sind die Arme zu spät vorn, wird der Widerstand, den die Arme/Hände verursachen, diese Vorwärtsbewegung bremsen.

Körperhaltung

Der Tauchgang beginnt wie beim Streckentauchen mit Stereoflossen. Man lässt sich absinken, stößt sich ab, macht einen Armschwung, und während der Gleitphase findet man seine perfekte Tauchtiefe.

Die Kopfhaltung ist wie bei allen Apnoedisziplinen gleich. Tendenziell strebt das Kinn zur Brust, um eine hydrodynamische Haltung einzunehmen.

Betroffene Muskeln

Hier werden einige neue Muskeln angesprochen, die beim Streckentauchen mit Stereo- oder Monoflosse normalerweise nicht benötigt werden, insbesondere die Adduktoren, die sich an der Innenseite der Beine befinden. Wichtig für den Beinschlag sind hier – abgesehen vom langen und kurzen Adduktor – auch der Mittlere und Kleine Gesäßmuskel (*Musculus gluteus medius* und *M. g. minimus*) und die Wadenmuskulatur (*Musculus gastrocnemius*).

Bei den Füßen treffen wir wieder auf Zehenstrecker (*Musculus extensor digitorum longus* und *M. e. d. brevis*) und -beuger (*M. flexor hallucis longus* und *M. flexor digitorum longus*) sowie den

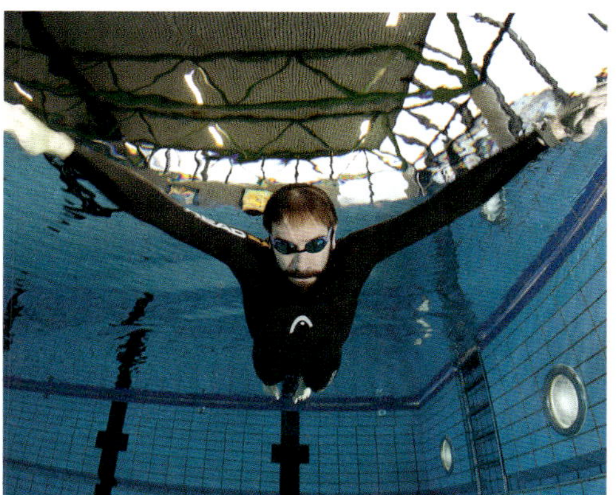

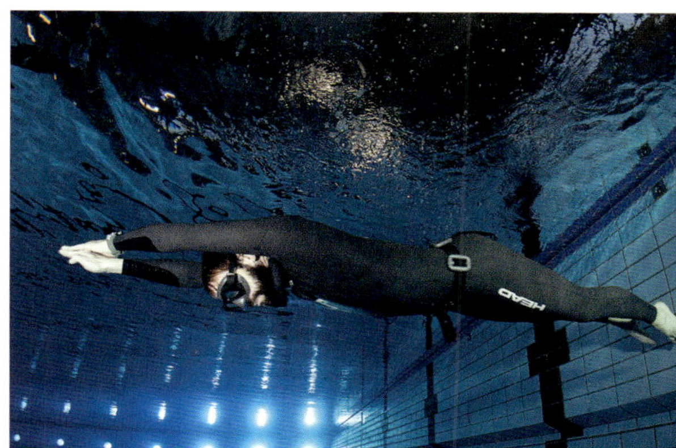

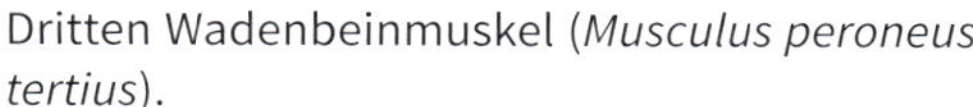

Dritten Wadenbeinmuskel (*Musculus peroneus tertius*).

Im Oberkörperbereich ist die Bewegung etwas komplizierter als beispielsweise die Haltung beim Monoflossenschwimmen. Hier werden unter anderem folgende Rücken- und Brustmuskulatur benötigt: Querfortsatzmuskeln (*Musculi serrati anterior*, *M. posterior superior* und *M. posterior inferior*), Riemenmuskel (*Musculus splenius*) und Großer Brustmuskel (*Musculus pectoralis major*), Großer Rückenmuskel (*Musculus latissimus dorsi*), Kleiner Rautenmuskel (*Musculus rhomboideus minor*) und Trapezmuskel (*Musculus trapezius*) am Rücken. Wenn die Arme das Wasser verdrängen, arbeiten die ellenseitigen Hand- (*Musculus extensor carpi ulnaris*) sowie die Fingerstrecker (*Musculus extensor digitorum*) in den Unterarmen und natürlich auch die stärkere Muskulatur in den Oberarmen, wie der Bizeps (*Musculus biceps brachii*), der Oberarmspeichenmuskel (*Musculus brachioradialis*) und der Oberarmmuskel (*Musculus brachialis*).

Die genutzte Muskulatur beim Streckentauchen ohne Flossen ist genauso vielfältig wie die Sportarten, welche diese Muskelregionen unterstützen. Das beste Training für Streckentauchen ohne Flossen ist sicherlich das Brust- oder Rückenbrustschwimmen. Dazu kann Hanteltraining diese Muskelregionen ebenfalls kräftigen. Klimmzüge sind für die Armmuskulatur empfehlenswert. Für die Adduktoren und die Beinmuskulatur sind Skifahren, Waldläufe, Fußball, Beachvolleyball oder Basketball ideal.

Wende

Die Wende ohne Flossen entspricht der Wende mit Stereoflossen. Der Bewegungsablauf ist exakt der gleiche. Die Wende kostet ohne Flossen viel weniger Kraft und der aus dem Abstoßen resultierende Vortrieb ist ein Vorteil. Daher bevorzugen Flossenschwimmer gerne längere Bahnen (50 m) und Taucher ohne Flossen favorisieren die 25-m-Becken.

Die meisten Taucher ohne Flossen zählen beim Streckentauchen ihre Zyklen, bestehend aus einem Armschwung und einem Beinschlag, um abzuschätzen, wo sie sich auf der Bahn befinden. Die Wende beim Streckentauchen mit Stereo- oder Monoflosse kommt eigentlich nie zu einem ungeeigneten Zeitpunkt. Denn sobald das »T« im Sichtfeld erscheint, wird beim Streckentauchen mit Stereoflossen der Arm ausge-

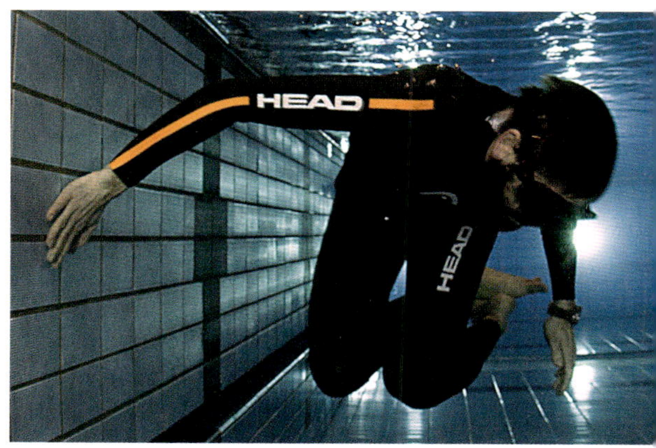

fahren. Noch leichter ist es mit der Monoflosse, denn da befinden die Arme bereits vorne. Beim Streckentauchen ohne Flossen kommt das »T« idealerweise in der Gleitphase nach einem Beinschlag in Sicht, sodass sich die Arme bereits vor dem Kopf befinden. Sollte der Zyklus zur Wende hin zu Beginn noch nicht so aufgehen, können bei ausgestreckten Armen auch zwei Beinschläge aufeinander folgen (siehe die nachfolgenden Variationen).

Nach der Wende wird nach dem Abstoßen die Gleitphase lange ausgekostet und der Armschwung fügt sich perfekt in den natürlichen Zyklus aus Arm- und Beinschlag ein.

Variationen:
Apnoetaucher, die einen starken Beinschlag haben, machen häufig mehr als einen Beinschlag pro Armschlag. Das Ganze sieht dann so aus:

- Beinschlag – gleiten (Arme ausgestreckt nach vorne)
- Beinschlag – gleiten
- Armschwung – gleiten
- Beinschlag – gleiten
- Beinschlag – gleiten
- Armschwung – gleiten usw.

Andere Variationen sind seltener, z. B. in der ersten Bahn bis zu dreimal kicken, auf der zweiten Bahn auf einen Armschwung zwei Kicks. Der

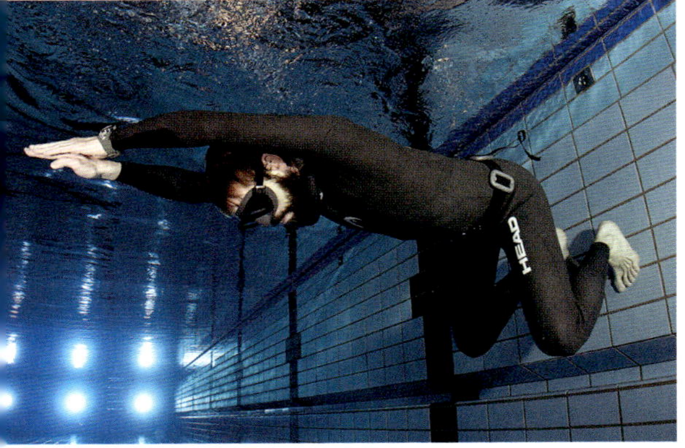

Athlet oder die Athletin versuchen hierbei, die vielleicht nicht so stark ausgebildete Armmuskulatur erst zum Ende des Tauchgangs stärker zu belasten.

Häufige Fehler ohne Flossen

Ohne Flossen erkennt man minimale Fehler und Störfaktoren erheblich besser. Bereits leichte Seitendüsen an den Außenbahnen können die Gleitphasen erheblich beeinträchtigen.

Schlechte Trimmung

- **Problem:** Bei schlechter Trimmung befindet sich der Oberkörper zu weit oben oder zu weit unten (die Beine schlagen nach oben).
- **Abhilfe:** Die Bleiverteilung muss verändert werden. Es sollte experimentiert werden. Mehr Blei an den Hals, weniger an den Körper oder umgekehrt. Auch ein Umpositionieren des Bleigurtes auf der Hüfte kann helfen, die Lage vielleicht entscheidend zu verbessern.

Kein Vortrieb durch den Beinschlag

- **Problem:** Das ist das häufigste Problem beim Streckentauchen ohne Flossen wurde bereits angesprochen. Das Problem ist, dass der Armschlag, auch wenn er unsauber ausgeführt wird, immer noch einen guten Vortrieb generiert. Der Beinschlag aber scheint überhaupt keinen Effekt zu haben.
- **Abhilfe:** Ein absolut sauberer Beinschlag ist das erste Ziel. Das kann trainiert werden, indem man z. B. den Armschwung komplett weglässt. Man nimmt sich eine 25-m-Bahn vor und kickt und gleitet, kickt und gleitet. Das ist zu Beginn sehr mühsam und frustrierend, aber irgendwann macht es »klick« und man variiert die Art und Weise der Bein- und Fußhaltung. Die Beine gehen nach außen und nicht zuerst vor den Körper, die Füße drehen sich nach außen und das Zusammenführen endet erst bei der leichten Berührung der Füße.

Den korrekten Beinschlag zu lernen ist eine langwierige Sache und man sollte dafür viel Zeit in seinem regelmäßigen Training einplanen. Nach einigen Wochen wird man Erfolge sehen. Damit man den Fortschritt erkennt, muss man ihn natürlich dokumentieren. Ideal ist eine Kombination aus Beinschlagzählen und Videoüberwachung.

Wenn man den Beinschlag zählt und im Logbuch dokumentiert, weiß man nach vier Wochen, ob man die 25-m- oder 50-m-Bahn jetzt mit weniger Schlägen schafft. Denn dann hat man sich entweder besser abgestoßen, sich hydrodynamischer bewegt oder einen besseren Beinschlag entwickelt – im Idealfal, und das ist zu 99 % der Fall, hat man alle drei Ziele erreicht.

Wenn einen der Trainingspartner regelmäßig unter Wasser filmt, dann sieht man beim Filmen von hinten, wie parallel der Beinschlag ist und wie weit die Füße und Beine nach außen gedreht sind. Man kann den Beinschlag auch variieren, um zu sehen, welcher der bessere ist, und ihn dann mit einem der Profis auf Youtube vergleichen. Alternativ kann man auf dem Rücken schwimmend den Brustbeinschlag in Rückenlage ausprobieren. Wenn die Knie dabei die Wasseroberfläche durchdringen, dann kommen sie zu weit vor den Körper und bremsen uns beim Tauchen.

Toller Beinschlag, trotzdem kein Vortrieb

- **Problem:** Man hat den Beinschlag ausgebildet und kommt mithilfe des Beinschlages immer besser voran. Jetzt bringt man Armschwung und Beinschlag wieder zusammen. Der gewünschte Aha-Effekt bleibt aber aus. Man kommt nicht wesentlich besser voran.
- **Abhilfe:** Es ist völlig normal, dass sich die Kombination erst wieder finden muss. Hierbei geht es hauptsächlich darum, dass das Einleiten des Armschlages zur falschen Zeit kommt – meistens zu spät. Das heißt, die Vorwärtsbewegung der Arme stoppt die Gleitphase, die durch die Beinarbeit resultiert.

Hier muss in den Trainingseinheiten das Vorziehen der Arme variiert werden, um herauszufinden, was den besten Effekt hat. Auch der Vergleich von eigenen Videos kann dabei helfen. Dieser Fehler lässt sich in kürzerer Zeit beheben als der falsche Beinschlag.

Training für das Streckentauchen

Was kann man außer Techniktraining, Fehlervermeidung und Muskeltraining sonst noch tun? Hier stellen wir die Grundlagen des Trainings für das Streckentauchen vor. Am Ende des Kapitels finden sich die ausführlichen 4- bis 6-Wochen-Trainingspläne.

CO_2-Training

Mischung aus Statik und Dynamik

Ein effizientes Training, welches die CO_2-Toleranz erhöht, ist eine Mischung aus Statik und Dynamik. Bei folgendem Training werden zum Beispiel Statik und Dynamik so kombiniert:

- 30 s Statik
- 25 m Streckentauchen
- 30 s Statik
- Zwei Minuten Pause nach dem ersten Block.

Intensität: Je nachdem, ob die Tabelle mit oder ohne Flossen gemacht wird, müssen die Strecke und/oder die Zeit variiert werden. Mit Flosse ist dieses Training leichter. Es sollten acht Durchgänge gemacht werden. Ab der Hälfte, also nach vier Durchgängen, sollte man Kontraktionen spüren. **Steigerung:** Es können sowohl Strecke als auch Zeit erhöht oder die eingeatmete Menge Luft variiert werden (teilweise eingeatmet ist anstrengender als voll eingeatmet). **Variationen:** Wenn das Verhältnis bei der Statik 1:2 ist, fühlt sich das mental sehr viel härter an als wenn die Statikzeit gleichmäßig verteilt ist.

Zum Beispiel:

- 1 min Apnoe.
- 25 m Tauchen.
- 2 min Apnoe.

Das ist erheblich anstrengender als 1:30 min – 25 m – 1:30 min. Hier gilt es nach der Bewegung und der damit verbundenen Erhöhung des Pulses vor allem darum mental zu entspannen, um am Ende die doppelte Statikzeit ertragen zu können.

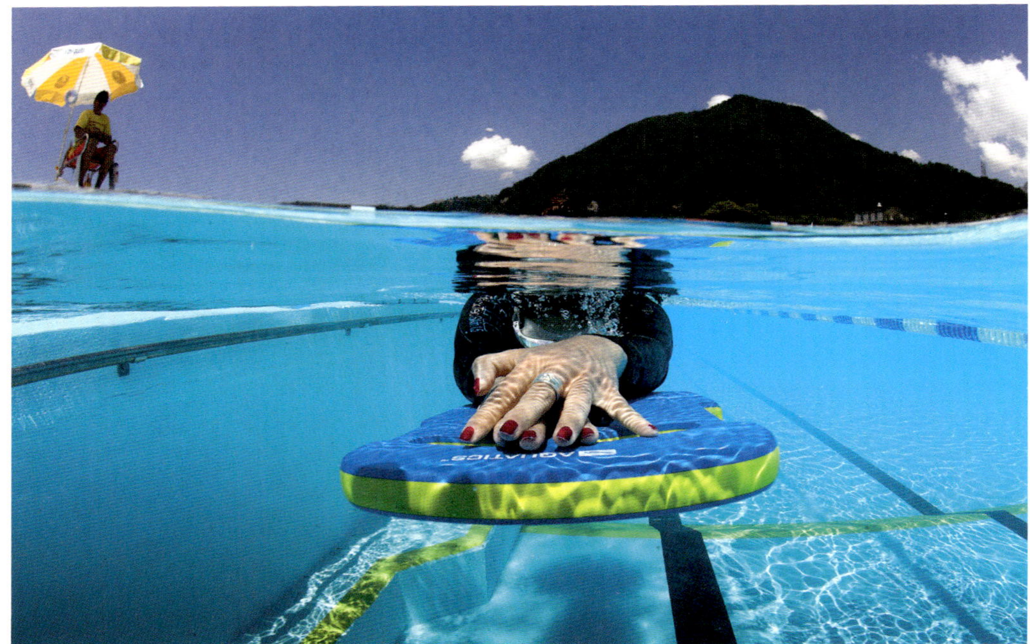

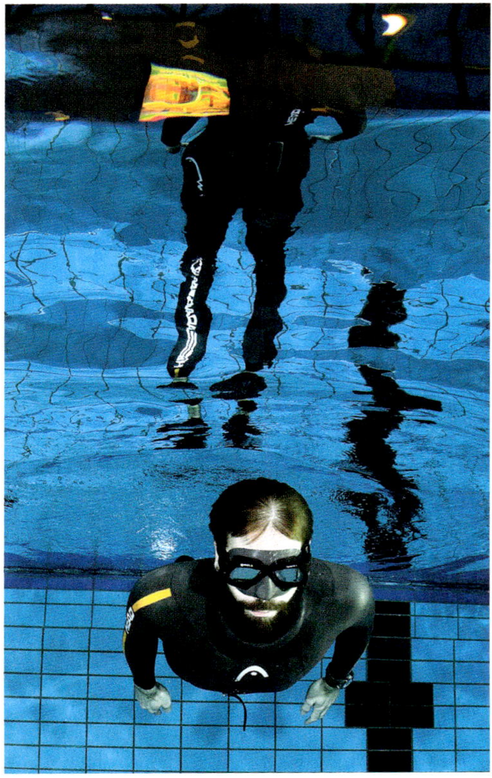

Laktattoleranz

Eine Erhöhung der Geschwindigkeit in der Apnoe hat zur Folge, dass die Beinmuskulatur schneller sauer wird. Die Laktattoleranz kann erhöht werden, wenn man im anaeroben Bereich Leistung erbringt, also im Bereich, wo dem Muskel nicht mehr genügend Sauerstoff zur Verfügung steht.

Zum Beispiel:

- 20 s Apnoe.
- 25 m schnell tauchen (mind. 80 % der Sprintfähigkeit).
- 20 s Apnoe.

Wie lange braucht man für eine Strecke von 25 oder 50 m? Bei einer angenommenen Geschwindigkeit von 1,2 m/s liegt die Tauchzeit bei einer 50-m-Strecke bei ca. 41 s. Die halbe Tauchzeit nimmt man als Entspannungsphase, sodass man versucht, alle 60 s zu starten. Auch davon sollte man acht bis zehn Durchgänge schaffen. **Intensität:** Kontraktionen sollten spätestens ab der Hälfte gefühlt werden. Eine Verlängerung

der Tabelle auf 16 Bahnen ermöglicht den Vergleich mit nationalen und internationalen Rekorden. 16 × 50 m ist eine Demonstrationsdisziplin, zu der sowohl national als auch international Rekordlisten geführt werden.
Variationen: Diese Disziplin eignet sich am besten mit Flossen, kann aber auch mit längerer Oberflächenpause ohne Flossen durchgeführt werden. Die Geschwindigkeit kann erhöht und die Pausen können verkürzt werden. Das Resultat der Tabelle, egal ob man 8, 10 oder 16 Durchgänge gemacht hat, muss im Trainingslogbuch eingetragen werden.

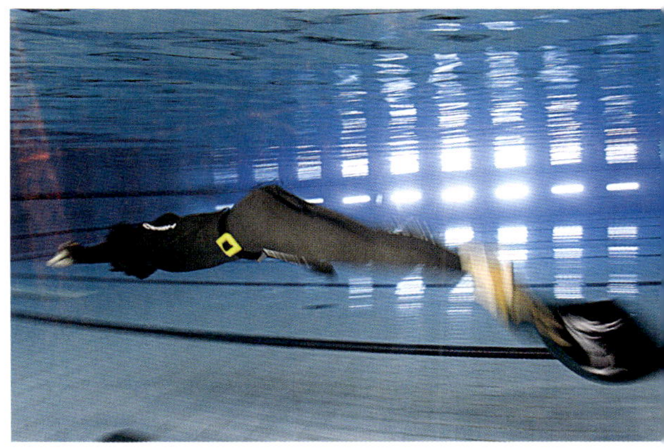

Maximalversuch

Der Maximalversuch ist das wichtigste Tool, denn er trainiert sowohl CO_2- und Laktattoleranz als auch die Technik und die mentalen Fähigkeiten. Was nutzt ein Techniktraining, wenn man z. B. bei einem anstrengenden Tauchgang zum Ende hin keine saubere Wende machen kann? Abgesehen davon ist der Maximalversuch die geeignete Methode, um den eigenen Leistungsstand zu beurteilen. Meine eigene Sichtweise: Ich habe immer geschaut, dass ich mindestens 20 Maximalversuche in den letzten Wochen vor einem Rekordversuch absolviert hatte.

Normalerweise sollte im normalen Aufbautraining nicht zu häufig ein Maximalversuch absolviert werden, da er sich nicht gut mit einem anstrengendem CO_2-Training kombinieren lässt. Pro Monat sollte ein Dynamik-Training für den Maximalversuch in Kombination mit anschließendem Techniktraining reserviert sein.

Zeitliche Abfolge des Trainings

CO_2-Training ist zeitintensiv und braucht zusammen mit Einschwimmen und Ausschwimmen mindestens eine Stunde. Zu Beginn der Saison liegt der Schwerpunkt während einiger Wochen und Monate auf dem CO_2-Training. Parallel werden an Land die Grundlagen mit Kraft- und Ausdauertraining gelegt. Maximalversuche werden kombiniert mit Techniktraining einmal pro Monat gemacht, um zu wissen, wie der momentane Leistungsstand ist.

Nach ca. drei Monaten und etwa acht bis zehn Wochen vor einem Wettkampf geht es darum, die Fitness in Meter umzusetzen. Nun werden mehr Maximalversuche gemacht und es wird Feinarbeit an der Technik vorgenommen. Drei bis vier Wochen vor einem Wettbewerb werden die wöchentlichen Maximalversuche erhöht. Es bleibt aber bei maximal einem Versuch pro Tag.

Meistens steigert sich die Leistung nicht in den ersten Wochen. Nach ca. 15 Maximalversuchen machen die Leistungen aber deutlichere Sprünge.

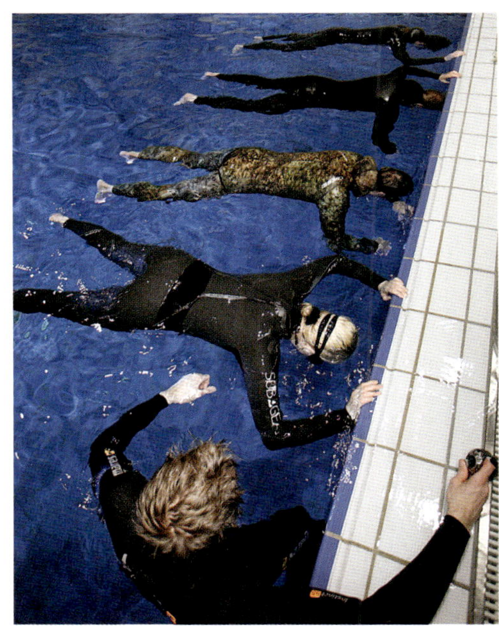

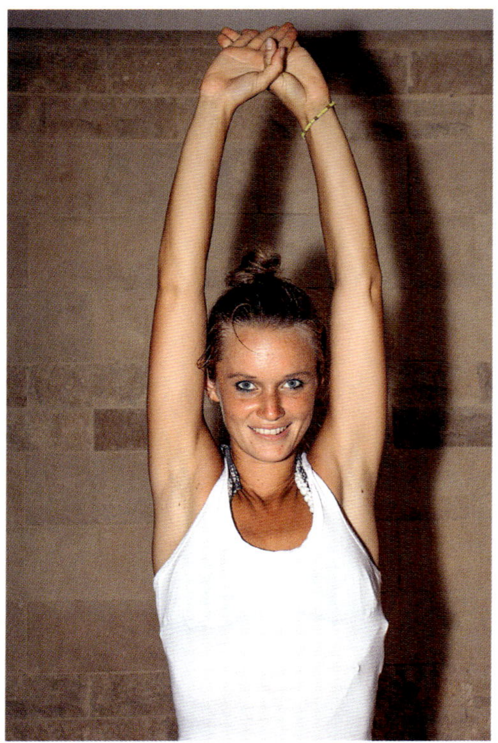

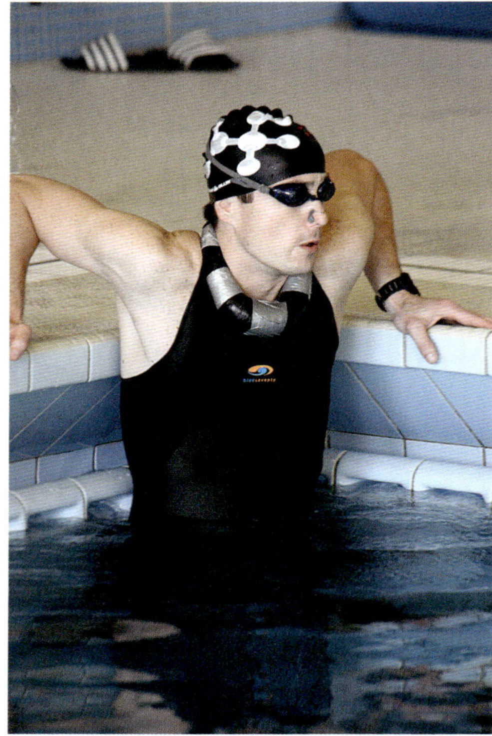

Atmung, Stretching und Geist

Für das Streckentauchen muss die Atmung helfen, die Gratwanderung zwischen niedrigem Puls und optimaler Sauerstoffversorgung zu vollführen. Daher besteht der erste Teil in einem Stretching der für einen Tauchgang benötigten Muskulatur sowie des Brustkorbs und der Lunge.

Auch bei der Dynamik ist die Ausbelastung der Lunge, also das Stretching des Brustkorbs mit voller Lunge, vorteilhaft. Wann immer man mit einem Atemzug reist, ist es wichtig, einen besonders tiefen Atemzug vor dem Abtauchen zu machen.

Das erreicht man am besten mit der Aufladeübung. Eine andere Möglichkeit, um die Zwischenrippenmuskulatur zu stretchen, ist der sogenannte *Monofin-Stretch*. Dabei werden die Arme hinter dem Kopf nach oben gezogen. Voll eingeatmet hält man diese Position. Unser Fokus liegt dabei auf dem Stretching der Zwischenrippenmuskulatur. Eine weitere sinnvolle Übung betrifft das Zwerchfell: der Unterdruckverschluss, im *Pranayama* bekannt als *Uddiyana Bandha* (mehr dazu im Kapitel »Lifestyle«). Vor einem Maximalversuch sollte man sich nach dem Stretching 10 min Ruhe gönnen, damit sich der Puls wieder beruhigt und man sich mental auf den Tauchgang einstellen kann.

Warm-up

Die meisten fortgeschrittenen Taucher folgen der Philosophie *»No-warm-up«*, da ab einem gewissen Punkt eine Leistungssteigerung nur dann möglich ist, wenn der Körper zum einen entspannt und zu anderem noch keine Tauchgänge in den Knochen hat.

Für einen Einsteiger sind *Warm-up*-Tauchgänge zum Wecken des Tauchreflexes sinnvoll, sollten aber auf ein Minimum beschränkt werden. Bei einer persönlichen Bestleistung von 75 m können z. B. ein *Warm-up* von 25 m und nach ein paar Minuten Pause ein Tauchgang auf 50 m gemacht werden.

Um den Tauchreflex zu wecken, ist auch die Mischung aus Statik und Dynamik sehr effektiv. Ich kann einen *Warm-up*-Tauchgang mit einer Statik von 20 s beginnen und anschließend 25 m tauchen. Nach einer kurzen Pause erhöhe ich die Statik auf 30 s und tauche erneut 25 m.

No-Warm-up hat eine ganze Reihe von Vorteilen. Ein besonders großer Vorteil ist, dass man in dem dünnen Anzug nicht friert, wenn der erste Tauchgang gleich der Maximaltauchgang ist. Eine Umstellung von *Warm-up* zu *No-warm-up* bringt erst nach ca. sechs Wochen den erhofften Effekt. In der ersten Zeit ist es etwas anstrengend, weil der Atemreiz sehr viel früher kommt. Es dauert einfach eine gewisse Zeit, bis der Körper merkt, was man von ihm will. Dass es funktioniert, zeigen die Leistungen der Weltklasse-Freitaucher.

Mental

Beim Streckentauchen hat man den Vorteil, dass man jederzeit auftauchen kann. Die Kehrseite ist, dass eine Vielzahl von Tauchgängen zu früh abgebrochen wird. Interessant ist, dass man auch in diesem Fall eine *Easy-Going-* und eine *Struggle*-Phase hat. Gerade der erste Teil der *Struggle*-Phase fühlt sich aber extrem unangenehm an. Und hier hat man keine Möglichkeit, dass einem der Coach oder Sicherungstaucher etwas zuflüstert, wie beim Zeittauchen. Daher braucht man für das Streckentauchen andere mentale Werkzeuge.

Torsten Erhardt ist derzeit Deutscher Meister im Tieftauchen und der erste Apnoetaucher in Deutschland, der nach Tom Sietas die 200-m-Strecke in einem Wettbewerb wiederholt zeigen konnte. Auf die Frage, welche Strategien er bei diesen langen Tauchgängen verfolgt, sagt er: *»Ich denke an nichts, gar nichts«*.

Diese Form der absoluten mentalen Entspannung ist sicherlich die Beste und wohl auch der Grund, warum sich manche Apnoetaucher erheblich leichter tun, eine herausragende Leistung zu erbringen.

Wem diese besondere Entspannungsfähigkeit nicht gegeben ist, der sollte sich mentale Techniken aneignen. In der Zen-Mediation z. B. konzentriert man sich bewusst auf den jetzigen Augenblick: *»Ich mache einen Flossenschlag, ich denke Flossenschlag, ich gleite, ich denke gleiten«* usw. Das Gehirn wird so beschäftigt beziehungsweise kommt zur Ruhe.

Wer es nicht schafft, mental komplett zu entspannen, und während des Tauchens zu grübeln beginnt (*»Das letzte Mal war es einfacher, das geht ja jetzt noch ewig so weiter … etc.«*), der kann Folgendes versuchen.

Mix aus Einteilung des Tauchgangs und Verankerung

Eine Strecke von z. B. 150 m ist ziemlich lang. Wenn man sie bewusst in Abschnitte aufteilt, tut man sich leichter:

- Bis 50 m: *Easy Going* – keine besondere Strategie nötig außer bewusst zu entspannen.
- Ab 50 m: Der Atemreiz setzt ein – der unangenehmste Part. Man ist aber darauf vorbereitet und weiß, dass die nächsten 25 m unangenehm sind – man kann sie überleben.
- 75 m, nach der Wende: Hier würde man normalerweise den Tauchgang abbrechen, denn

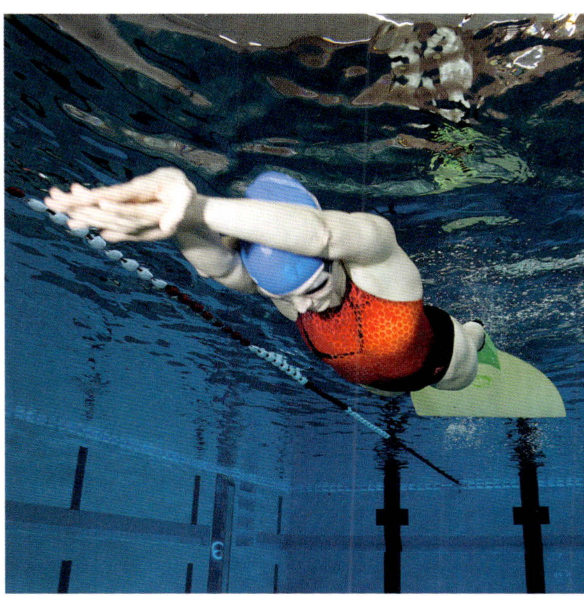

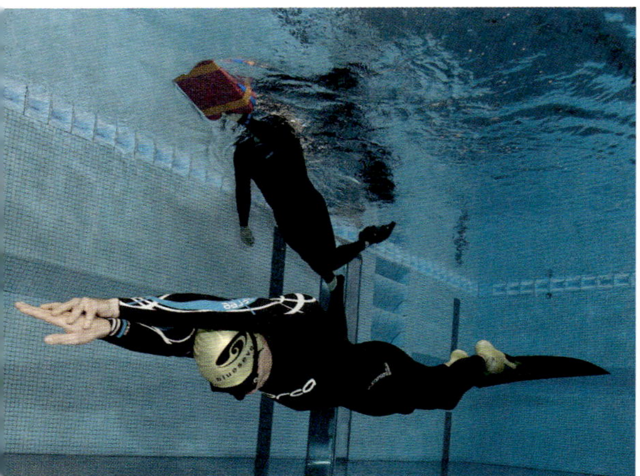

es fühlt sich immer noch unangenehm an und man hat gerade mal die Hälfte hinter sich. Hier setzt man stattdessen seinen Anker (siehe Kapitel »Grundlagen«), um diese »gefährlichen« nächsten 10 m zu überbrücken respektive an etwas anderes zu denken. Ich selbst denke meist an meinen Meditationskurs und an die mentale Entspannung, die ich damals gefühlt habe. Indem ich innerlich zweimal *»Om«* sage, rufe ich dieses Gefühl wieder ab, und schnell sind die kritischen 10 m damit überbrückt.

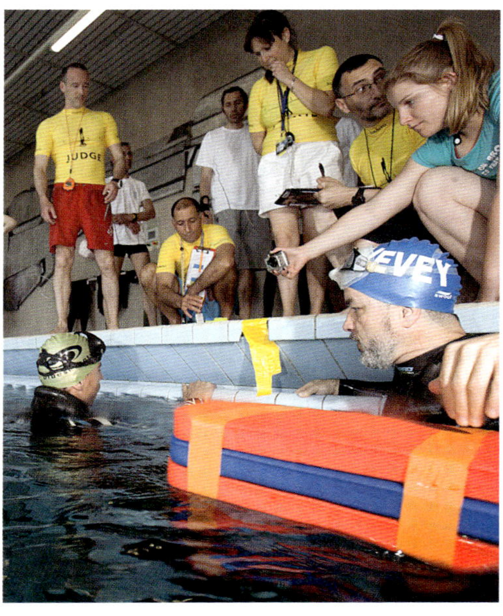

- Ab 100 m: Alles läuft normal, der Atemreiz fühlt sich nicht mehr so unangenehm an. Man ist in einem Flow-Zustand.
- Ab 125 m: Das Ende ist in Sicht – man zählt nach der Wende innerlich bis fünf. Meistens ist man dann bereits bei 140 m und macht die 150 m voll oder auch nicht. In jedem Fall ein erfolgreicher Tauchgang.

Mauer im Kopf

Wenn die persönliche Bestleistung beispielsweise bei 100 m liegt, kann es sein, dass man nach einem erfolgreichen Training zwar immer diese 100 m taucht, doch es werden einfach nicht mehr. Diese Leistung hat sich nun festgesetzt.

Als ich damals dieses Problem hatte, fragte ich die erfolgreiche Athletin Katja Kedenburg. Sie hatte einen verblüffend einfachen Tipp: *»Du willst die 100 m nicht machen? Dann mach sie nicht«*. Zu Beginn war ich perplex, was sollte das denn bringen?

Doch der Erfolg ließ nicht lang auf sich warten. Ich sollte also entweder 99 m oder 101 m schwimmen. Aufgrund meines Ehrgeizes habe ich natürlich nach den 100 m noch eine Wende gemacht und so 103 m geschafft. Von da an habe ich immer die 100-m-Wende geschafft und bin sehr schnell nach einigen Wochen bei 125 m angelangt.

Sicherungstaucher

Der Sicherungstaucher ist dafür zuständig, dass dem Taucher nichts passiert. Auch beim Streckentauchen ist die Kommunikation extrem wichtig. Wie lange will man tauchen, was hat man vor?

Für den Sicherungstaucher ist es sehr wichtig zu wissen, was der Taucher vorhat. Es ist der Sicherheit absolut nicht förderlich, wenn zum Ende hin ein Sprint gemacht wird. Zum einen, weil zu diesem Zeitpunkt die Gefahr einer Hypoxie erhöht ist, zum anderen, weil der Sicherungstaucher an der Oberfläche nicht so schnell schwimmen kann wie der Apnoetaucher tauchen.

Der Sicherungstaucher sichert normalerweise das letzte Drittel eines Tauchgangs ab. Wenn der Taucher also einen Maximalversuch machen möchte, dann ist entscheidend, wie seine persönliche Bestleistung aussieht. Das heißt, wenn er 100 m machen will und seine persönliche Bestleistung liegt bei 75 m, dann sichert man nicht ab 66 m, sondern ab 50 m.

Der Sicherungstaucher schnorchelt an der Oberfläche, etwa eine halbe Körperlänge nach hinten versetzt. Idealerweise finden Maximalversuche an den Außenbahnen statt, sodass der Taucher sich beim Auftauchen direkt am Beckenrand festhalten kann und seine Atmung nach dem Tauchgang (aktiv ein und passiv aus) durchführen kann. Der *Safety* schnorchelt an der offenen Seite des Pools, sodass er dem Taucher nicht den Weg zum Beckenrand abschneidet.

Er folgt dem Grundsatz *»nahe genug dran und weit genug weg«*. Ist er zu weit weg, läuft er Gefahr, den Taucher bei einem Flachwasser-*Blackout* nicht rechtzeitig zu erreichen. Ist er zu nahe dran, z. B. bei der Wende, dann berührt er den Taucher, der dadurch massiv gestört wird. Gerade bei der Wende ist höchste Vorsicht geboten, denn am Ende der Bahn ist die Gefahr am größten, dass der Taucher hochkommt. Der Sicherungstaucher bleibt deshalb auf der Höhe des »T«, um sowohl schnell beim Auftauchenden zu sein als auch nach der Wende dem Taucher weiter folgen zu können.

Sobald der Taucher aufgetaucht ist, muss der Sicherungstaucher bei ihm sein und die kommenden 15 s bei ihm verbringen. Er erinnert den Taucher ggf. an die korrekte Erholungsatmung und stützt ihn im Falle eines *Loss of Motor Control* bzw. leitet die Hilfe bei einem verzögerten *Blackout* ein.

Der Sicherungstaucher ist dafür verantwortlich, den Taucher bei einem Blackout mit den Atemwegen über das Wasser zu bringen und ihm mit *»Blow, Tap, Talk«* zu helfen, wieder zu sich zu kommen, ggf. ihn zu beatmen und notfalls die Rettungskette einzuleiten.

Trainingsplan Dynamik

1. Woche

Wichtig ist es, die Trainingspläne jeweils an das persönliche Leistungsvermögen anzupassen.

Trockentraining

Täglich wird ein Apnoewalk durchgeführt, z. B. 100 Schritte in Apnoe in gleichmäßiger Geschwindigkeit gehen. Hierbei sollte man die Konzentration besonders darauf legen, während des Gehens jeden Moment bewusst wahrzunehmen.

Wie fühlt es sich an den Fuß zu heben, abzusetzen, zu belasten, das Knie durchzustrecken, den anderen Fuß zu heben? Gleichzeitig sollte man den Kopf wieder zur Brust zu nehmen, irgendwann den Atemreiz bemerken, es geschehen lassen. Genau wie beim Streckentauchen befindet man sich nun in einer Art Meditation mit starker Konzentration auf das Hier und Jetzt.

Im Wasser – zwei Einheiten pro Woche

Vorher sollte man die Atemübungen gemäß Buch durchführen, um seine Lunge vorzubereiten.

1. Einheit:

a) Kraulen (ohne Flossen) und auf einer 25-m-Bahn so wenig wie möglich atmen, z. B. nur beim Start, in der Mitte der Bahn und bei der Wende. Das Ganze in einer zügigen Geschwindigkeit. Nach ca. 10 Bahnen eine Pause von 5 min.
b) Start alle 60 s. Alle 60 s startet man, das heißt, man ist entweder schnell getaucht und hat länger Pause oder man ist energieschonend getaucht und hat weniger Pause. Die Startzeit sollte so sein, dass man mindestens 15 s Pause hat und die Tabelle acht Starts lang durchhält.

Den Rest der Zeit über wird die Technik trainiert (z. B. Tarierungskontrolle, Wende, Gleitphasen etc.)

2. Einheit:

a) Statik und Dynamik – 30 s Statik am Beckenrand, nach dem Zeichen des Sicherungstauchers umdrehen und 50 m tauchen. Es geht hier darum, den Tauchreflex zu wecken. Danach Pause und die Statikzeit immer um 15 s erhöhen.

b) Nach einer Pause von 10 min eine Dynamik-Warm-up-Tabelle:

- 25 m Strecke, 5 min Pause.
- 50 m Strecke, 10 min Pause.
- 75 m Strecke.

2. Woche

Trockentraining

1. Täglichen Apnoewalk wie in der ersten Woche durchführen.
2. Dreimal in der Woche Joggen, mindestens 40 min in gleichmäßiger aerober Geschwindigkeit (Überprüfung mit Pulsuhr)

Im Wasser – zwei Einheiten pro Woche

1. Einheit:

a) CO_2-Training – Wiederholung der 10 Bahnen mit nur dreimaligem Atmen, wie letzte Woche.

b) Nach einer Pause von 5 min acht Einheiten bestehend aus einer Bahn schwimmen und einer Bahn tauchen.

Eine Pause von 8 min, dann wird dieses Training folgendermaßen gesteigert:

a) Eine Bahn langsam schwimmen – eine Bahn tauchen – eine Bahn schnell schwimmen (8 Durchgänge).

Wenn noch Zeit ist, dieses Training folgendermaßen verschärfen:

b) Eine Bahn schnell schwimmen – eine Bahn tauchen (8 Durchgänge).

2. Einheit – Technik und Tauchreflex wecken

a) Statik und Dynamik: 30 s Statik am Beckenrand, nach dem Zeichen des Sicherungstauchers umdrehen und 50 m tauchen. Es geht hier darum, den Tauchreflex zu wecken. Danach Pause und die Statikzeit immer um 15 s erhöhen.

b) Videotraining zur Techniküberprüfung: 53 m Streckentauchen. Wie sehen die Wenden aus, wie der Start des Tauchgangs, wie die Tarierung? Überprüfung der gleichmäßigen Geschwindigkeit, Zählen der Kicks, Überprüfung der Kopfhaltung. Kurzauswertung am Beckenrand, anschließend Wiederholung.

In der Wiederholung sollte versucht werden, die Strecke mit weniger Kicks zu schaffen, längere Gleitphasen zu haben usw. Man versucht, einen anspruchsvollen Tauchgang, der ca. 20–25 % unter der eigenen persönlichen Bestleistung liegt, mit den Erkenntnissen aus dem vorangegangenen Techniktraining (also möglichst schön und technisch perfekt in gleichmäßiger Geschwindigkeit mit Videoüberwachung) zu machen.

3. Woche

Trockentraining

1. Täglicher Apnoewalk wie in der ersten und zweiten Woche.
2. Dreimal in der Woche Joggen, mindestens 40 min in gleichmäßiger aerober Geschwindigkeit, Setzen von mindestens zwei anaeroben Reizen (also nach z. B. 10 min Joggen für ca. 30 s das Tempo auf 80 % der maximalen Sprintgeschwindigkeit erhöhen, dann wieder 10 min langsam und aerob Joggen und dann erneut 30 s sprinten (Überprüfung mit Pulsuhr).

Im Wasser – zwei Einheiten pro Woche

1. Einheit:

a) CO_2-Training – Wiederholung der 10 Bahnen mit nur dreimal Atmen, wie bereits in letzter Woche.

b) Nach einer Pause von 5 min Statik am Beckenrand, z. B. 45 s, umdrehen, eine Bahn tauchen und wieder 45 s Statik, bevor aufgetaucht wird.

Nach einer Pause von 5 min wird das Training folgendermaßen intensiviert:

c) Statikzeit am Anfang und am Ende erhöhen oder Dynamik-Strecke erhöhen.
d) Statikzeit am Ende verdoppeln (z. B. 30 s zu Beginn, eine Bahn tauchen und 1 min Statik zum Schluss) – Insgesamt sechs Einheiten.
e) Wenn noch Zeit ist, Techniktraining der Wende.

2. Einheit:

a) Warm-up-Tauchgänge, z. B. 25 m Strecke – 5 min Pause – 50 m Strecke – 10 min Pause und anschließend Maximalversuch.
b) Rest der Zeit: Video-Techniktraining.

4.–6. Woche

Trockentraining

1. Täglicher Apnoewalk wie in den vorigen Wochen.
2. Dreimal in der Woche Joggen, zweimal davon mindestens 40 min in gleichmäßiger aerober Geschwindigkeit. Setzen von mindestens zwei anaeroben Reizen (also nach z. B. 10 min Joggen für ca. 30 s das Tempo auf 80 % der maximalen Sprintgeschwindigkeit erhöhen, dann wieder 10 min langsam und aerob joggen und dann erneut 30 s sprinten (Überprüfung mit Pulsuhr). Die verbleibende Runde Jogging zeitlich nach dem letzten Training im Wasser (evtl. Sonntags) in einer sehr entspannten aeroben Geschwindigkeit durchführen.

Im Wasser – zwei Einheiten pro Woche

Das Training kann nun variiert werden. In der ersten Trainingseinheit sollten die Ausdauer und CO_2-Toleranz weiter trainiert werden. Das heißt, als *Warm-up* bietet sich das dreimalige Atmen pro Bahn aus den vorangegangenen Wochen an. Anschließend folgen Übungen wie:

- Start alle x Sekunden (so, dass es anstrengend ist und nach der Hälfte der Wiederholungen Kontraktionen gespürt werden).
- Statik – Dynamik – Statik oder Statik – Dynamik – Statik mal zwei.
- Eine Bahn schwimmen – eine Bahn tauchen.
- Eine Bahn schnell schwimmen – eine Bahn tauchen.
- Eine Bahn schnell schwimmen – ausatmen – eine Bahn tauchen.
- Eine Bahn schnell schwimmen – eine Bahn schnell tauchen.
- Eine Bahn schnell schwimmen – ausatmen – eine Bahn schnell tauchen.
- Eine Bahn schwimmen (unter kontinuierlichem Ausatmen) und ohne einzuatmen eine Bahn tauchen.
- Eine Bahn schnell schwimmen (wieder ausatmend) und ohne einzuatmen eine Bahn tauchen.
- Eine Bahn schnell schwimmen ausatmend und ohne einzuatmen eine Bahn schnell tauchen.

In der zweiten Wassereinheit geht es um den Maximalversuch. Ein Maximalversuch ist schnell gemacht, aber so anstrengend, dass ein anschließendes CO_2-Training schwierig ist. Daher bietet sich im Anschluss immer ein Techniktraining an.

In den folgenden Wochen sollte das *Warm-up* weniger werden, denn das Ziel bei Dynamik ist es, den Tauchreflex so weit trainiert zu haben, dass ein Maximalversuch ohne *Warm-up* im Wasser möglich ist, z. B. zunächst nach den Atemübungen:

- Ein *Warm-up* im Wasser: 45 s Statik, anschließend 25 m Strecke – 10 min Pause, dann Maximalversuch.

In den folgenden Wochen kann an Land eine *Warm-up*-Tabelle wie aus dem Statik-Trainingsplan gemacht werden :

- 2 min Pause.
- 1:15 min die Luft anhalten.
- 2 min Pause.
- 1:30 min Luft anhalten.
- 5 min Pause, dann Maximalversuch.

Irgendwann fällt das *Warm-up* weg und es werden vorher nur Atemübungen und Stretchings gemacht, um den Körper vorzubereiten.

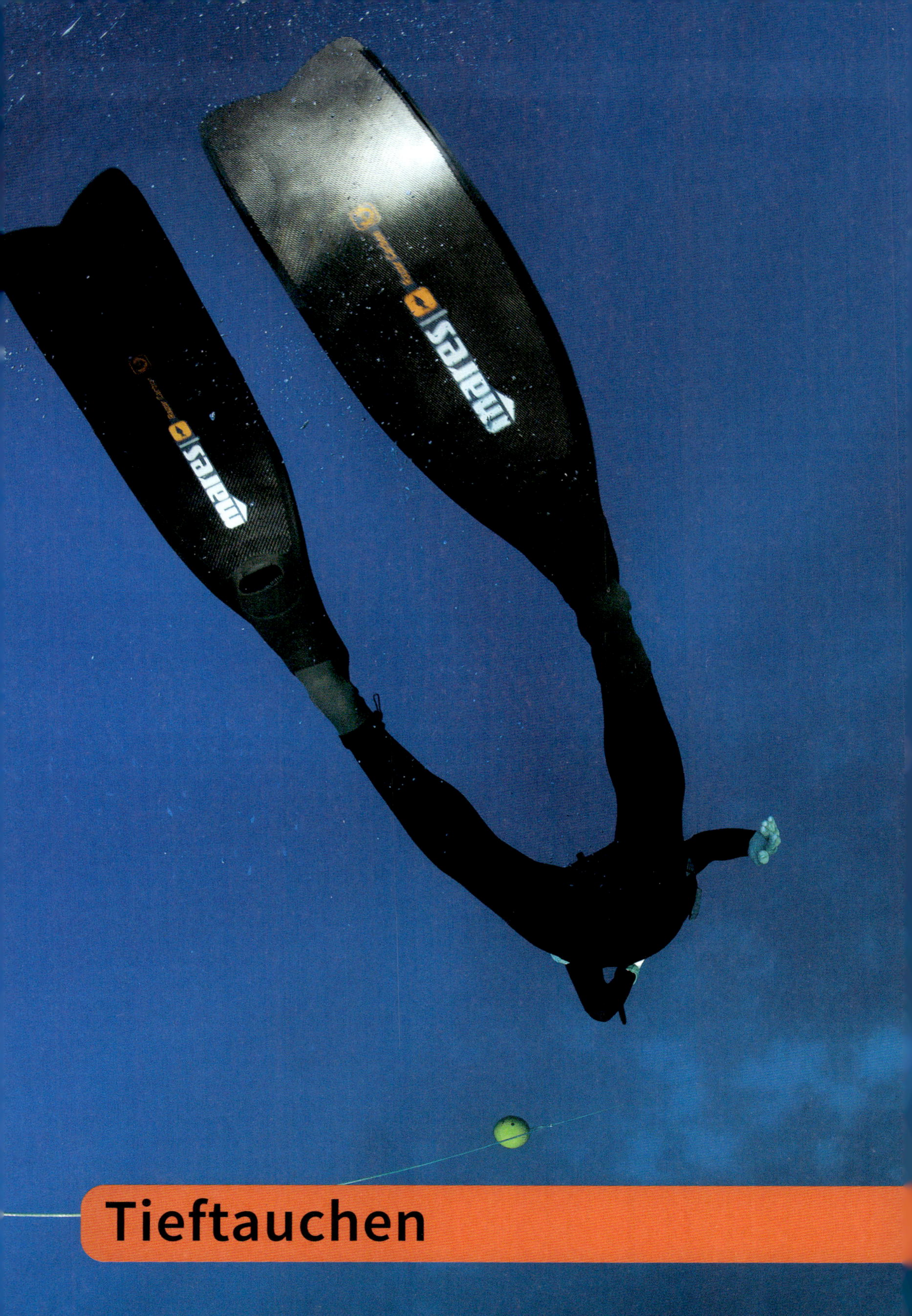

Tieftauchen

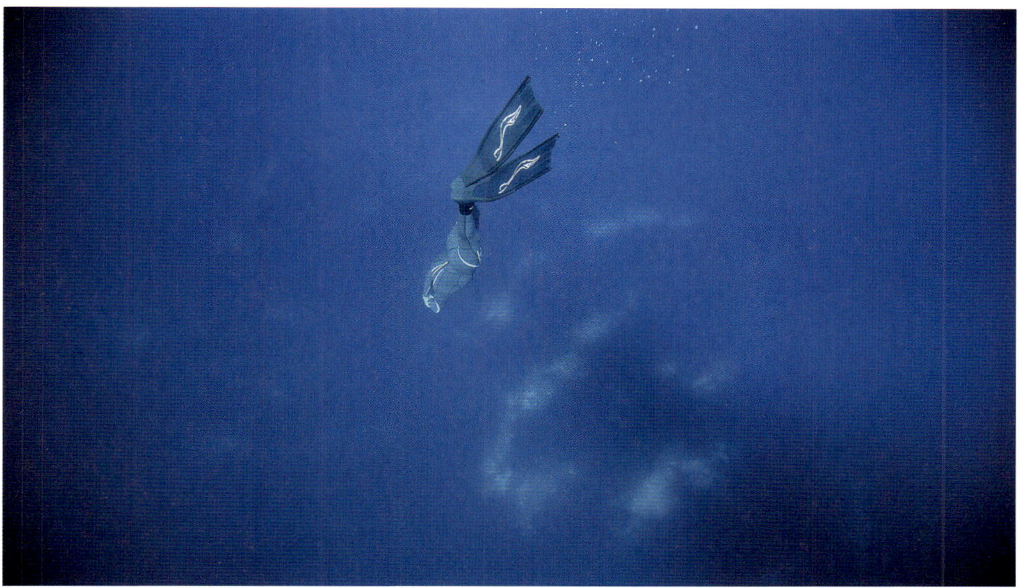

Equipment

Das Tieftauchen wird als Königsdisziplin des Freitauchens bezeichnet. Es verbindet alles, was diesen Sport ausmacht – Selbsterfahrung und Herausforderung. Und Tieftauchen ist auch die ursprünglichste und traditionellste Art des Tauchens. Wie tief kann man mit nur einem Atemzug tauchen, welche Techniken und welches Equipment unterstützen optimal dabei? Entdecken Sie diesen interessantesten Teil des Sportes, indem Sie der Faszination »Freier Fall« folgen und sich langsam in die Tiefe gleiten lassen, in eine Stille, in der Sie sich nur noch auf den Druckausgleich konzentrieren müssen, und das einzige Geräusch, das Sie hören, Ihr immer langsamer schlagendes Herz ist.

Außer dem bereits bekannten Equipment gibt es beim Tieftauchen einige wichtige Aspekte, die besseren Leistungen und einer erhöhten Sicherheit dienen.

Neopren

Beim Apnoetauchen in die Tiefe braucht man ein Neopren, das warm hält. Tatsächlich ist keine gute Leistung möglich, wenn man friert. Im Gegenteil – es ist sogar gefährlich. Kälte erzeugt Stress und macht den Körper unbeweglich, ein häufiger Grund für Druckverletzungen.

Anzüge gibt es in unterschiedlichen Stärken, wie z. B. 3 mm, 5 mm, 7 mm:

- Ein 7-mm-Anzug hat im Allgemeinen den Nachteil, dass er nicht mehr so flexibel ist.
- Mit einem 5-mm-Anzug (High Waist Pants oder Long John mit Weste) ist man auch für

Die Disziplinen des Tieftauchens:
CWT (Constant Weight): Mit Flossen oder Monoflosse mit demselben Gewicht nach unten und wieder nach oben.
CNF (Constant No Fin): Ohne Flossen mit demselben Gewicht nach unten und wieder nach oben.
FIM (Free Immersion): Hierbei ist es erlaubt in das Seil zu greifen. Man trägt dabei keine Flossen und zieht sich nur mithilfe der Armkraft am Seil entlang nach unten und nach oben.
NL (No Limits): Mit Ballast nach unten und mit Hebesack nach oben – jedoch keine Wettkampfdisziplin mehr.

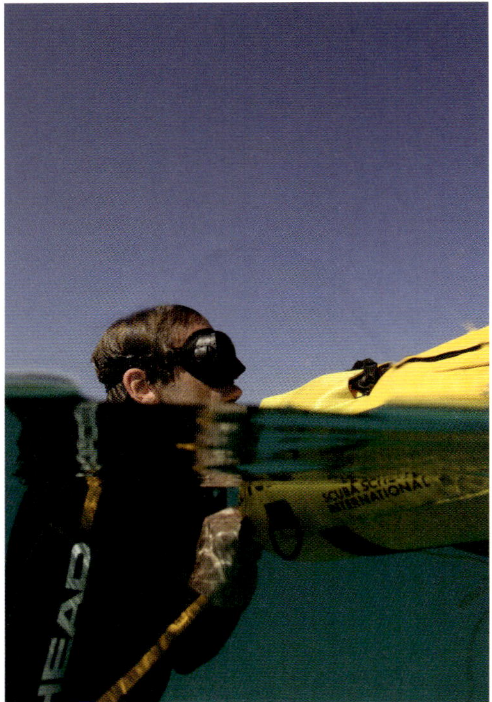

die kühleren Gewässer gut gerüstet. Wenn er offenzellig ist, hat das den Vorteil, dass er im Wasser wärmer und flexibler, also beweglicher ist.

- Ein 3-mm-Anzug ist im Allgemeinen ausreichend bei Temperaturen über 25 °C. Dabei spielt die individuelle Kälteempfindlichkeit eine entscheidende Rolle.

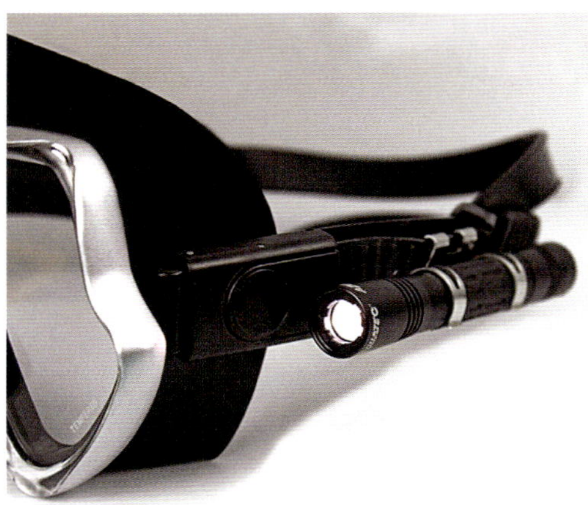

Der Anzug muss so gewählt werden, dass man eine Tauchsession von 90 min ohne Frieren überstehen kann. Natürlich gibt es auch Tauchsessions im Frühjahr und im Herbst, die mit demselben Anzug aufgrund der Temperatur etwas kürzer ausfallen können.

Maske

Wichtig ist ein kleines Innenvolumen. Je kleiner das Innenvolumen, umso weniger Luft muss man hineinblasen, wenn man in die Tiefe taucht. Tatsächlich gibt es große Unterschiede beim Maskenangebot. Doch wenn man mit nur einem Atemzug taucht, machen 100 ml Unterschied in der Tiefe einiges aus. Ansonsten gilt, was bereits im allgemeinen Teil besprochen wurde. Vor allem die nicht gespiegelten Gläser sind aus Sicherheitsgründen noch einmal besonders zu betonen.

Wissenswert: *Bei einem anstrengendem Tieftauchgang ziehen viele Apnoetaucher die sich ausdehnende Luft beim Aufstieg mithilfe der Nase wieder aus der Maske heraus. Die Ausatemluft enthält immer noch 17 % Sauerstoff und kann bedenkenlos inhaliert werden.*

Zubehör für die Maske

Gerade im See wird gerne mit einer Maskenlampe getaucht. Diese wird am Maskenband befestigt und ermöglicht es bei Dunkelheit, das Seil besser zu erkennen. Es handelt sich fast immer um eine LED-Lampe, die sehr klein ist (1,5–1,8 cm im Durchschnitt und maximal 10 cm lang – wie z. B. von Aquatec). Die Lampe wird eingeschalten, indem man sie zudreht. Freitaucher drehen sie nicht so weit zu, dass sie an der Oberfläche angeht, sondern nur so weit, dass sie sich erst durch den zunehmenden Wasserdruck einschaltet. Dadurch ist die Lampe nicht während der ganzen Tauchsession aktiv, sondern nur während der Minuten, die man tatsächlich mit Tauchen verbringt.

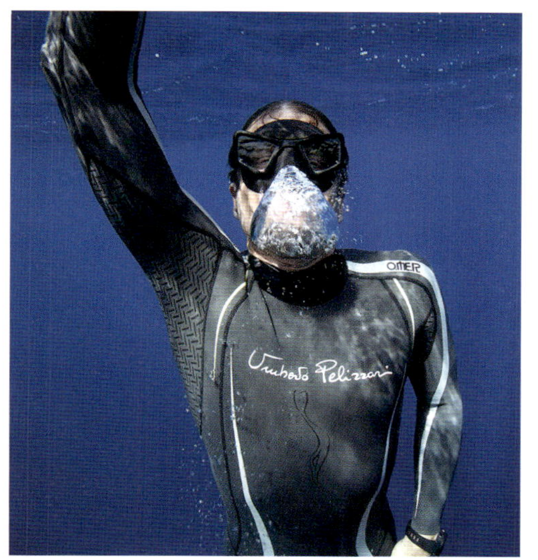

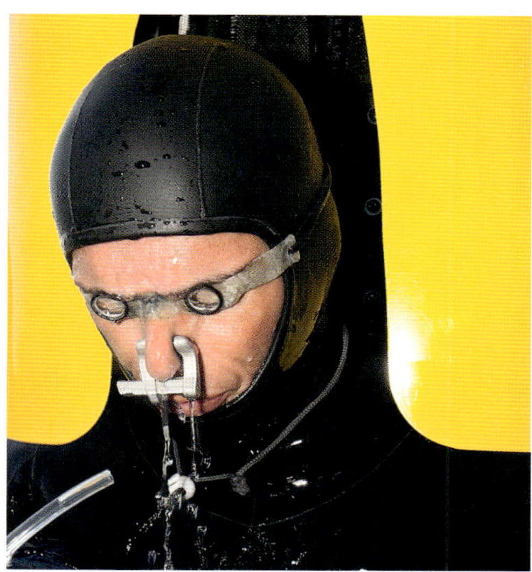

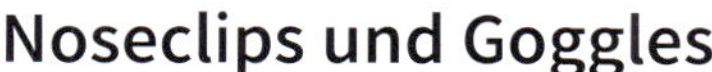

Noseclips und Goggles

In warmen Gewässern nutzen Freitaucher sehr häufig die Kombination aus Noseclip und Fluid Goggles. *Fluid Goggles* sind eine Art Schwimmbrille, die mit Wasser gefüllt ist. Die Gläser sind optisch und erlauben es trotz des Wassers einigermaßen sehen zu können. Das ist bei Weitem nicht so klar wie der Blick durch eine luftgefüllte Maske, hat aber eine Reihe von Vorteilen.

Beim Tieftauchen ist deshalb das Nutzen einer Nasenklammer zusammen mit den *Fluid Goggles* eine perfekte Kombination. Durch die *Fluid Goggles* muss man keinen Druckausgleich in der Maske machen, weil Wasser nicht komprimiert wird. Und eine gute Nasenklammer, wie von Trygons, Subgear oder Paradisia, ermöglicht es den Druckausgleich ohne Hand zu machen. Die Nasenklammer ersetzt die Finger, welche die Nase beim Druckausgleich zuhalten müssten. Auch die für den Tauchreflex wichtigen Bereiche um Augen und Stirn liegen komplett frei, was die positiven Effekte des Tauchreflexes verstärkt.

Einige Freitaucher verzichten komplett auf Maske oder *Fluid Goggles*. Gerade wenn es mehrere Meter nach unten geht, werden die Augen beim freien Fall ohnehin häufig geschlossen. *»Der Freitaucher schaut nach Innen«* und konzentriert sich auf einen entspannten Tauchgang, nimmt seinen Herzschlag wahr und führt den Druckausgleich im Ohr durch. Tauchen ohne Maske ist im kalten See eher unangenehm, doch es gibt auch hier hartgesottene Freitaucher, denen das kalte Wasser in der Stirn- und Augenregion nichts ausmacht.

Schnorchel

Gerade für die Entspannungsatmung vor einem Tauchgang ist ein Schnorchel sehr hilfreich. Wenn sich das Gesicht im Wasser befindet, um die ruhige und entspannte Bauchatmung zu praktizieren, kann man bereits die ersten Effek-

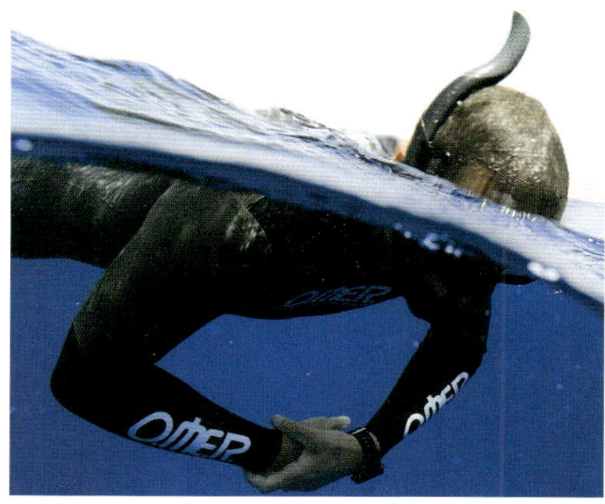

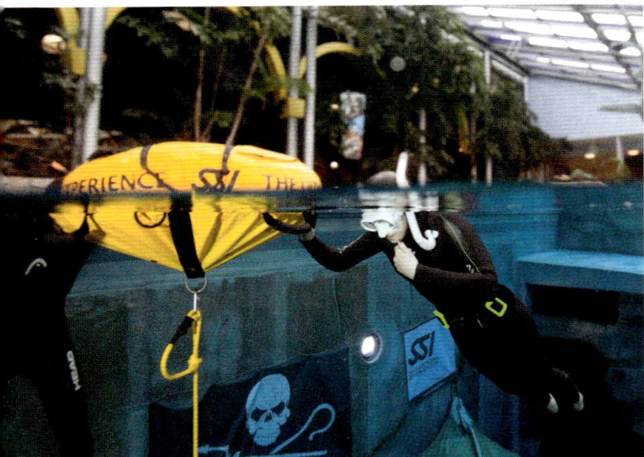

te des Tauchreflexes wahrnehmen. Das hat vor allem die Herabsetzung des Herzschlages zur Folge, was bedeutet, dass man den Tauchgang entspannt beginnen kann.

Auch zum Sichern ist der Schnorchel wichtig. Der Sicherheitstaucher beobachtet den Taucher mit dem Gesicht im Wasser so lange, wie er ihn sehen kann. Auch wenn die Sicht nur wenige Meter beträgt, kann er so vermeiden, vom Taucher überrascht zu werden, falls dieser wegen eines Druckausgleichproblems überraschend schnell wieder auftaucht. Auch flachere *Warm-up*-Tauchgänge kann der Tauchpartner entspannt mit dem Schnorchel im Mund von der Oberfläche aus verfolgen. Ansonsten gelten auch hier die Eigenschaften, die im allgemeinen Teil bereits beschrieben wurden.

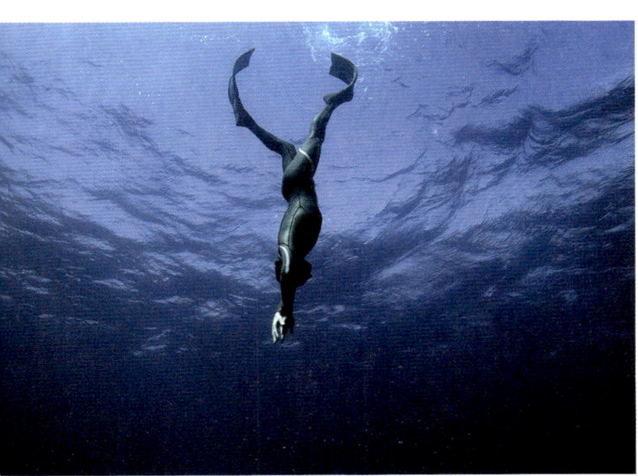

Besonders wichtig und hervorzuheben ist, dass der Schnorchel vor dem Abtauchen aus dem Mund genommen werden muss. Im Falle eines anstrengenden Tauchgangs ist sonst die Gefahr gegeben, dass der Taucher nach dem Auftauchen mit dem Ausblasen des Schnorchels und dem anschließenden Atmen gegen den Totraum überfordert ist.

Im schlimmsten Fall folgt ein verzögerter *Blackout*. Oder es besteht die Gefahr, dass der Taucher an der Oberfläche das im Schnorchel befindliche Wasser einatmet. Und wenn sich ein hypoxischer Freitaucher bei einem *Blackout* verkrampft, bekommt man den Schnorchel nur noch sehr schwer aus dem Mund, was kritisch ist, falls beatmet werden muss.

Der Schnorchel wird normalerweise unter das Maskenband geklemmt und nicht mit dem Schnorchelhalter befestigt. Der Grund ist, dass bei der relativ hohen Ab- und Auftstiegsgeschwindigkeit der Schnorchel störend hin und her flattern würde oder sich die Dichtlippe der Maske zeitweise öffnen würde und so Wasser eindringen könnte. Manche Apnoetaucher stört der Schnorchel aber auch auf dem Weg nach unten, daher werfen sie ihn vor dem Abtauchen in die Boje oder geben ihn ihrem Tauchpartner.

***Praktisch:** Wenn man einen Auftriebskörper, wie z. B. ein Stück Neopren, am Kopf des Schnorchels befestigt, geht der Schnorchel nicht unter, wenn er mal ins Wasser fallen sollte, und kann so schneller wieder gefunden werden. Vorsicht bei Strömungen – hier kann es trotz Auftriebskörper schwer sein, den Schnorchel wieder zu finden.*

Flossen

Die Flossen erfüllen grundsätzlich denselben-Zweck wie beim Streckentauchen: Mit möglichst wenig Aufwand will man möglichst weit kommen. Doch beim Tieftauchen hat man ein zusätzliches Anforderungsprofil an die Flossen. Während man beim Streckentauchen eine gleichmäßige Arbeit und Geschwindigkeit hat, setzt man beim Tieftauchen die Flosse insbesondere dann ein, wenn man entweder den Auftrieb oder den Abtrieb überwinden muss. Zu Beginn des Tauchgangs hat man Auftrieb und muss kräftig arbeiten, um mithilfe des *Duck dives* den Tauchgang zu beginnen. Nach der Wende hat man Abtrieb und muss arbeiten, um nach oben zu kommen. Daher sollten die Flossen beim Tieftauchen tendenziell etwas härter sein. In der Praxis werden allerdings meistens dieselben Flossen wie beim Streckentauchen verwendet. Man darf auch nicht außer Acht lassen, dass sehr harte Flossen eine Tauchsession, die aus *Warm-ups* und Sicherungstauchgängen besteht, sehr anstrengend machen. Und trotzdem gilt die Aussage, dass keine zu weichen Flossen für das Tieftauchen verwendet werden sollten.

Blei

Ähnlich wie beim Streckentauchen wird auch beim Tieftauchen Halsblei verwendet. Mit dem Halsblei hat man einen besseren Schwerpunkt beim freien Fall. Wenn man mit dem Kopf nach unten taucht, erleichtert das Halsblei eine senkrechte Position. Gerade beim freien Fall ist es sehr wichtig, dass der Körper gleichmäßig nach unten gleitet, die Beine auf dem Weg nach unten nicht Übergewicht bekommen und man irgendwann eine waagerechte Position einnimmt.

Doch es ist unangenehm, wenn das Halsblei zu schwer ist. Dann drückt es zu sehr auf das Kinn und man muss Gegendruck erzeugen, was wiederum Energie kostet. Daher sollten nicht mehr als 2,5 kg auf den Hals gepackt und der Rest mit einem flexiblen Gummigurt auf der Hüfte getragen werden. Beim Tieftauchen hat man keine waagerechte Position, daher sollte das Blei in möglichst kleinen hydrodynamischen Teilen gleichmäßig verteilt werden.

Beim Tieftauchen wird gelegentlich auch das Rucksackblei von Speerfischern benutzt. Dieses Blei hat allerdings den Nachteil, dass es nicht ausschließlich für senkrechtes Tauchen gedacht ist. Es ist zwar angenehm zu tragen, doch die bestmögliche Position erreicht man mit Halsblei in Kombination mit dem Hüftgurt.

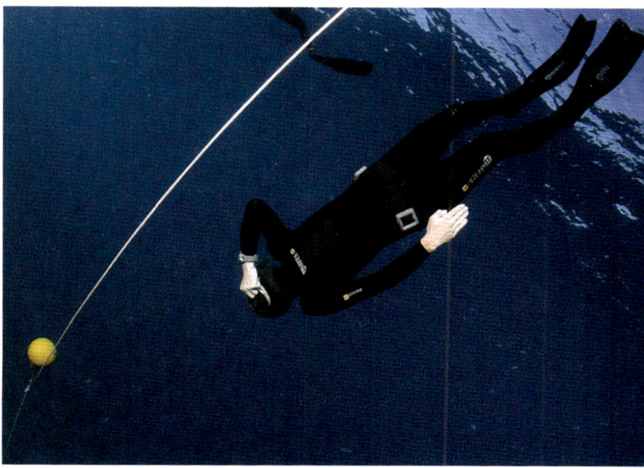

Darüber hinaus ist Rucksackblei im Notfall nicht so schnell abwerfbar.

Tarierungskontrolle beim Tieftauchen: Nach dem Einsteigen zieht man die Flossen an und begibt sich in einen Bereich, wo das Wasser bis zur Brust reicht. Dann zieht man bei normal angehaltenem Atem die Beine an und treibt. Mit dem Ausatmen sollte man nicht weiter als bis zur Stirn einsinken. Das vermittelt eine grobe Idee von der richtigen Bleimenge, wie sie von Beginnern getragen werden sollte. Normalerweise ist man dann im Bereich von ca. 10–12 m neutral tariert. Die Feinabstimmung sollte während des Tauchgangs gemacht werden. Wir besprechen das beim Thema »freier Fall« genauer.

Computer

Der Computer ist beim Tieftauchen extrem wichtig. Er berechnet die Tiefe unter Berücksichtigung einer schnellen Abtastrate. Hier geht es nicht darum, dass er die Tauchzeit im Gegensatz zu einem klassischen Deko-Computer nicht in Minuten, sondern in Sekunden anzeigt. Wichtig ist, dass er mehrmals pro Sekunde misst, um einen sehr genauen Wert zu ermitteln. Bei Tauchgeschwindigkeiten von über 1 m/s ist das unabdingbar.

Man hat beim Tieftauchen sehr wenig visuelle Referenzen. Beim Streckentauchen hat man die Kacheln und die Wenden, beim Zeittauchen hat man den Coach, der vermitteln kann, wo man

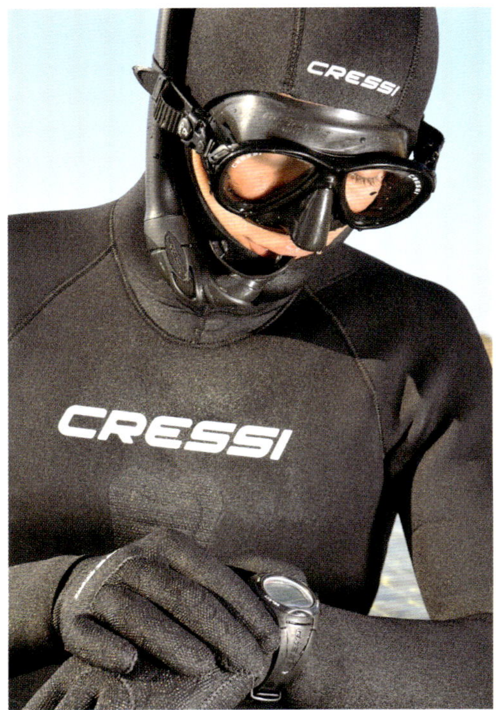

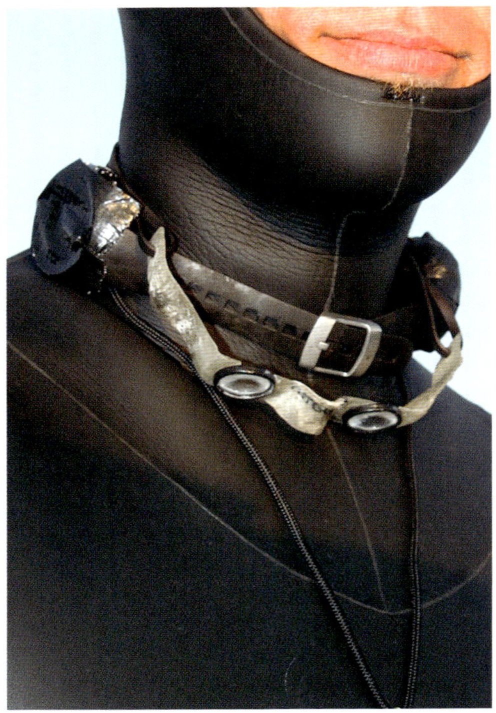

sich gerade zeitlich befindet. Beim Tieftauchen würde der Tauchgang ganz empfindlich gestört, wenn man stoppt, den Knopf für die Beleuchtung sucht, drückt, und im Schummerlicht versuchen müsste, die Tiefe abzulesen. Außerdem versuchen die Anzughersteller, ein gleitfähiges Material, die Flossenhersteller Fußteile mit geringem Wasserwiderstand zu bauen. Wir sollten beim freien Fall so ausgetrimmt sein, dass wir senkrecht fallen, um hydrodynamischer zu sein. Daher macht es wenig Sinn, einen Tauchcomputer ablesen zu wollen.

Deshalb sind bei einem Tauchcomputer akustische Alarmfunktionen für Tiefenintervalle besonders wichtig. Leider kann die Lautstärke aus technischen Gründen nicht variiert werden, was den Nachteil hat, dass Freitaucher den Alarm oftmals nicht hören.

Daher wird der Armbandcomputer häufig nicht am Arm getragen, sondern am Kopf befestigt, entweder in der Kopfhaube oder am Maskenband, meistens aber am Halsblei. Das Ablesen erübrigt sich. Optimal wäre ein Armbandcomputer, der auf der Haut getragen wird und über einen Vibrationsalarm verfügt.

Ideal sind mehrere Tiefenintervalle, die zum Beispiel daran erinnern, wann man mit Flossenschlagen aufhören kann, wann man den *Mouthfill* machen muss und wie lange es noch dauert, bis man seine Zieltiefe erreicht hat. Hilfreich sind auch akustische Signale für Oberflächenintervalle, gerade wenn die Uhr am Halsblei befestigt ist. Der Computer misst dann die Oberflächenpause und gibt ein Signal, wenn die Erholungspause abgeschlossen ist.

Bei manchen Apnoecomputern ist es möglich eine Warnung zu aktivieren, wenn man zu schnell oder zu langsam fällt oder nach oben taucht. Jedoch geht die Idee vom freien Tauchen irgendwann verloren, wenn es ständig irgendwo piepst. Den Computer an den PC anzuschließen ist ein nützliches Trainingstool. So kann man analysieren, ob man einen gleichmäßigen Tauchgang gemacht hat, und wie viele Meter pro Sekunde man beim Auf- oder Abstieg zurückgelegt hat.

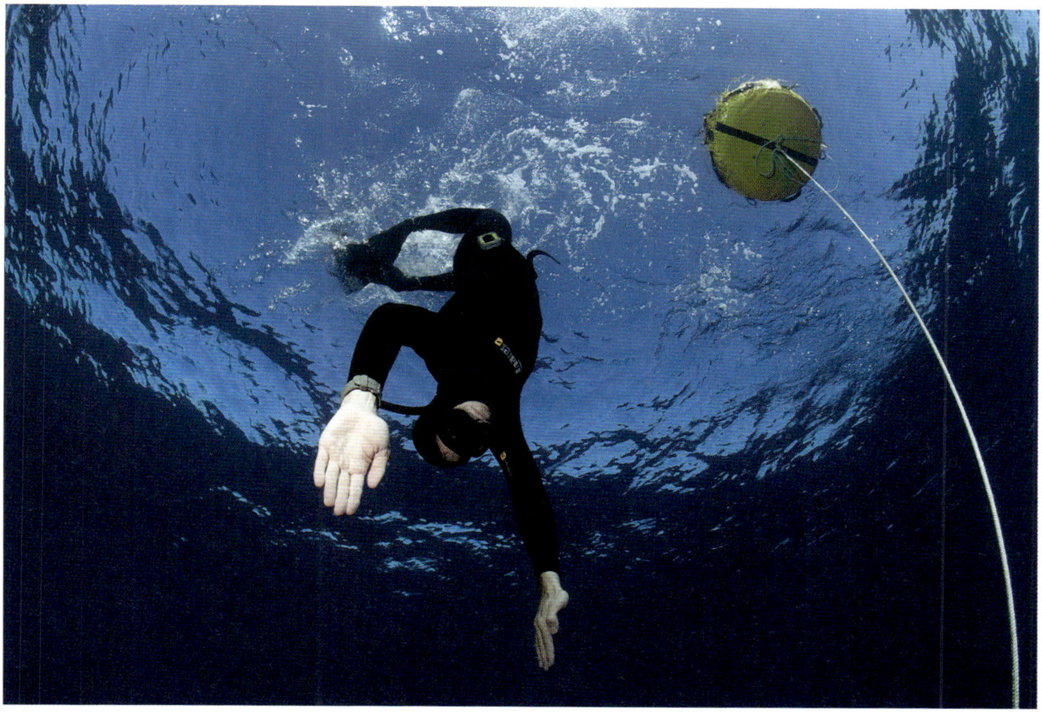

Ausrüstung am Tauchplatz

Das gesamte Set-up beim Freitauchen besteht aus Boje, Seil, Grundplatte, Grundgewicht und einem Signal, wie einem Blinklicht. Die Boje ist der Mittelpunkt des Tieftauchtrainings. Wie an einem Tisch kommt man dort zusammen und bespricht sich, sofern das nicht schon an Land geschehen ist. Die Boje ist in erster Linie zur Sicherheit der Freitaucher da und ermöglicht es, sich direkt nach dem Auftauchen aufzustützen, um seine Erholungsatmung durchzuführen.

Boje

Es gibt eine Reihe von Bojen, die beim Freitauchen verwendet werden, wie z. B. die Torpedo-Boje. Dabei handelt es sich um einen kleinen Auftriebskörper, der insbesondere beim Speerfischen sowohl zur Erholung als auch als Signal genutzt wird, dass hier jemand taucht. Der Nachteil ist, dass diese Boje zu klein ist, um ein schweres Grundgewicht und einen Taucher zu halten. Verliert die Boje Luft, ist sie mitsamt Gewicht und Grundplatte auch sehr schnell gesunken. Eine andere Boje ist die Rollboje. Sie wurde früher häufiger verwendet. Dabei wird das Seil um diese Boje gerollt und die Tiefe kann sehr einfach variiert werden. Der Nachteil bei dieser Boje ist, dass man keine Möglichkeit hat, Ausrüstung oder etwas zu trinken darin oder daran zu befestigen. Auch fehlen Haltegriffe, um sich zu erholen.

Die praktischste Boje ist die Rundboje, an deren Unterseite mit einem

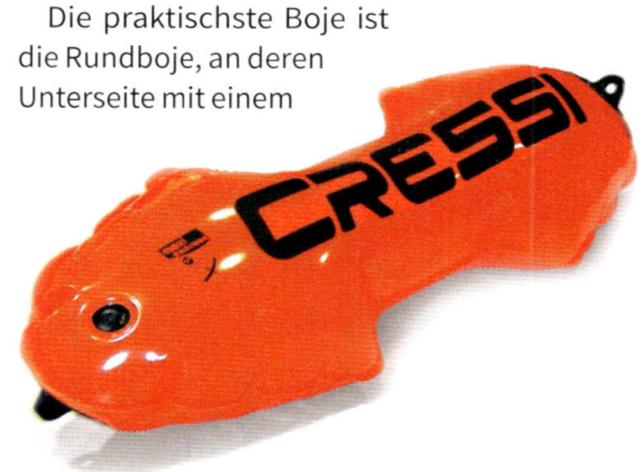

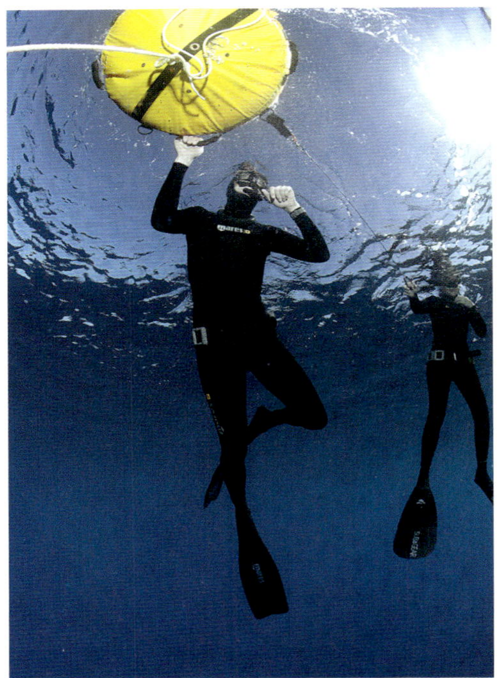

Karabiner das Seil befestigt wird und in deren Innerem Reserveblei, Handschuhe, Kamera, Wasser etc. verstaut werden können. Außen verfügt die Boje sowohl über Haltegriffe als auch über D-Ringe zum Befestigen von Equipment. In ihrem Inneren befindet sich meistens der Schlauch eines Autoreifens, der ausreichend Auftrieb bei zum Teil sehr schwerem Grundgewicht ermöglicht. An der Oberseite befindet sich meistens ein Reißverschluss, sodass das restliche Seil und die Ausrüstungsgegenstände in der Boje sicher verschlossen werden können.

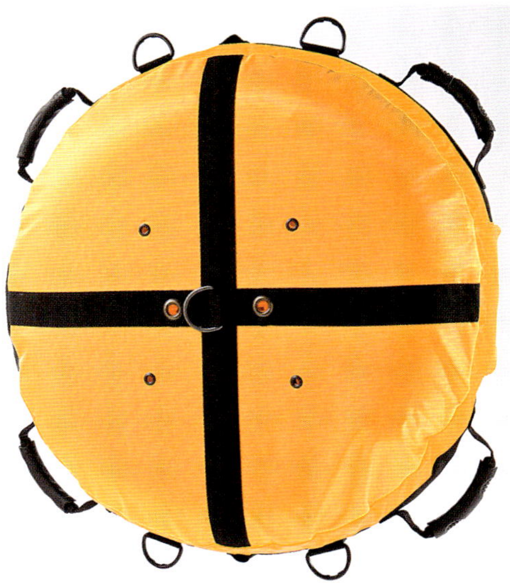

Seil

Das Seil sollte ausreichend dick sein. Es gibt große Unterschiede. Seile mit nur 6 mm Durchmesser können bereits für das Freitauchen verwendet werden. Dickere Seile von 10–12 mm bieten den Vorteil, dass sie auch für die Disziplin *Free Immersion* besser geeignet sind. Bei *Free Immersion* zieht sich der Taucher am Seil nach unten und nach oben. Ein dickeres Seil bedeutet mehr Griffigkeit.

Das Seil muss zwar nicht schwimmen können, sollte aber eine gut zu erkennende Farbe aufweisen. Weiß oder gelb sind hierbei besonders gut geeignet. Ein dickeres Seil hat allerdings den Nachteil, dass es mehr Platz in der Boje braucht.

Eine besonders anspruchsvolle Aufgabe ist das Vermessen und Markieren des Seils. Ideal ist, wenn das Seil gesonderte Markierungen alle 10 m und alle 5 m hat. Die Markierung kann zum Beispiel mit einem wasserfesten Filzstift erfolgen oder mit einem extrem dünn aufgetragenen Tape. Achtung: Die Markierung darf keinen Widerstand für die *Lanyard* darstellen.

Wer das Seil auf dem Boden auslegt und mit einem Maßband misst und markiert, wird im Wasser einen großen Unterschied bemerken. Das Seil dehnt sich durch die Feuchtigkeit und das darunter hängende Grundgewicht zum Teil sehr stark aus. Deshalb werden bei Tieftauchwettkämpfen die Seile nur von den Schiedsrichtern markiert und vorbereitet. Dabei wird das Seil lange ins Wasser gelegt und anschließend mit dem vorgesehen Grundgewicht über einen Balken gehängt und an der anderen Seite festgebunden. Wenn das Seil jetzt markiert wird, erhält man ein sehr genaues Ergebnis.

Grundgewichte und -platte

Das Grundgewicht wird der gewünschten Disziplin angepasst. Wenn das Seil also beim Abtauchen lediglich zur Orientierung dient und es keine Strömung gibt, kann das Gewicht gering sein. Sobald man sich aber im Verlauf der Tauchsession am Seil entlang nach unten ziehen muss, braucht man erheblich mehr Gewicht. Für *Free Immersion* sind Gewichte von bis zu 8 kg keine Seltenheit. Man darf allerdings nicht vergessen, dass man das Gewicht am Schluss auch wieder nach oben ziehen muss. Normalerweise ist das ein Fall für zwei: Einer zieht, der andere wickelt das Seil auf.

Das Grundgewicht wird am Ende des Seils mit einem Knoten befestigt. Darüber befindet sich die Grundplatte. Diese ist hell und gut zu erkennen. Meistens befindet sich ca. 2 m vor der Grundplatte ein Tennisball, der die Lanyard stoppt. Das hat den Vorteil, dass, wenn in Grundnähe getaucht wird, niemand Gefahr läuft, mit dem Kopf in den Boden zu tauchen, da der Tennisball den Abstieg rechtzeitig stoppt. Beim Tauchen mit eingeschränkter Sicht wird am Ende des Seils oftmals ein Blinklicht montiert, sodass die Platte besser zu erkennen ist.

Oft bilden Grundplatte und Grundgewicht eine Einheit. Das heißt, die Grundplatte ist so schwer, dass man kein Gewicht mehr braucht. Das Seil läuft durch die Platte und an der Unterseite wird der Knoten gesetzt. So kann sich die Lanyard nirgends verfangen.

Lanyard

Die *Lanyard* sollte bei tieferen Tauchgängen und bei eingeschränkter Sicht getragen werden. Sie sollte folgende Eigenschaften haben:

- Sie verfügt über einen Karabiner, der am Seil befestigt werden kann. Die meisten Freitaucher bevorzugen einen Karabiner, der leicht sinkt und auf dem Weg nach unten vorneweg gleitet.
- Die Länge ist wichtig – laut AIDA-Reglement darf sie bei Wettkämpfen (Stand 2014) nicht kürzer als 30 cm und nicht länger als 150 cm sein und darf nicht mehr als 500 g wiegen.
- Das Material muss so gewählt werden, dass es keine Knoten am Führungsseil verursacht, und sollte darüber hinaus starr sein.
- Die *Lanyard* wird mithilfe eines Armbands (Klettverschluss) am Handgelenk befestigt. Wenn die Hände beim Tauchen benutzt werden, wie z. B. beim Konstanten Gewicht ohne Flossen oder *Free Immersion*, wird die Lanyard auch gelegentlich am Bein befestigt.
- Die *Lanyard* verfügt über einen Schnellverschluss, der es ermöglicht, sich im Falle eines Verhedderns schnell zu befreien.

Die *Lanyard* ist bei Tieftauchwettkämpfen vorgeschrieben. Im Falle eines *Blackouts* kann der Taucher, wenn er für den Sicherungs-Apnoetaucher nicht erreichbar ist, mithilfe eines Gegengewichtes nach oben gebracht werden. Dabei wird das komplette System (Grundplatte, Seil und Gewicht) nach oben gezogen, entweder durch ein Gegengewicht, welches auf der anderen Seite nach unten zieht, oder mithilfe einer Seilwinde. Die Zeiten, in denen Gerätetaucher als Sicherungstaucher dienten, sind vorbei.

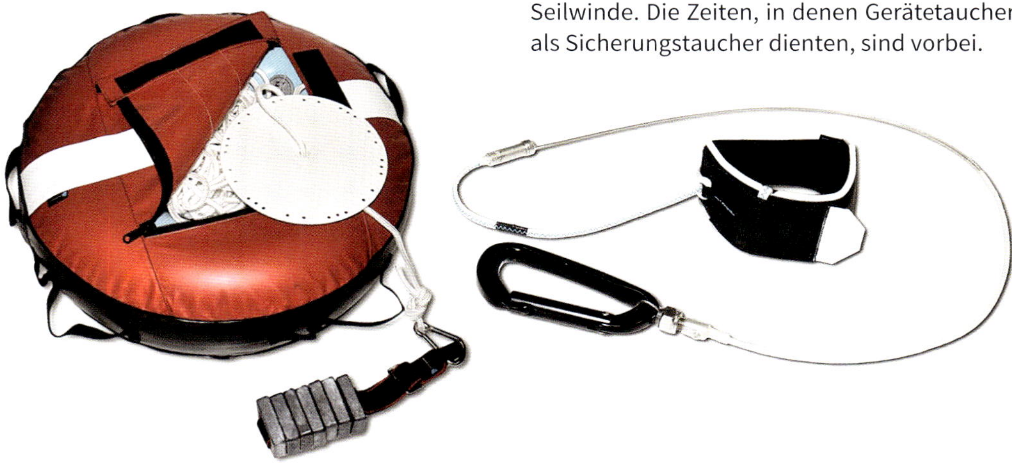

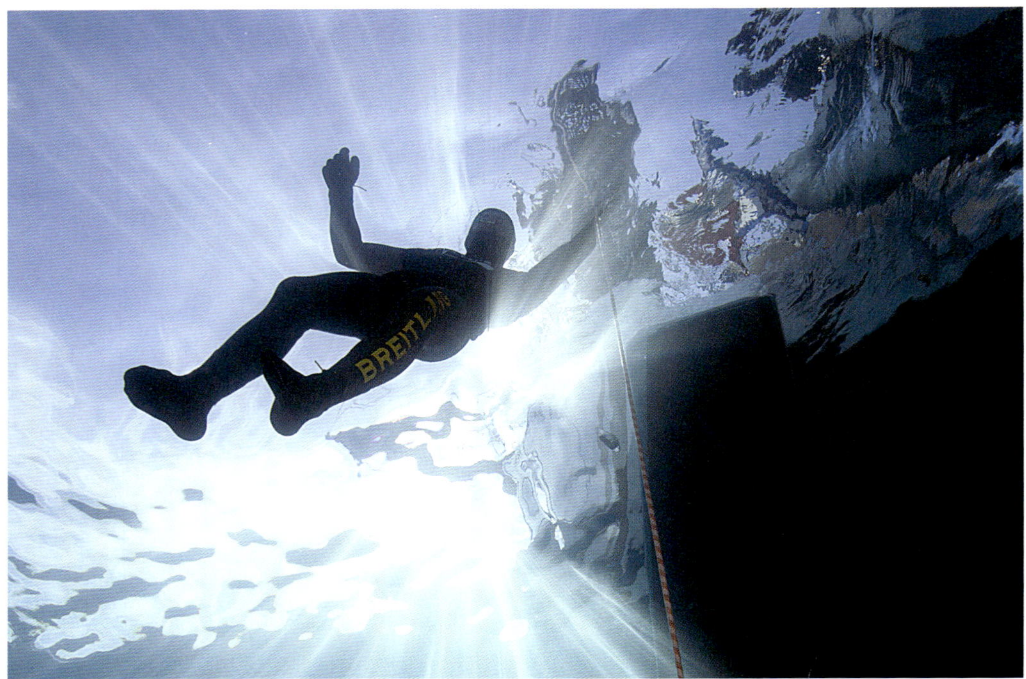

Atmen, Stretching und Warm-up

Wieder kombiniert man einige Übungen, die zum einen den Körper optimal mit Sauerstoff versorgen und zum anderen den Puls senken. Doch ein Schwerpunkt liegt dabei in der Vorbereitung des Brustkorbes und der Lunge auf die Tiefe. Ein ausgeprägtes Stretching von Lunge und Brustkorb ist beim Tieftauchen besonders wichtig. *Warm-up*-Tauchgänge zum Wecken des Tauchreflexes und Entspannungsübungen beugen Druckverletzungen der Lunge vor.

Nachdem man die für die jeweilige Tieftauchdisziplin genutzte Muskulatur gedehnt hat, konzentriert man sich auf das Stretching der Zwischenrippenmuskulatur und des Zwerchfells. Die dafür bevorzugten Übungen sind weiterhin der Unterdruckverschluss (*Uddiyana Bandha*) und die Aufladeübung, die man nun etwas variiert und ergänzt. Da man nun sowohl mit voller Lunge als auch ausgeatmet stretcht, wird man die folgenden Übungen im Sitzen beginnen, da sie zu Schwindelgefühlen führen können. Wenn nicht anders beschrieben, handelt es sich bei einer Einatmung immer um eine Vollatmung.

Zwischenrippenmuskulatur

- Man setzt sich in den Schneider-, Fersen- oder Lotussitz.
- Man atmet langsam ein und führt wie bei der Aufladeübung die Arme seitlich nach oben.
- Die Arme dehnen nach oben, der Blick richtet sich nach vorn.
- Der Brustkorb wird lang.
- Voll eingeatmet streckt man sich zuerst nach links und dann nach rechts, der Atem bleibt angehalten.
- Mit der Ausatmung (doppelt so lange wie die Einatmung) lässt man die Hände wieder nach unten gleiten.
- Man schließt die Augen, wartet noch einen Moment mit dem Einatmen und fühlt die Ruhe und Leere, die sich in einem ausdehnt.
- Man wiederholt diese Übung vier bis sechs Mal.

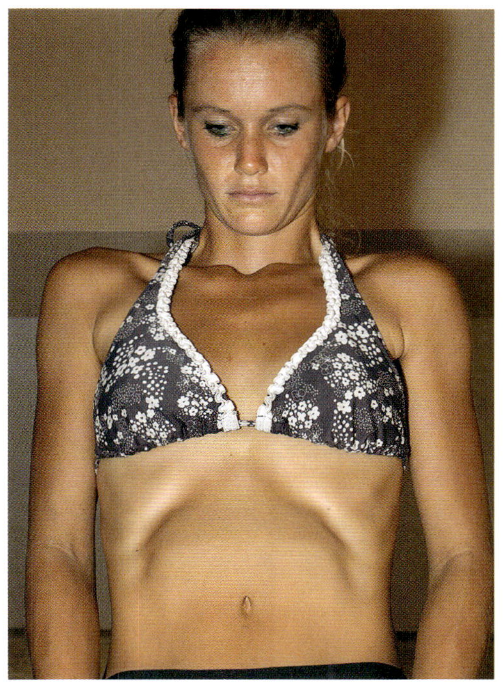

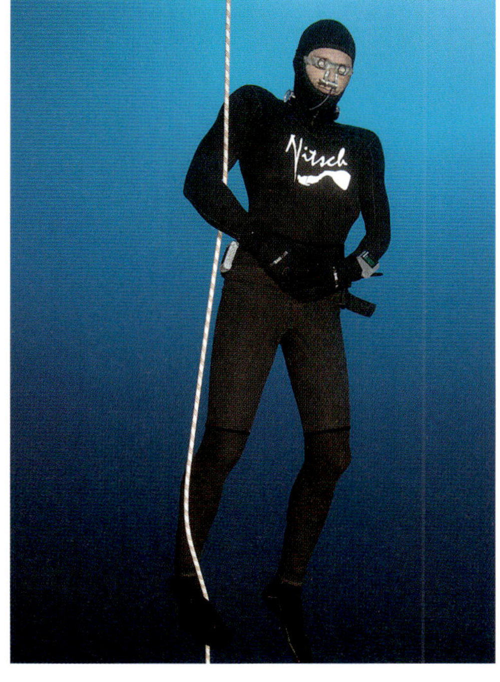

Zwerchfell

- Man beginnt in der gleichen Sitzposition.
- Mit einer langsamen Ausatmung greifen die Hände langsam nach vorn, bis die Stirn auf der Matte liegt und die Arme über dem Kopf ausgestreckt nach vorn weisen.
- Man zieht die Bauchdecke ein, zieht das Zwerchfell nach oben und richtet Stück für Stück seinen Oberkörper wieder auf, die Bauchdecke bleibt eingezogen, der Atem angehalten.
- Zurück in der Ausgangsposition hält man diese »vakuumisierte« Haltung noch einen Moment.
- Dann löst man die Glottis und atmet langsam wieder ein.
- Bevor man die Übung einige Male wiederholt, atmet man entspannt ein paar Mal ein und aus.

Gerade die ausgeatmeten Übungen mit Fokus Zwerchfell sind extrem wichtig. Natürlich geht es bei der Atmung für die Zwischenrippenmuskulatur wieder darum, möglichst viel frische Luft aufzunehmen, aber das Augenmerk liegt in den ausgeatmeten Momenten, denn diese simulieren die Situation in der Tiefe und bereiten den Brustkorb optimal darauf vor.

Richtiges Warm-up

Während bei den Disziplinen Streckentauchen oder Zeittauchen versucht wird, so wenig *Warm-up* wie möglich zu machen, gilt beim Tieftauchen, dass man sich durch ein ausgiebiges Stretching und *Warm-up*-Tauchgänge vor Verletzungen, insbesondere der Lunge, schützt. Daher folgt nach dem Lungen- und Brustkorb-Stretching das Dehnen der für die jeweilige Tauchdisziplin wichtigen Muskulatur und dann das Eintauchen. Das *Warm-up* kann tabellenartig beginnen. Zum Beispiel bei einem Zieltauchgang von 30 m beginnt man zunächst mit einem Tauchgang auf 10 m, nach einer entsprechenden Oberflächenpause folgt ein Tauchgang auf 15 m. Danach ein letzter *Warm-up*-Tauchgang auf 15–20 m. Doch zu den klassischen *Warm-ups* gibt es auch einige effektivere Alternativen.

FRC-Warm-up
(siehe auch S. 109)
Functional Residual Capacity – übersetzt funktionelles Residualvolumen – bezeichnet die unter Freedivern häufig verwendete Maßeinheit einer passiv gefüllten Lunge. Das entspricht der Menge an Luft, die man nach einer normalen Ausatmung immer noch in seiner Lunge hat.

Indem man passiv ausgeatmet taucht, simuliert man in flachem Wasser größere Tauchtiefen. Das ist vor allem in Regionen, in denen ab einer bestimmten Tiefe Sprungschichten vorhanden sind und das Wasser sehr kalt wird, eine tolle Sache. Denn man kann in dem warmen Wasser sein *Warm-up* machen und ist für den Maximaltauchgang noch nicht ausgekühlt.

Flachere Tauchgänge haben außerdem den Vorteil, dass die Muskulatur geschont wird. Sehr häufig werden die *FRC-Warm-up*-Tauchgänge auch in der Disziplin *Free Immersion* gemacht. Denn dabei werden vor allem die Arme beansprucht, die bei den vielleicht folgenden *Constant-Weight*-Tauchgängen nicht mehr benötigt werden.

Der *Free-Immersion*-FRC-Tauchgang als *Warm-up* wird oft mit dem Kopf nach oben gemacht. Dabei schont man nicht nur die Beinmuskulatur, sondern auch die Ohren, denn der Druckausgleich ist mit dem Kopf nach oben erheblich einfacher.

FRC-Tauchgänge triggern den Tauchreflex sehr viel schneller, sind also ideal, um die benötigten Reflexe des Körpers zu wecken und den *Bloodshift* zu initiieren. Diese Umverlegung des Blutes, begünstigt durch die Verengung der Blutzufuhr zu den Extremitäten, führt dazu, dass die Blutgefäße über den Alveolen anschwellen und den Platz der sich komprimierenden Luft einnehmen. Sie ist dafür verantwortlich, dass unsere Lunge bei tiefen Tauchgängen nicht verletzt wird.

Bei FRC-Tauchgängen muss darauf geachtet werden, dass auch in den geringeren Tiefen gut gesichert wird. Ausgeatmete Taucher haben ab wenigen Metern Abtrieb und sollten nicht unbeaufsichtigt tauchen. Das Anlegen einer *Lanyard* wird empfohlen.

Tauchgang

Beim Apnoe- oder Freitauchen gibt es mehrere Phasen, die ein Freitaucher während eines Tauchgangs durchläuft bzw. -taucht. Es gibt den Beginn, der ihm helfen soll die Phase des positiven Auftriebs mit möglichst wenig Aufwand zu überwinden. Es folgt der neutrale Punkt, der die Tiefe markiert, in der der Taucher absolut neutral tariert ist. Wenn er den Punkt des neutralen Auftriebs überwunden hat, beginnt der Bereich des negativen Auftriebs, also der Bereich von wo aus sich der Taucher entspannt mithilfe des freien Falls nach unten gleiten lässt.

Die Wende markiert den Punkt, von dem aus der Taucher seinen Aufstieg einleitet und gegen den negativen Auftrieb (= den Abtrieb) arbeiten muss, bis er wieder den neutralen Punkt überwunden hat. Nun kann er den Flossenschlag einstellen, um wiederum Energie und damit auch Sauerstoff zu sparen. Das Ende des Tauchgangs ist dabei ebenso wichtig wie der Anfang, denn hier geht es darum, wie man seinen Körper schnell wieder mit Sauerstoff versorgen kann.

Beginn mit dem Duck dive

Eine beliebte Art den Tauchgang zu beginnen ist die Schnorchelatmung mit dem Gesicht im Wasser. Dadurch werden die Rezeptoren, die im Gesicht für den Tauchreflex vorhanden sind, angesprochen, was sehr schnell zu einer Herabsetzung des Herzschlages führt. Wenn zu viel Wellengang herrscht, sollte man die ruhige Bauchatmung in einer eher senkrechten Position an der Boje durchführen. Es geht darum, einen Tauchgang mit möglichst niedrigem Puls so entspannt wie möglich zu starten. Wenn die Wellen laufend Wasser in den Schnorchel bringen, wird man sich nicht wirklich entspannen können.

- Man beginnt den *Duck dive*, indem man sich mit der Hand an der Boje festhält.

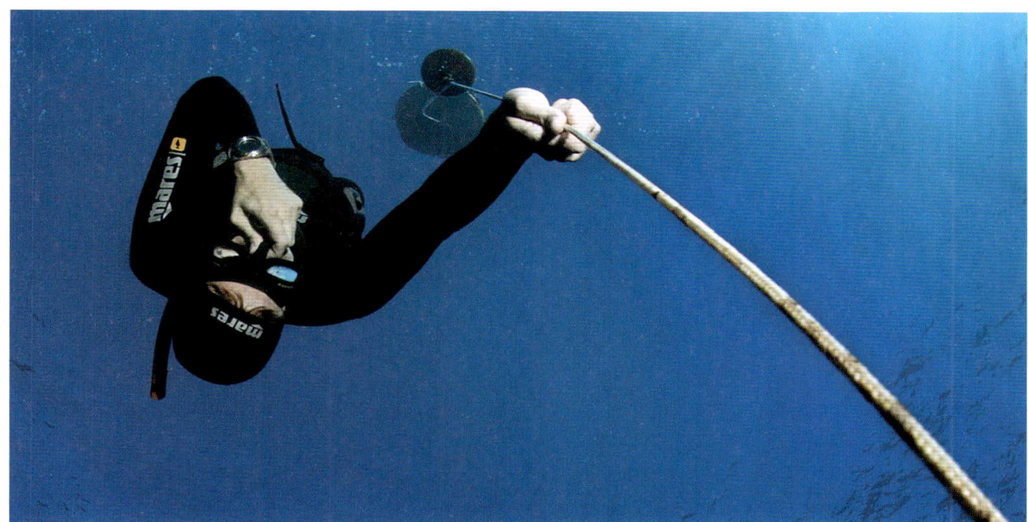

- Man nimmt seine letzten drei bis vier Vollatmungen.
- Man nimmt den Schnorchel aus dem Mund.
- Man macht seinen ersten Druckausgleich bereits an der Oberfläche.
- Man nimmt mit einem Flossenschlag etwas Schwung und führt die Arme nach vorn. Sie stehen nun im Winkel von 90° vom Körper ab und zeigen, wohin man tauchen möchte.
- Man zieht die Beine senkrecht aus dem Wasser.
- Man beginnt mit einem Schlüsselloch-Armschwung.
- Sobald der Armschwung gemacht wurde, geschehen zwei Dinge gleichzeitig:
  1. Die Hand geht zum Druckausgleich.
  2. Die ins Wasser gleitenden Flossen beginnen mit dem Kraulbeinschlag.

Körperhaltung (Kopf auf die Brust), Kraulbeinschlag und Armschwung, all das ist bereits aus dem Kapitel Dynamik bekannt. Neu ist aber der Druckausgleich, mit dem wir uns später noch sehr ausführlich beschäftigen. Zum jetzigen Zeitpunkt ist nur wichtig zu wissen, dass die Ohren vorbereitet werden. Das heißt, man führt tatsächlich den ersten Druckausgleich bereits an der Oberfläche durch. Da man auf den kommenden 2 m, in denen man den Armschwung macht, schwer den Druckausgleich durchführen kann, ist es ratsam, die Eustachischen Röhren bereits vorher zu öffnen. Sollte es wiederholt Probleme mit dem Druckausgleich geben, kann auch versucht werden auf den Armschwung zu verzichten, so dass die Hand schneller beim Druckausgleich ist. Im folgenden Abstieg wird der Druckausgleich, anders als beim Gerätetauchen, nicht erst dann gemacht, wenn man den Druck auf den Ohren wahrnimmt, sondern in kleinen Schüben kontinuierlich.

Der *Duck dive* hilft, die Phase des positiven Auftriebs mit wenig Aufwand zu überwinden. Warum nehmen nimmt man nicht einfach mehr Blei, dann müsste man nicht diesen Aufwand

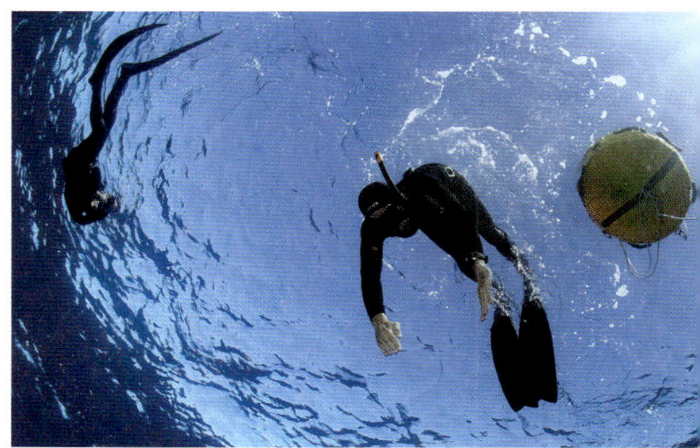

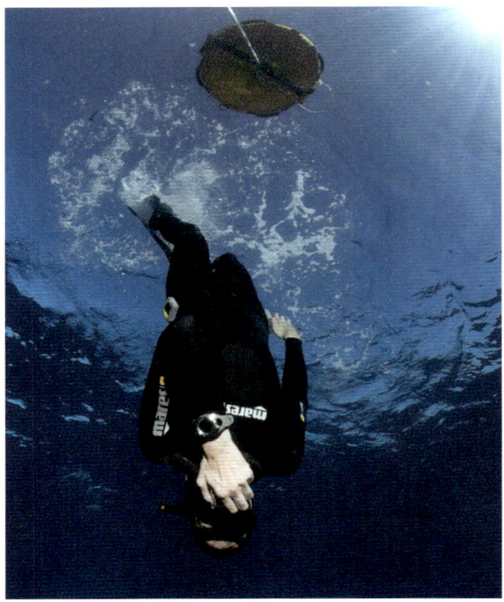

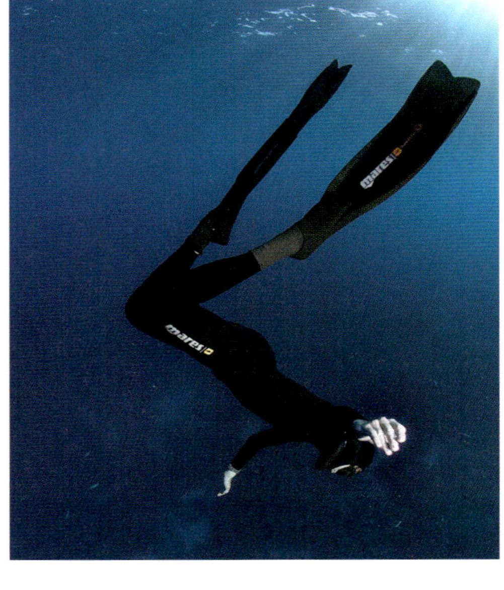

eines perfekt ausgeführten *Duck dives* betreiben? Ganz einfach: Zum Ende des Tauchgangs ist man besonders gefährdet für einen *Blackout*. Wenn man dann von selbst nach oben treibt, spart man Energie, aber auch der Sicherungstaucher muss nicht so hart arbeiten, um einen im Falle eines *Blackouts* nach oben zu bringen.

Neutraler Punkt

Durch die Tarierungskontrolle hat man eine grobe Idee erhalten, wie viel Blei man braucht. Eine Feintarierung muss dann direkt am Seil stattfinden. Entscheidend dabei ist, wie tief man tauchen möchte. Bei einem Tauchgang in eine Tiefe von 20–30 m ist der neutrale Punkt bei 10 m sehr gut gewählt.

Bei Tauchgängen tiefer als 30 m sollte auch der neutrale Punkt tiefer gewählt werden, z. B. auf 15–20 m bei Tauchgängen von 35–50 m. Wer so tief taucht, wird aber mit der Erfahrung von vielen Tauchgängen auch persönliche Vorlieben beim Setzen des neutralen Punktes haben. Dabei ist es wichtig, diesen neutralen Punkt immer wieder zu überprüfen und von Zeit zu Zeit zu variieren. Wie fühlt es sich an, wenn man nach einigen Monaten wieder mit etwas weniger Blei taucht? Ganz besonders beim Auftauchen macht sich das eine Kilogramm sehr stark bemerkbar und vielleicht macht es beim Abtauchen keinen großen Unterschied, weil der *Duck dive* bereits so perfekt ist, dass man den positiven Auftrieb leicht überwinden kann.

Um zu wissen, wo sich der neutrale Punkt befindet, muss man in den vermuteten Bereich tauchen. Man hat zuvor exakt so viel Luft eingeatmet, wie man für einen Maximaltauchgang benötigt und taucht auf die anvisierte Tiefe von z. B. 10 m. Dort hält man sich am Seil fest und wartet einen Augenblick. Anschließend lässt man das Seil los und beobachtet, ob man steigt, sinkt oder schwebt. Man muss sich dafür aber einige Augenblicke Zeit nehmen, denn diese Art der Feinabstimmung dauert einige Sekunden. Wenn man die noch nicht hat und schnell nach oben muss, sollte man sich mit dem neutralen Punkt noch nicht beschäftigen. Auch in den Kursen wird der freie Fall erst in den Fortgeschrittenen-Kursen unterrichtet. Wir kommen später noch zur Wichtigkeit von Training, Routine und langsamer Steigerung der Tauchtiefen.

Wenn man weiß, wo sich der neutrale Punkt befindet, trägt man diesen in sein Logbuch ein und bereitet den Tauchcomputer entsprechend vor. Das heißt, man setzt ein Signal auf die entsprechende Tiefe. Sobald man beim Abtauchen dieses Signal hört, kann man aufhören mit den Flossen zu schlagen und sich in die Tiefe fallen lassen. Gerade zu Beginn ist es ratsam, das Seil locker zwischen den Fingern zu führen, um zu spüren, wie schnell man fällt. Hört man direkt am neutralen Punkt auf mit den Flossen zu schlagen, ist die Fallgeschwindigkeit zu gering und es dauert viele Sekunden, bis man Fahrt aufnimmt. Man schlägt also immer ein paar Meter über den neutralen Punkt hinaus.

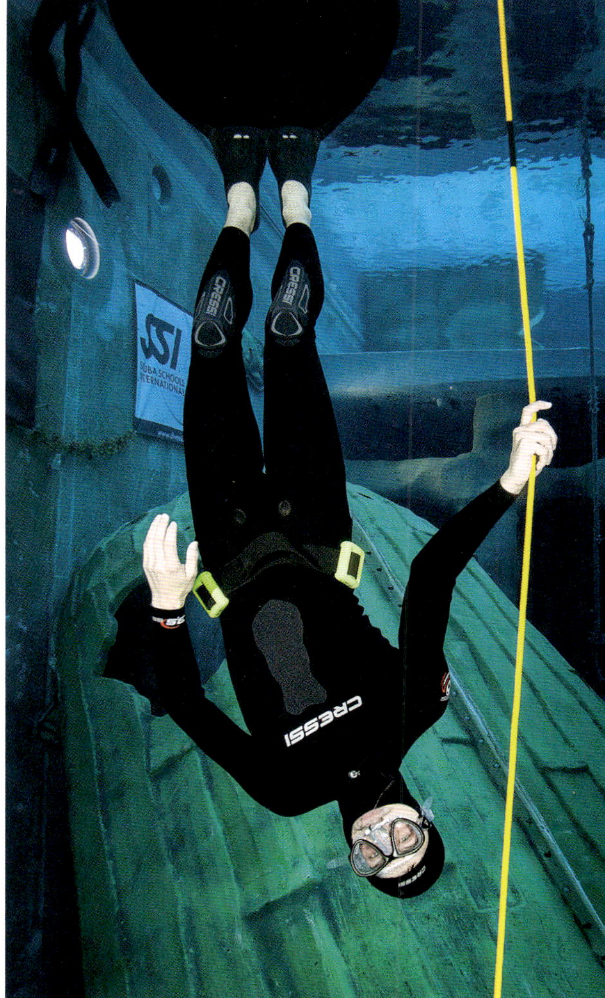

Freier Fall

Während des freien Falls versucht man eine möglichst hydrodynamische Haltung einzunehmen, um wenig Wasserwiderstand zu bieten. Man konzentriert sich nun allein auf den Druckausgleich, den Flossenschlag hat man eingestellt. Beim freien Fall erreicht man einen ähnlichen meditativen Zustand wie beim Zeittauchen. Man hört in sich hinein, konzentriert sich darauf, dass jeder Muskel entspannt ist. Dabei vollführt man einen Balance-Akt zwischen völliger Entspannung und der Aufrechterhaltung von Körperspannung, um das vertikale Fallen zu gewährleisten.

Position beim freien Fall

- **Problem:** Es muss gegen das schnellere Fallen der Beine angekämpft werden. Man hat keinen senkrechten, hydrodynamischen Fall, sondern scheint waagerecht zu fallen.
- **Abhilfe:** Entweder weniger Blei um die Hüfte tragen und mehr auf das Halsgewicht packen oder aber eine leichte Änderung der Haltung beim Abtauchen versuchen. Viele Tieftaucher, vor allem diejenigen, die besonders lang sind, knicken in den Knien beim freien Fall etwas ein. Das ist zum einen etwas entspannter, weil die Beine nicht durchgestreckt sind, und zum anderen wirkt sich das günstiger auf den Schwerpunkt beim freien Fall aus.

Eine andere Ursache des waagerechten Falls kann auch eine zu schnelle Anfangsgeschwindigkeit sein. Gerade, wenn man zu schnell startet, um eine entsprechend hohe Fallgeschwindigkeit zu erhalten, muss man mit einer Reihe von Nachteilen rechnen, wie z. B. einem zu hohen Puls beim Start und dadurch keinem entspannten Tauchgang. Vor allem direkt in der ersten Hälfte des Tauchgangs fällt man sehr oft in die Horizontale.

Wende

Dieses meditative Gleiten in die Tiefe, die völlige Entspannung und das Sich-fallen-lassen sind mit die schönsten Gefühle, die man beim Apnoetauchen haben kann. Doch irgendwann kommt man zum Punkt, an dem man das gesteckte Ziel erreicht hat. Der Fall wird gestoppt, die *Lanyard* bremst rechtzeitig vor dem Erreichen des Grundgewichtes. Die Wende vollzieht sich in mehreren Schritten:

- Auf dem Weg nach unten führt man das Seil locker durch die Hand. Würde man den Daumen ausstrecken, würde er am Seil entlang nach unten zeigen.
- Rechtzeitig vor der Wende dreht man die Hand um, sodass der Daumen, wäre er ausgestreckt, nun nach oben zeigen würde.
- Jetzt erst stoppt man den Fall, indem man das Seil in der Hand greift.
- Je nachdem, wie schnell der Fall war, überholen einen nun die Beine, die man leicht in die Hocke nimmt, um wenig Widerstand zu bieten.
- Sobald einen die Beine überholt haben, streckt man sie wieder aus.
- Der Arm ist ebenfalls durchgestreckt – zum jetzigen Zeitpunkt hat man exakt 50 % des Tauchgangs hinter sich.
- Mit einem kräftigen Armzug leitet man den Aufstieg ein. Achtung: Bei sehr tiefen Tauchgängen nicht strecken.
- Der Beinschlag setzt ein.

Mit den Beinen arbeitet man sich bis zum neutralen Punkt und noch etwas darüber hoch. Nach dem Erreichen des neutralen Punktes kann man mit dem Flossenschlag aufhören und sich vom positiven Auftrieb hochtragen lassen.

Beine überholen nicht

- **Problem:** Bei der Wende muss man Druck auf die Beine ausüben, weil sie von alleine nicht nach unten gleiten.
- **Abhilfe:** Es kann sein, dass die Fallgeschwindigkeit zu gering ist, entweder durch zu wenig Blei bzw. eine zu niedrige Tauchtiefe oder man zu früh mit dem Flossenschlag aufgehört.

Wenn man die Wende im flacheren Wasser macht oder zu nahe am neutralen Punkt, dann ist es schwierig eine schnelle Fallgeschwindigkeit zu erhalten. Das sollte einen nicht entmutigen. Wer die Wende im flachen Wasser üben möchte, kann sich entweder dadurch helfen, dass er nicht voll einatmet oder dass er für diesen Tauchgang, der weit innerhalb seines Könnens liegt, etwas mehr Blei benutzt als er das bei einem Maximaltauchgang tun würde, denn es geht hierbei darum, eine größere Tauchtiefe zu simulieren.

Eine andere Ursache kann die falsche Position bei der Wende sein. Wenn man die Beine nicht leicht einzieht, muss man gegen deren Wasserwiderstand arbeiten.

Aufstieg

Oftmals folgt nach dem Hochgefühl des wundervollen freien Falles ein Gefühl des Unwohlseins oder der Angst. Der freie Fall, der so mühelos ging, der einen in eine Art *Flow*-Zustand gebracht hat, in dem man scheinbar endlos weiter fallen kann, ist nun mit einem Mal zu Ende.

Nun spürt man seine scheinbar vakuumisierte Lunge, man tritt in die Flossen und hat das Gefühl, dass sich nichts tut. Dieses Gefühl der Angst kann vermieden werden, denn es hat keinen positiven Effekt. Im Gegenteil, vielleicht führt es sogar dazu, dass man sich künftig nicht mehr in diese »gefährliche Situation« begibt. Deshalb liegt der Schlüssel zum erfolgreichen Tieftauchen in der Routine. Man kann Stress vermeiden, indem man sich langsam steigert und somit zu jeder Zeit das Gefühl hat, Herr der Lage zu sein.

Am tiefsten Punkt des Tauchgangs nimmt man ganz bewusst den starken Druck wahr. Die komprimierte Lunge scheint komplett leer zu sein, ein Gefühl ähnlich dem des

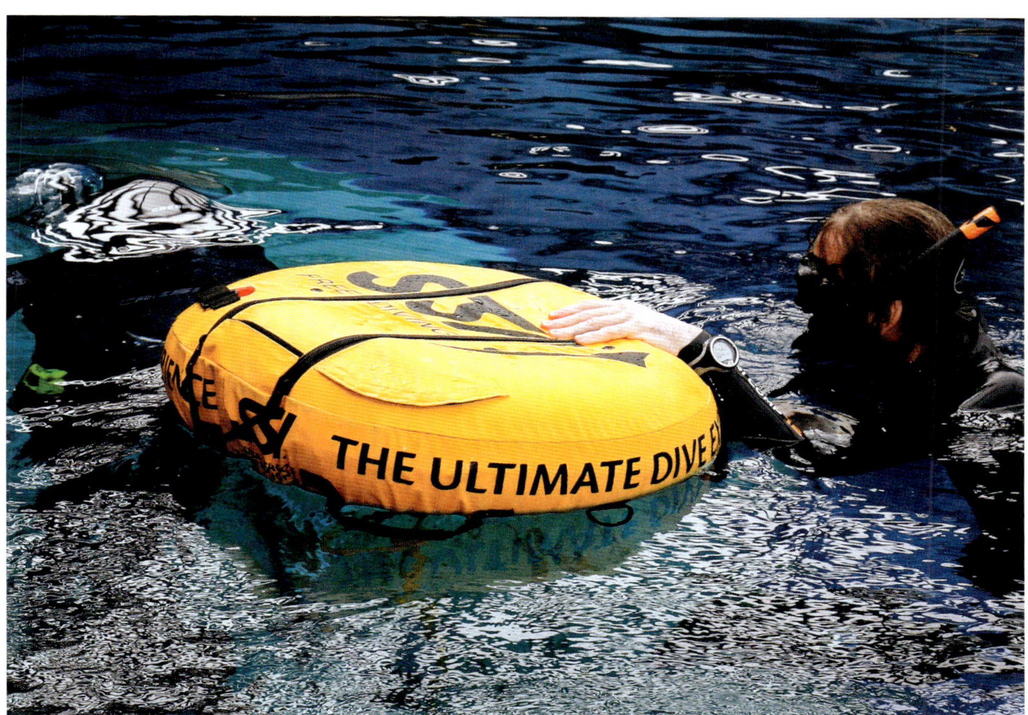

Atemreizes. Doch hier muss man sich lediglich vergegenwärtigen, dass sich dieses beklemmende Gefühl durch die sich ausdehnende Luft beim Aufstieg wieder auflösen wird.

Direkt nach der Wende folgt der anstrengendste Teil und auch hier kommt der innere Schweinehund, der einen genau im Moment der mentalen Schwäche erwischt: *»Oh Gott, du machst jetzt schon schlapp und hast noch den ganzen Weg vor dir???«* Dabei sind hier nur die ersten paar Meter anstrengend. Man beginnt mit dem Flossenschlag und es dauert einige Sekunden, bis man eine angemessene, nicht zu schnelle und nicht zu langsame Aufstiegsgeschwindigkeit erreicht hat. Die Augen sind dabei auf das Seil gerichtet und man blickt in dieser Phase nicht nach oben.

Es dauert gar nicht lange, dann rückt bereits der Buddy, der einen sichert, ins Blickfeld, und noch ein paar Sekunden später kann man den Beinschlag einstellen, denn man hat bereits den Bereich oberhalb des neutralen Punktes erreicht, von wo man von alleine nach oben treibt. Die Luft, die man beim Abstieg in die Maske geblasen hat, um den Druck auszugleichen, kann man vorsichtig durch die Nase wieder einatmen. Sie enthält noch genügend Sauerstoff.

Auftauchen

Während man die letzten Meter nach oben gleitet, richtet man kurz vor dem Auftauchen den Blick nach oben, damit man nicht gegen die Boje stößt oder sich an abgehängten *Lanyards* oder festgemachten Poolnudeln verfängt. Erst Zentimeter vor dem Auftauchen sollte die Luft abgelassen werden. Dieses Ablassen der Luft soll dazu dienen, dass, sobald die Atemwege über Wasser sind, sofort mit dem Einatmen begonnen werden kann.

Dabei stützt man sich auf der Boje ab und atmet aktiv ein, hält die Luft kurz an und atmet passiv aus. Auf diese Weise atmet man mindestens 10 s lang, bevor man seinem Tauchpartner das O. K. gibt.

Sicherungstaucher

Auch beim Tieftauchen wechselt man sich beim Tauchen und Sichern ab. Und es gilt wieder der Grundsatz *»nahe genug dran und weit genug weg«*. Der Sicherungstaucher ist auch beim Tieftauchen die Lebensversicherung des Tauchers. Auch beim Tieftauchen muss er das letzte Drittel sichern.

Zusätzlich zur Rettungsfunktion erfüllt er aber auch noch eine psychologische Aufgabe. Denn beim Auftauchen nach einem tiefen Tauchgang freut man sich ab einer bestimmten Tiefe, gemeinsam mit dem Buddy nach oben zu tauchen. Anders als beim Streckentauchen muss der Sicherungstaucher in etwa denselben Leistungsstand wie der Taucher haben. Denn er muss die Tiefe, in der er auf den Taucher trifft.

- Locker erreichen: Der Taucher kann sich auf seinen Maximaltauchgang lange vorbereiten, optimal einatmen, in einer hydrodynamischen Position abtauchen, den Kopf entspannt auf der Brust, während der Sicherungstaucher schneller abtauchen muss, seinen Fokus nicht so sehr auf die entspannte Atmung legen kann und den Kopf sogar leicht überstrecken muss, um zu erkennen, wann ihm der Freitaucher entgegenkommt.
- Auf den Taucher warten können: Wenn man mit einem neuen Tauchpartner taucht, ist man vielleicht überrascht, weil es viel länger dauert, bis man ihn sieht.
- Im Falle eines *Blackouts* muss der Sicherungstaucher noch so viel Reserven haben, dass er den Taucher mit nach oben bringen kann.

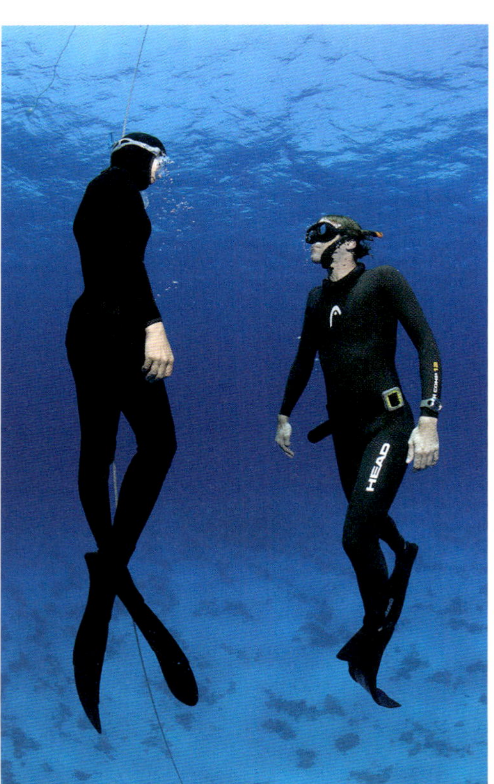

Positionierung des Sicherungstauchers

Zu Beginn des Tauchgangs soll der Taucher genug Platz haben, um seinen *Duck dive* zu machen. Sobald er abgetaucht ist, geht der Sicherungstaucher an die Boje und beobachtet mit dem Schnorchel im Mund den Abtauchvorgang. Er kann dadurch anschließend wertvolle Beobachtungen in Form eines Feedbacks an den Taucher weitergeben.

Bald wird der Taucher, je nach Sichtverhältnissen, nicht mehr zu sehen sein. Jetzt ist das Seil das erweiterte Auge des Sicherungstauchers. Hält er das Seil in der Hand, fühlt er sehr genau, was der Taucher momentan macht, ob er gleichmäßig fällt oder stoppt (aufgrund von Druckausgleichsproblemen) oder das Ende des Seils erreicht.

Durch den Ruck, den der Taucher beim Beginn des Wiederaufstiegs durch die Wende auslöst, weiß der Sicherungstaucher, dass er nun abtauchen muss. Er holt noch einmal tief Luft und taucht am Seil entlang ab. Er ist dabei so nah am Seil, dass er es noch gut sehen kann, und weit genug weg, dass er den am Seil Auftauchenden nicht behindert.

Der Sicherungstaucher taucht entweder, bis er den Taucher sieht, oder er wartet in der vorgängig abgesprochenen Tiefe auf ihn (letztes Drittel). Sobald der Taucher da ist, positioniert sich der Sicherungstaucher vor ihm. Zum einen, um ihm zu signalisieren, dass man da ist, zum anderen, um zu überprüfen, ob er noch in seinem Wohlfühlbereich taucht.

Er lässt den Taucher knapp an sich vorbeiziehen und folgt ihm *face to face*, sodass er ihm immer ins Gesicht blicken kann. So kann er ihn im Falle eines *Blackouts* aus voller Fahrt ergreifen und ihn sicher nach oben bringen.

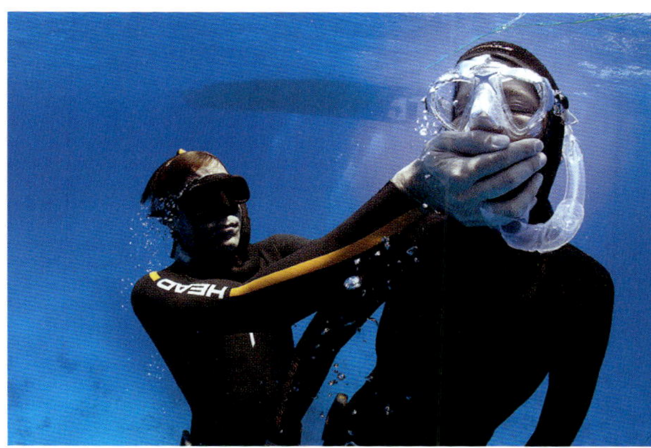

Anzeichen von Problemen:

- Weit aufgerissene Augen.
- Unsauberer und schneller Beinschlag.
- Blick nach oben zur Oberfläche.
- Heraufziehen am Seil.
- Luft ablassen.
- Stoppen des Beinschlages und Abknicken des Kopfes.

Rettung

Jeder Apnoe-Tauchverband favorisiert seine eigene Rettungsmethode. Wichtig bei der Rettung ist, dass der Taucher schnell an die Oberfläche gebracht wird. Man sollte nicht nachdenken müssen, die Handgriffe müssen einfach sein.

Beliebt ist zum Beispiel der Achselgriff von vorne. Hierbei wird der Taucher unter den Achseln gegriffen und leicht erhöht nach oben gebracht. Diese Rettung hat den Vorteil, dass sie extrem schnell und ohne Änderung der Position erfolgen kann.

Eine andere Möglichkeit den Taucher an die Oberfläche zu bringen ist es, dem Taucher seitlich eine Hand unter das Kinn, die andere in den Nacken zu legen. Das hat den Vorteil, dass man mit dem Daumen oder Zeigefinger den Mund geschlossen halten kann, um das Eindringen von Wasser zu vermeiden. Außerdem hat man den Taucher mithilfe der Hand im Nacken an der Oberfläche bereits gegen ein erneutes Absinken gesichert.

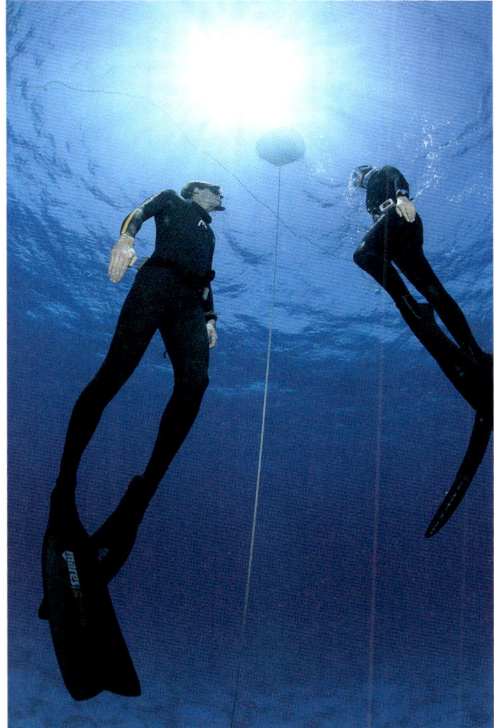

Was alle Rettungsübungen gemeinsam haben:

- Der Taucher wird leicht erhöht nach oben gebracht, damit man mit dem eigenen Beinschlag nicht gegen seine Flossen schlägt.
- Oben angekommen werden Maske, Noseclip und *Fluid Goggles* abgenommen: Anblasen, antippen, ansprechen.

- Sollte er nicht zu sich kommen, folgen Rettungsbeatmungen.
- Wenn der Taucher nicht sofort zu sich kommt, muss das Halsblei entfernt werden.
- Muss der Taucher an Land gebracht werden, wird der Hüftbleigurt abgenommen.

Folgendes erleichtert das Sichern im Buddysystem:

- Eine gleichmäßige und nicht zu schnelle Geschwindigkeit auf dem Weg nach oben.
- Der Taucher befindet sich nah am Seil und/ oder benutzt eine *Lanyard*.
- Vor dem Tauchen bzw. der Tauchsession wird kommuniziert, was genau gemacht wird. Wie tief wird getaucht? Wird in der Tiefe verweilt (ein *Hang* gemacht)? Wird langsam oder schnell getaucht?
- Klären von Besonderheiten, auf die der Sicherungstaucher achten muss, z. B. auf eine langsame Tauchgeschwindigkeit. So kann er sich darauf einstellen und ggf. etwas später zum Sichern starten.
- Eine Maske ohne gespiegelte Gläser.
- Bei besonderen Bleikonfigurationen, bei denen nicht sofort ersichtlich ist, wie sie zu lösen sind, macht es Sinn, diese vor dem Tauchgang zu untersuchen und auszuprobieren, damit man das Blei im Notfall rasch abwerfen kann.
- Bei der Benutzung einer *Lanyard* den Schnellabwurf ausprobieren.
- Notfallmaßnahmen bereitstellen: ggf. Sauerstoff, Handy, Notfallnummer und Ort bzw. Adresse, an der man taucht.
- Bei einer Tauchsession, die sehr tief geht, macht es Sinn, nicht nur zu zweit zu tauchen, sondern mindestens zu dritt. So kann der Dritte bei einem sehr tiefen Tauchgang ebenfalls mit sichern. Sollte der Taucher nicht mehr an die Oberfläche kommen, können beide Sicherungstaucher zusammen das Seil mit dem Grundgewicht und (hoffentlich) dem Taucher, der an der Lanyard befestigt ist, schneller nach oben ziehen.
- Rettungsübungen sollten regelmäßig in das Tieftauchtraining integriert werden.

Verletzungsrisiken

Barotrauma: Apnoeisten sind gefährdet für Druckverletzungen aller Art. Auf die häufigste, die Druckverletzung im Ohr, gehen wir beim Thema Druckausgleich noch ausführlicher ein.
Maskenbarotrauma: Beim Maskenbarotrauma komprimiert die Luft zwischen Glas und Gesicht, was zu einem Unterdruck und einer Augenverletzung führen kann. Apnoetaucher sind gefährdeter für ein Maskenbarotrauma als Gerätetaucher. Der Apnoetaucher hat das Problem, dass er einer schnelleren Druckzunahme ausgesetzt ist, denn er taucht erheblich schneller ab als ein Gerätetaucher. Dazu kommt, dass er nur einen Atemzug zur Verfügung hat und den nimmt er lieber, um den Druckausgleich in den Ohren herzustellen. Hinzu kommt, dass man häufig die Augen geschlossen hält und so entspannt ist, dass man den Druck, den man auf der Maske und am ganzen Körper spürt, nicht als unangenehm empfindet und vergisst, ihn auszugleichen. Oder es ist einfach keine Luft mehr da, um den Druckausgleich in der Maske durchzuführen. Das sind eine ganze Reihe von möglichen Ursachen für das Maskenbarotrauma.
Hoodsqueeze: Der *Hoodsqueeze* fühlt sich an wie ein Druckausgleichsproblem in den Ohren. Tatsächlich komprimiert aber die Luft im äußeren Gehörgang, die zwischen der eng anliegenden Kopfhaube und dem Trommelfell eingeschlossen wurde. Wer nicht regelmäßig Wasser in die Kopfhaube lassen will, sollte sich mit einer Nadel oder einer heißen Büroklammer kleine Löcher im Bereich der Ohrmuschel in die Haube stechen.
Druckverletzungen der Lunge: Es gibt eine ganze Reihe von Druckverletzungen der Lunge. Für das Tieftauchen charakteristisch sind Verletzungen, die durch Unterdruck entstehen können. Es sind dies der *Lung Squeeze* und der *Trachea Squeeze*. Der *Lung Squeeze* ist eine besonders schwere Verletzung. Wenn ein Tauchgang in eine Tiefe führt, wo das Residualvolumen unserer Lunge unterschritten wird (ab 30 m, je nach Lungengröße), entsteht ein Unterdruck. Wenn die normalen Kompensationsmöglich-

keiten (z. B. starkes Hochwölben des Zwerchfelles, vermehrte Füllung der Lungengefäße) ausgeschöpft sind, wird Flüssigkeit (Blut) aus den Geweben gezogen, um diesen Unterdruck auszugleichen. Das heißt, Blut gelangt in unseren Atemkreislauf. Symptome sind Husten, Kurzatmigkeit oder Atemnot, Brustschmerzen, Schwächegefühl. Die erste Hilfe besteht darin, sich hinzulegen/hinzusetzen, Husten zu vermeiden, viel zu trinken, Sauerstoff zu atmen und ggf. einen Arzt aufzusuchen. Doch auch durch starkes Packing kann es bereits an der Oberfläche zu einer Druckverletzung kommen, einer Überdruckverletzung.

Ein Schmerz in der Brust muss dabei nicht unbedingt auf eine Druckverletzung der Lunge hinweisen. Denn die Lunge selber verfügt über keine Schmerzrezeptoren, lediglich an den Stellen, an denen die Lunge mit dem Brustkorb verbunden ist, gibt es solche.

Unsere Lunge sendet also trotz Belastung keine Signale, die uns darauf hinweisen, dass wir sie verletzen, verschmutzen etc.

Vorsichtsmaßnahmen

- Tauche nur, wenn du fit bist.
- Steigere dich langsam.
- Mache ausreichend *Warm-up*-Tauchgänge.
- Stretche dich ausgiebig.
- Trinke viel.

Sehr oft trifft der *Lung Squeeze* Taucher, die aufgrund einer Wettkampfsituation nicht entspannt sind. Andere haben sich nicht ausreichend gestretcht. Und bei vielen ist einfach der ausbleibende Tauchreflex dafür verantwortlich, denn aufgrund des Tauchreflexes schwellen die Blutgefäße über den Alveolen an und gleichen so den Platz aus, den die sich komprimierende Luft eingenommen hatte. Wenn der Tauchreflex nicht ausreichend funktioniert, führt das häufig zu Verletzungen der Lunge.

Antonio Kodermann, Weltklassetieftaucher aus Slowenien und Dritter bei der WM 2011 von Kalamata mit 105 m *Free Immersion* antwortete auf die Frage, was einen guten Freitaucher ausmacht, Folgendes: *»Hauptsächlich ein flexibler*

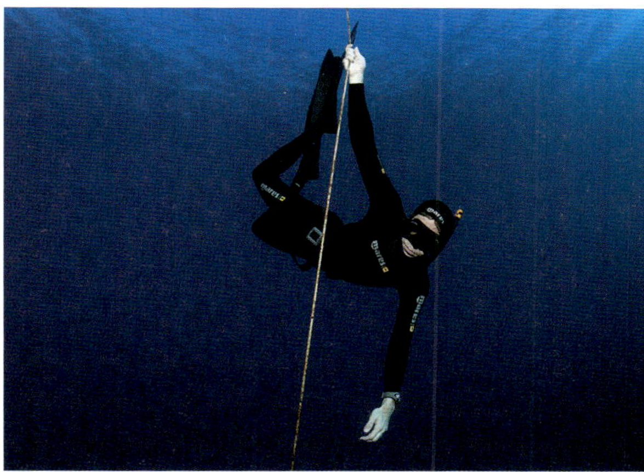

Brustkorb und Zwerchfell, mentale Entspannung und keine Druckausgleichsprobleme. Ich bin ein Glückspilz, denn ich brauche meine Hände nicht für den Druckausgleich.«

Weitere Druckprobleme: Insbesondere in den Nasennebenhöhlen befinden sich weitere luftgefüllte Hohlräume. Im Allgemeinen geschieht der Druckausgleich dort automatisch, aber bei Verschleimung, z. B. durch ungenügendes Trin-

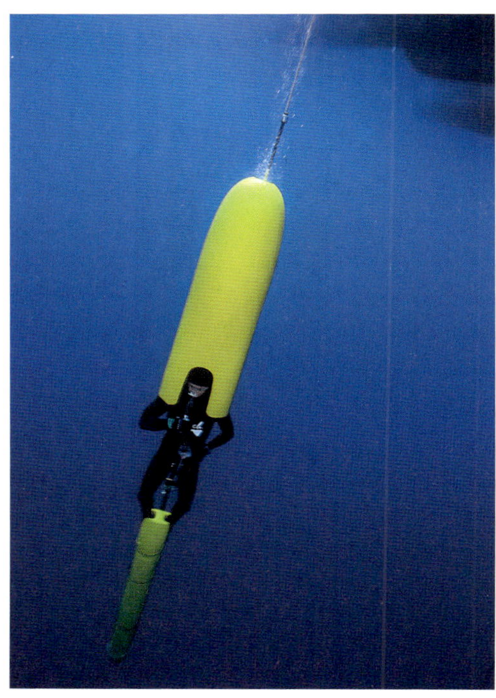

ken, oder bei einem Anflug einer Erkältung oder Heuschnupfen kann dies zu einer Blockierung führen und der Druck gleicht sich nicht aus.

Wichtigkeit von Oberflächenpausen
Anders als bei Gerätetauchern ist die Gefahr einer DCS für Freediver geringer. Beim Gerätetauchen wird unter erhöhtem Partialdruck Luft eingeatmet, was zur Folge hat, dass das inerte Gas Stickstoff nicht so einfach abgeatmet werden kann. Es müssen Aufstiegsgeschwindigkeiten und Tiefenstopps berücksichtigt werden.

Der Apnoetaucher hat nur am Rande mit dem Risiko einer Dekompressionskrankheit zu tun. Insbesondere wenn Gerätetauchen und Freitauchen kombiniert werden, ist die Gefahr groß, dass überschüssiger Stickstoff ausperlt. Es muss daher nach jedem Gerätetauchgang 12, nach Wiederholungstauchgängen sogar 18 Stunden gewartet werden, bis frei getaucht werden kann (die Flugverbotszeit auf dem Computer beachten). Ein Aspekt des Freitauchens ist besonders gefährlich – das Ab- und/oder Auftauchen mit einem Schlitten, wie bei den Disziplinen Variables Gewicht oder *No-limits*. Beim variablen Gewicht wird der Taucher in die Tiefe gezogen und taucht aus eigener Kraft wieder nach oben. Bei *No-limits* wird der Taucher mithilfe eines Heberballons oder einer Winde nach oben gezogen. Solch rasche Druckunterschiede führen immer wieder zu Symptomen von DCS.

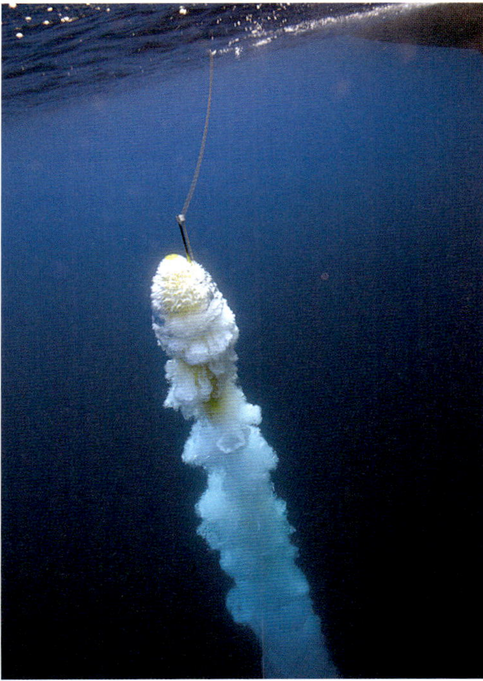

Auch Speerfischer, die sehr lange auf einer bestimmten Tiefe bleiben und dabei viele Tauchgänge mit wenig Oberflächenpausen machen, zeigen gelegentlich Symptome von DCS. Die Oberflächenpausen helfen sowohl das Risiko von DCS als auch von einer Sauerstoffschuld mit einer entsprechend erhöhten *Blackout*-Anfälligkeit zu minimieren.

AIDA empfiehlt diese Oberflächenintervalle:

- Bei Tauchgängen bis zu 30 m Tiefe sollten die Erholungszeit doppelt so lange wie die Tauchzeit sein. Einem Tauchgang auf 30 m, der 1:30 min dauerte, muss also eine Oberflächenpause von mindestens 3 min folgen.
- Bei Tauchgängen unterhalb von 30 m sollte die Erholungszeit an der Oberfläche 1/5 der Tauchtiefe in Minuten entsprechen. Bei einem 50 m Tauchgang also 10 min.
- Nach einem 60-m-Tauchgang sollten keine weiteren Tauchgänge mehr gemacht werden.

Folgendes gilt als Symptom von DCS:

- Hautrötungen und Juckreiz.
- Lähmungserscheinungen.
- Atemstörungen.
- Bewegungsstörungen.
- Herzstörungen.
- Embolien etc.

Die Sauerstoffgabe gehört bei DCS zur ersten Hilfe. Bei Tieftauchwettbewerben wird sie sehr häufig nach Ableisten des Oberflächenprotokolls genutzt, um zu dekomprimieren.

Mentale Aspekte

Für einen Neuling ist es kaum zu fassen, dass man 30, 40, 50 oder 60 m tief tauchen kann. Bereits 20 m sind unglaublich viel. Der Grund dafür, dass es klappt, ist sehr einfach. Es ist eine Kombination aus der richtigen Technik, der richtigen Körperhaltung, der korrekten Geschwindigkeit, der richtigen Bleimenge, dem passenden Equipment und der Entspannung.

Man kennt die richtige Technik und Körperhaltung, hat die Bleimenge bestimmt, eine angemessene Geschwindigkeit entwickelt, jetzt bleibt einem nur noch sich zu entspannen. Doch wie schafft man das am besten? Wichtig sind Entspannungs- und Atemübungen vor dem Ins-Wasser-Gehen, wie man sie aus den früheren Kapiteln kennt. Das Besondere am Tieftauchen ist, dass man nicht jederzeit auftauchen kann wie beim Zeit- oder Streckentauchen. Jetzt taucht man in die Tiefe und hat vielleicht noch eine ganze Strecke zu bewältigen, bevor man wieder an der Oberfläche ankommt.

Langsame Steigerung

Daher ist es beim Tieftauchen wichtig, sich langsam zu steigern. Erst wenn man sich auf einer bestimmten Tiefe wohlfühlt, sollte man die Grundplatte 1 m oder 2 m tiefer hängen. Überfordert man sich oder seinen Tauchpartner zu Beginn, verliert man sehr schnell die Lust am Tieftauchen. Schockerlebnisse prägen sich leider besonders gut ein.

Sich auf die Tiefe einstellen

Ein *»Hang«* ist ein Verweilen in der Tiefe. Dieser *Hang* hilft, sich auf die Tiefe einzustellen und dort unten zu verweilen, indem man zum Beispiel innerlich langsam bis 10 oder 20 zählt oder mithilfe einer Stoppuhr die Zeit absitzt. Normalerweise taucht man beim Tieftauchen zügig ab und wieder auf. Mit einem *Hang* verbringt man notgedrungen Zeit in der Tiefe und nimmt die Umgebung wahr. Auch das In-sich-hinein-Hören und die Wahrnehmung des eigenen Pulses führen zu einer harmonischeren Einstellung zu der früher vielleicht eher feindlich wahrgenommenen Umgebung.

Man muss sich wohlfühlen in der Tiefe und das Selbstbewusstsein aufbauen, sich nicht zu fürchten. Und das kann man nicht mit schnellen Tauchgängen erreichen.

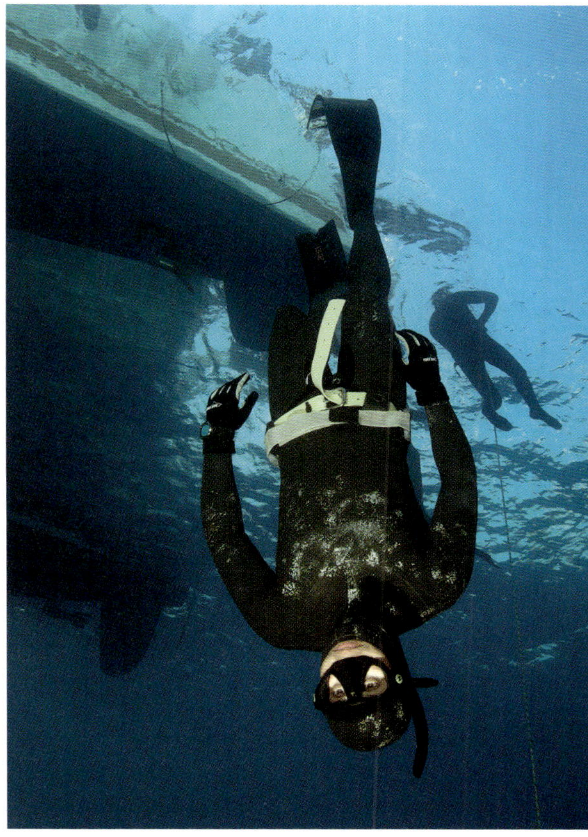

Natürlich muss ein *»Hang«* mit dem Sicherungstaucher kommuniziert werden. Zum Beispiel kann der Taucher ziehen, wenn er unten ankommt, und noch einmal ziehen, wenn er den Aufstieg einleitet.

Training für das Tieftauchen

Das Tieftauchen ist meistens ein etwas größerer Aufwand, wenn man nicht gerade am Meer lebt. Der größere Teil der Menschen lebt aber weit weg vom Meer oder einem See. Das bedeutet, dass die Anfahrt und das Training Zeit beanspruchen. Anders ausgedrückt, die Trainingszeit im Freiwasser ist begrenzt und kostbar. Wie kann man also effektiv trainieren, um den größten Nutzen daraus zu ziehen? Auch hier findet sich am Ende des Kapitels ein entsprechender Trainingsplan. Und unter »Reisen und Ausflüge« (S. 121) stellen wir einige lohnende Ziele vor.

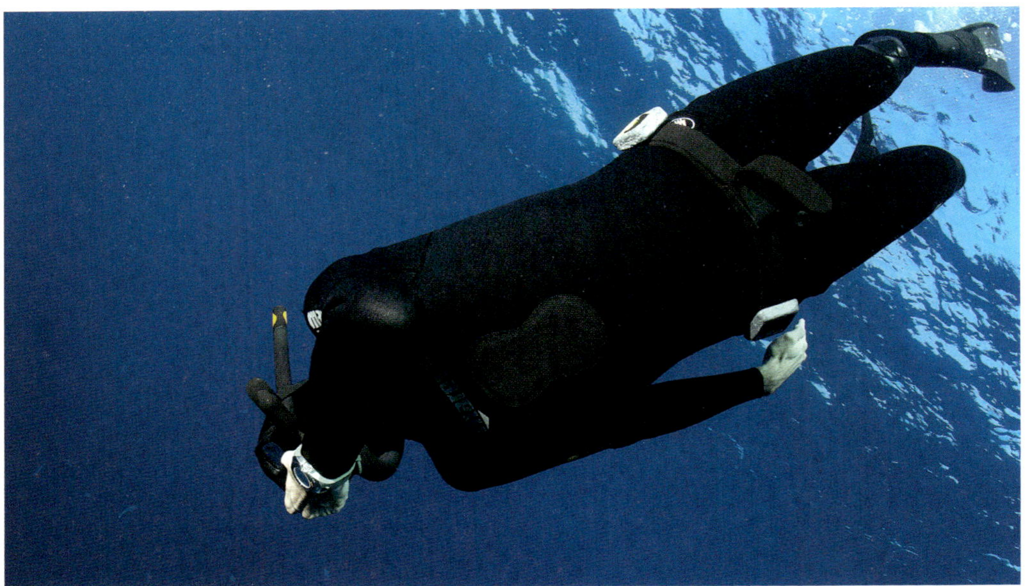

Druckausgleich

Es ist erstaunlich, wozu ein Apnoetaucher fähig ist. Zu Beginn scheinen schon 5 m fast unerreichbar zu sein. Doch wie schaffen es Guillaume Néry, William Trubridge, Herbert Nitsch oder Alexej Molchanov aus eigener Kraft tiefer als 120 m zu tauchen? Gerade als Beginner verliert man leicht den Überblick über Begriffe wie *Mouthfill*, *Hands-Free-Druckausgleich*, *Frenzel*, *Valsalva* und vieles mehr. Deshalb hier einige der wichtigsten Arten, den Druck im Mittelohr auszugleichen.

Wie man Druck ausgleicht

Beim Schnorcheln, Tauchen und Freitauchen gleicht man den im Mittelohr entstehenden Unterdruck durch gefühlvolles Blasen in die geschlossene Nase aus. Luft wird so durch die Eustachische Röhre ins Mittelohr gedrückt. Das Komprimieren der Luft durch steigenden Druck erzeugt einen Unterdruck, der ausgeglichen werden muss. Wird er nicht ausgeglichen, führt das zu einer Verletzung, entweder einem *Squeeze* – Blut und Gewebeflüssigkeit werden ins Ohr gezogen, um den Druck auszugleichen – oder das Trommelfell reißt oder wird perforiert.

Bei der *Valsalva*-Methode wird die Luft aus der Lunge in die Nase und damit in die Eustachischen Tuben gedrückt. Das Problem ist, dass der Apnoetaucher sein Residualvolumen (das kleinstmögliche Lungenvolumen) auf einer Tiefe von 30–40 m erreicht hat. Das Residualvolumen entspricht je nach Flexibilität ca. 20–25 % der totalen Lungenkapazität. Das heißt, die erreichbare Tiefe wird nicht durch ein großes Lungenvolumen bestimmt. Es ist egal, ob ich ein Lungenvolumen von 10 oder 5 l habe. Wenn mein Residualvolumen 20 % der totalen Lungenkapazität beträgt, dann ist dieses auf einer Tiefe von 40 m erreicht. Dort herrscht ein Druck von 5 bar. Eine Lunge von 10 l Größe, genau wie eine Lunge von 5 l Größe, erreicht somit die angenommene Residualkapazität von 20 % auf 40 m. Sobald das Residualvolumen erreicht ist, hat man keine Luft mehr, um den Druckausgleich zu machen. Forciert man den Druckausgleich nach *Valsalva* und zieht die Luft gegen den Widerstand nach oben, kann das eine Lungenverletzung nach sich ziehen.

Das Geheimnis lieg also darin, die Luft vor dem Erreichen des Residualvolumens rechtzeitig in die Backen zu ziehen, um mit dieser Luft den weiteren Druckausgleich herzustellen.

Frenzel-Methode

Hierbei wird die Luft aus dem Mund-Rachen-Raum genutzt, um den Druckausgleich herzustellen. Dabei geht es darum, die Stimmritzen zu schließen und das Gaumensegel neutral zu halten. Zum Schluss wird mithilfe der Zunge die Luft in die Eustachischen Röhren gepresst.

Frenzel-Workshop

1. **Das Schließen der Stimmlippen:** Man atmet durch den verengten Schlund (siehe *Ujjayi*-Atmung). Gelegentlich schließt man die Stimmlippen aber komplett, sodass man keine Luft nach oben ziehen kann. Umgekehrt versucht man nun einzuatmen, verengt den Schlund und stoppt mithilfe der Stimmlippen die Einatmung. Man ist nun in der Lage die Stimmlippen zu verschließen.
2. **Das Gaumensegel neutral halten:** Atmet man durch den Mund ein und aus, dann ist die Position des Gaumensegels oben. Atmet man durch die Nase ein und aus, dann ist die Position des Gaumensegels unten. Zunächst atmet man durch Mund und Nase gleichzeitig aus. Im Anschluss versucht man nun, durch Mund und Nase gleichzeitig einzuatmen. Wenn man durch Mund und Nase gleichzeitig ausatmet, ist das Gaumensegel neutral. Man kann nun willentlich das Gaumensegel neutral halten.
3. **Gaumensegel neutral und Stimmlippen schließen:** Man befeuchtet seine Fingerspitzen und nutzt sie, um die Nasenlöcher leicht zu verengen. Anschließend füllt man seine Backen und schließt die Stimmlippen. Nun versucht man die Luft aus der Nase entweichen zu lassen. Man ist nun in der Lage, gleichzeitig die Stimmlippen zu schließen und das Gaumensegel neutral zu halten.
4. **Den Frenzel Druckausgleich machen:** Man atmet ein, verschließt die Stimmlippen und hält sein Gaumensegel neutral. Mit den Fingern verschließt man die Nase und drückt mithilfe der Zunge die Luft in die Eustachischen Röhren. Die Zunge drückt in der Mitte im Bereich des Übergangs vom harten zum weichen Gaumen nach oben. Man spürt den leichten Druck, der sich im Mittelohr aufbaut. Wir sind nun in der Lage, den Druckausgleich nach Frenzel durchzuführen.

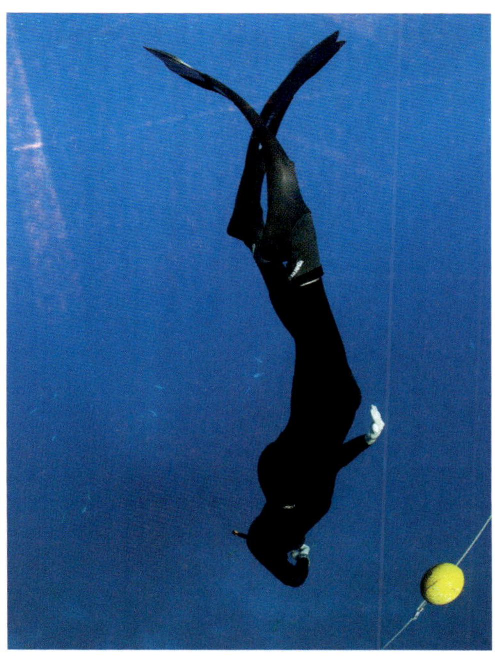

Diese Methode ist die Grundlage für die weiteren Ausgleichstechniken. Ohne Frenzel gibt es keinen *Mouthfill*. Frenzel erleichtert außerdem den Druckausgleich auch in flachen Tiefen. Denn wenn die Luft immer zum höchsten Punkt strebt, dann ist es bei einer Kopfüber-Position erheblich schwerer, den Druckausgleich zu machen. Wenn die Luft nun im Mund-Rachen-Raum eingeschlossen ist, dann erleichtert das den Druckausgleich erheblich.

Mouthfill

Der *Mouthfill* ist geheimnisvoll und mysteriös. Er scheint dafür verantwortlich zu sein, dass Menschen unglaublich tief tauchen können. Die Frage, wie der *Mouthfill* gemacht wird, bringt sehr oft keine – oder komplett unterschiedliche Antworten. Der Grund darin liegt, dass viele Taucher und Tauchlehrer verschiedene Methoden unter dem *Mouthfill* verstehen.

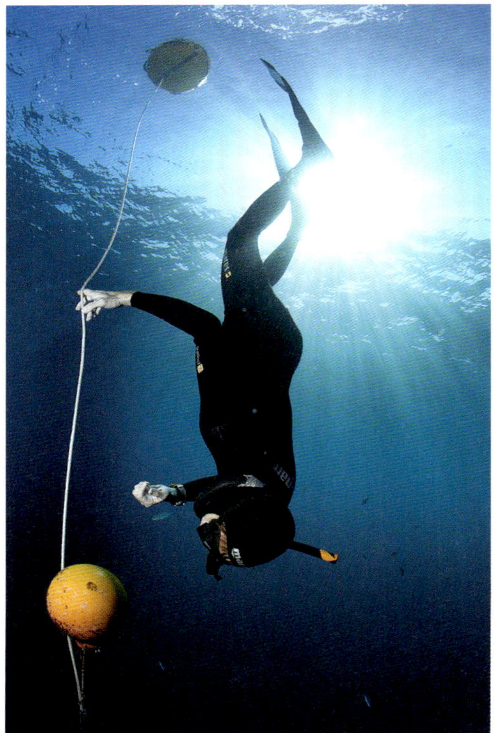

Mouthfill bedeutet, dass die Luft vor Erreichen des Residualvolumens in den Rachen-Mund-Bereich verschoben wird. Damit die Luft nicht mehr nach unten gezogen wird (man nennt das den *Mouthfill* verschlucken), muss man dafür sorgen, dass die Luft im Rachen-Mund-Bereich bleibt. Dazu müssen die Stimmlippen geschlossen werden, die nun die Stimmritze abdichten und verhindern, dass die Luft in die Lunge zurückfließt.

Zu guter Letzt muss die Luft noch den Weg ins Mittelohr finden und genau dabei unterscheiden sich einige Philosophien des Druckausgleichs. Die einen bezeichnen als Druckausgleich lediglich den Akt, die Luft in den Rachenraum zu transportieren, um dort mithilfe der Frenzeltechnik den Druck auszugleichen. Die anderen bezeichnen als *Mouthfill*-Druckausgleich konstanten Druck aufzubauen, um die Eustachischen Röhren durch diesen Druck permanent geöffnet zu halten. Wie Frenzel funktioniert, haben wir bereits gezeigt.

Im Folgenden betrachten wir die Methode mit konstantem Druck:

- Vor Erreichen des Residualvolumens Luft in den Rachenraum bringen.
- Beim Abtauchen nun den Kopf heben, sodass man in Richtung Grundplatte blickt.
- Nase zuhalten, der Kiefer ist geöffnet (die Lippen sind geschlossen).
- Die Wangen mit so viel Luft wie möglich füllen.
- Stimmlippen schließen.
- Gaumensegel die ganze Zeit neutral halten.
- Den Kopf wieder in die Ausgangsposition mit Blick auf das Seil bringen.
- Durch das Zurückbringen des Kopfes in die Ausgangsposition, zusammen mit dem Zuhalten der Nase, fühlt man bereits den Druck auf das Mittelohr.
- Das langsame Schließen des Kiefers erhöht den Druck auf das Mittelohr. Mehr Luft wird in die Eustachischen Röhren gedrückt.
- Die Luft wird mittels Wangendruck durch die Eustachischen Röhren ins Mittelohr gedrückt.
- Jetzt presst man mit der Zunge die Luft dorthin, indem man sie zuerst eine Position wie beim Buchstaben »t« (Zungenspitze hinter den oberen Schneidezähnen) und dann wie beim »k« einnehmen lässt (Zungenspitze hinter den unteren Schneidezähnen). Die Mitte der Zunge drückt in den Bereich zwischen hartem und weichem Gaumen.

Auch die Luft im Mund-Rachen-Raum komprimiert, doch kann man sie aktiv nutzen. Es geht beim *Mouthfill* darum, möglichst sparsam und effizient damit umzugehen. Die Luft aus der Lunge kann man ab einer bestimmten Tiefe nicht mehr nutzen, denn sie ist komprimiert und kann nicht in den Rachenraum gebracht werden.

Der *Mouthfill* bedeutet also, Luft vor Erreichen des Residualvolumens in die Wangen zu nehmen und dort während des gesamten Tauchgangs zu halten. Dabei wird der Weg nach unten durch Verschließen der Stimmritzen versperrt. Durch das neutrale Gaumensegel wird ermöglicht, den Druck im Mittelohr auszugleichen, entweder durch konstanten Druck oder stoßweise durch Frenzel.

Tipp für den Mouthfill: Andreas Pap, deutscher Rekordhalter in der Disziplin *No Limits*, erklärt: *»Der Mouthfill muss dafür sorgen, dass die Backen prall gefüllt sind. Zuerst mache ich die Backen richtig voll, dann drücke ich die Zungenspitze gegen die obere Zahnreihe wie bei einem t-Laut, anschließend geht die Zungenmitte gegen den Gaumen, wie bei einem k-Laut. Dabei presse ich die Backen zusammen, um die Tuben offen zu halten. Eine nicht angespannte Brust- und Bauchmuskulatur erleichtert den Druckausgleich«.*

Übungen für den Mouthfill

Ballonübung: Es wurde gezeigt, dass der *Mouthfill* ein neutrales Gaumensegel und geschlossene Stimmlippen erfordert. Eine beliebte Übung ist die Ballonübung. Man bläst einen Ballon auf und inhaliert anschließend durch den Mund die eingeblasene Luft. Bei geschlossenen Stimmlippen und neutralem Gaumensegel wird die Luft durch die Nase entweichen. Anhand dieser Übung kann man sehr gut erkennen, ob die Luft in die Lunge zurückgeht (der Brustkorb hebt sich und die Luft entweicht nicht aus der Nase) oder ob das Gaumensegel nach oben zeigt und keine Luft aus der Nase entweichen kann. Zu Beginn kann man diese Übung mit leichtem Druck mit den Fingern auf den Ballon und gleichzeitigem Ausblasen durch die Nase unterstützen.

Mouthfill mit leerer Lunge: Achtung, da diese Übung ein vorangegangenes umfangreiches *Warm-up* und einen fortgeschrittenen Trainingszustand voraussetzt, besteht bei ungenügender Vorbereitung die Gefahr eines *Lung squeeze*. Mit nahezu leerer Lunge taucht man auf eine Tiefe von 5 m. Hier wird alle Luft aus der Lunge in den Mund-Rachen-Raum transportiert. Im Folgenden werden die Stimmlippen geschlossen und man taucht so tief, wie ein Druckausgleich möglich ist. Das Ergebnis muss notiert werden. In den folgenden Trainings geht es darum zu lernen, den Inhalt des Mundes (*Mouthfill*) möglichst effizient zu nutzen. Wie weit kommt man mit dieser »Mundfüllung«? Komme ich damit tiefer als mit meinem Residualvolumen? Das sind die Aspekte, an welchen fortgeschrittene Freitaucher kontinuierlich arbeiten müssen.

Béance tubaire volontaire

Die BTV- oder Delonca-Methode ist bei Freitauchern besonders beliebt. Es wird berichtet, dass nur 30 % der Menschen in der Lage sind, sie nach dem Erlernen zuverlässig zu beherrschen. Diese *Handsfree*-Druckausgleichmethode wurde von Dr. Georges Delonca erfunden und hat den großen Vorteil, dass die Hand für den Druckausgleich nicht an die Nase geführt werden muss. Dadurch ist der Taucher beim Abstieg stromlinienförmiger und erheblich entspannter, weil er die dafür notwendige Muskulatur der Arme und Hände komplett entspannen kann. *Béance tubaire volontaire* bedeutet »willentliches Öffnen der Tuben«. Durch die entsprechende Kinnhaltung, einer Position wie kurz vor dem Gähnen, werden die Tuben geöffnet. Wer mit den Ohren wackeln kann, kennt das leicht knirschende Geräusch in den Ohren dabei. Die Tuben werden geöffnet und durch diese Position offen gehalten. Ein Druckausgleichproblem entsteht dann, wenn die Tuben blockieren und die im Mittelohr eingeschlossene Luft komprimiert wird.

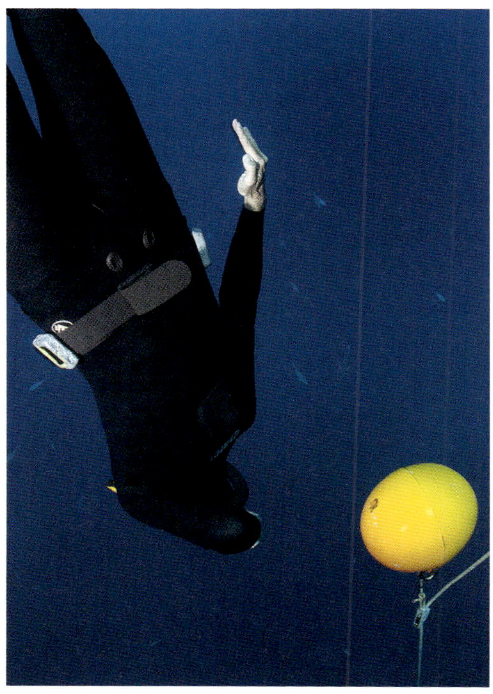

Druckausgleich erleichtern

Alles, was die Nasennebenhöhlen verschleimen und verstopfen kann, sollte vermieden werden. Dazu gehören Rauch, Milchprodukte, Klimaanlagen etc. Die Atemwege sollten gelegentlich gereinigt werden. Nasenspülungen mit Mineralsalz sind sehr gut geeignet. Generell sollte viel durch die Nase geatmet werden. Das hält die Nasenschleimhaut feucht, wodurch Schleim und Schmutz besser abtransportiert werden.

Ein entspannter Nacken- und Schulterbereich ist ebenfalls sehr wichtig für den Druckausgleich. Dazu ist die Übung aus der Progressiven Muskelentspannung sehr gut geeignet. Darüber hinaus hilft die Haltung, die man beim freien Fall einnimmt, sich zu entspannen. Sie ähnelt extrem dem im *Pranayma* gelehrten Halsverschluss namens *Jalandhara Bandha*. Dabei wird das Kinn nach einer vollen Einatmung auf die Brust genommen und der Atem angehalten. Das hat zur Folge, dass ein Druck auf die Halsschlagadern ausgeübt wird. Das führt zu einem herabgesetzten Herzschlag, zur mentalen Entspannung und ist daher auch eine tolle Maßnahme gegen Stress.

Ein entspanntes Abtauchen ist ebenfalls sehr wichtig. Häufig werden Druckausgleichsprobleme dann erfahren, wenn man den Tauchgang schnell hinter sich bringen möchte. Eine zu schnelle Abstiegsgeschwindigkeit führt ebenfalls häufiger zu Schwierigkeiten.

Trainingsplan Tief

Beim Tieftauchen ist es wichtig, den Körper nicht zu überfordern, einen allgemein gültigen Trainingsplan gibt es daher nicht. Der folgende Plan sollte einige Trainingsimpulse setzen. Grundsätzlich gilt aber, dass vor jedem Training ganz ausgiebig gedehnt und die Lunge mit den Atemübungen vorbereitet wird. Die Tiefe wird nur in kleinen Schritten erhöht und die Erkenntnisse werden in das Trainingslogbuch übertragen. Trainiert wird niemals alleine, sondern immer mit einem Tauchpartner, der ungefähr den gleichen Leistungsstand hat.

Trockentraining:
Ujjayi-Atmung – sie dient unter vielem anderen dazu, eine Kontrolle über die Stimmlippen zu haben, um bei tiefen Tauchgängen die Stimmlippen verschließen zu können. Geschlossene Stimmlippen, neutrales Gaumensegel, das sind die Grundvoraussetzungen für die Frenzel-Druckausgleichstechnik.

- Einatmen durch den verengten Schlund durch die Nase – dann die Stimmlippen schließen und den Atem anhalten, so lange wie angenehm.
- Ausatmen durch Mund und Nase gleichzeitig – ausgeatmet den Atem anhalten, so lange wie angenehm.
- Einatmen wie oben, Apnoephase bis zur ersten Kontraktion.
- Ausatmen und zwei weitere Kontraktionen abwarten.
- Einatmen wie oben, Apnoephase bis zur zweiten Kontraktion.
- Ausatmen und zwei weitere Kontraktionen abwarten.
- Steigern, so weit wie es geht.

Der Rest des Trockentrainings erfolgt entsprechend dem Dynamiktrainingsplan, auch im wochenweisen Aufbau.

Wassereinheit 1: Pool oder Springerbecken

1. Techniktraining – *Duck dive* mit möglichst wenig Blei – Ziel: Die Phase des positiven Auftriebs durch einen perfekten *Duck dive* leichter zu überwinden.
2. Techniktraining – Wende (am besten ausgeatmet).
3. Tauchen auf den Grund, auf den Rücken legen und Kringel blasen. Wenn die Lunge leer ist kurz verharren und langsam auftauchen.
4. Kraft-Ausdauer-Training: Ein Taucher zieht den anderen eine Bahn lang. Ohne aufzutauchen, zieht dann der zweite Taucher den ersten wieder zurück. Der aktive (ziehende) Taucher arbeitet sich mit dem Brustarmschwung nach vorne, der passive (gezogene) Taucher hält sich an den Fesseln des aktiven fest.
5. Kraft-Ausdauer Training: Ein Taucher zieht den anderen eine Bahn lang. Auf der ande-

ren Seite lässt der passive Taucher los und der aktive taucht eine weitere Bahn ohne Ballast (simuliert einen Tieftauchgang, wo der Taucher zunächst gegen den Auftrieb arbeitet und anschließend in die Phase des Abtriebs kommt).

Besonders nützlich sind Übungen, die passiv ausgeatmet (FRC) auf 4–5 m durchgeführt werden. Sie trainieren die Flexibilität der Lunge. Doch auch hier sollte man sich langsam steigern, ein *Squeeze* kann bereits auf einer Tiefe von 4–5 m passieren. Z. B. Ausatmen, sich auf den Grund des Springerbeckens fallen lassen, dort bis zum Ende des Beckens laufen oder sich hinlegen und Fliese für Fliese zum anderen Ende des Beckens kriechen.

Wassereinheit 2: Freiwasser

1. Das *Warm-up* hängt stark von den bisherigen Tieftaucherfahrung ab. Wer bereits seit einigen Monaten taucht und Tiefen von 25–30 m sicher schafft, der kann langsam damit beginnen, FRC-Tauchgänge als *Warm-up* zu verwenden. Aber Vorsicht! Ein Tauchgang, der passiv ausgeatmet ist, simuliert einen sehr viel tieferen Tauchgang. Der FRC-Tauchgang soll dazu dienen, den Körper auf die Tiefe vorzubereiten, den Tauchreflex zu triggern, sodass die Lunge durch den *Bloodshift* vor *Squeezes* geschützt wird. Ein zu tiefer FRC-Tauchgang bewirkt genau das Gegenteil – er kann die noch nicht geschützte Lunge verletzen.
2. Nach zwei FRC-*Warm-up*-Tauchgängen kann der dritte *Warm-up*-Tauchgang, der mit voller Lunge durchgeführt wird, dazu verwendet werden, in den Bereich des neutralen Auftriebs zu tauchen. Wo bin ich neutral? Diese Erkenntnis sollte ins Logbuch eingetragen werden.
3. Der nächste Tauchgang geht zum neutralen Punkt und danach geht es für 5–10 m in den *Freefall*. Beim Aufstieg über den neutralen Punkt ohne mit den Flossen oder Beinen zu schlagen durch den positiven Auftrieb nach oben gleiten lassen.
4. Ausreichend Pause und dann der Maximalversuch.

In den folgenden Wochen muss das Training so angepasst werden:

- FRC Tauchgänge als *Warm-up* nutzen.
- Sowohl die weiteren *Warm-up*-Tauchgänge steigern als auch die Maximaltiefe langsam steigern.
- Den neutralen Punkt mit der Maximaltiefe nach unten verschieben (nicht tiefer als 50 % der Maximaltiefe).
- Bleiverteilung checken, evtl. mehr Blei an den Hals machen, um einen verbesserten *Freefall* zu erreichen.
- Die Technik und insbesondere die Körperhaltung von einem Tauchpartner überprüfen lassen.
- Die Einheiten im Freiwasser erhöhen. Um in der Tiefe weiterzukommen, muss öfter als einmal in der Woche trainiert werden. Je öfter man trainiert, umso besser wird man (drei Mal wöchentlich ist von Vorteil).
- Druckausgleichstraining – FRC Tauchgang, die Stimmlippen schließen und zunächst mit den Füßen voran am Seil entlang nach unten ziehen. Für den Druckausgleich wird nur die Luft aus dem Mund-Rachen-Raum verwendet. Anschließend dieselbe Übung mit dem Kopf voraus.
- Rettungsübungen integrieren.
- *Lanyard* verwenden.

Rettungsübungen geben Sicherheit

Gelegentlich sollte eine Rettungsübung ins Training eingebaut werden. Abgesehen vom nach oben bringen und dem *blow*, *tap*, *talk*, sollte gelegentlich auch geübt werden, das ganze System einschließlich Grundplatte nach oben zu ziehen. Hierbei handelt es sich um das *Worst-Case*-Szenario, d. h., der Taucher hat einen Blackout in der Tiefe, z. B. aufgrund einer verfangenen *Lanyard*, und ist für den Sicherungstaucher nicht erreichbar. Er muss mitsamt der Grundplatte nach oben gezogen werden. Dazu legt sich ein Tauchpartner auf die Boje und zieht alles zusammen nach oben, der zweite unterstützt ihn dabei. Ein schönes Szenario, um die Wirksamkeit einer Rettung zu demonstrieren.

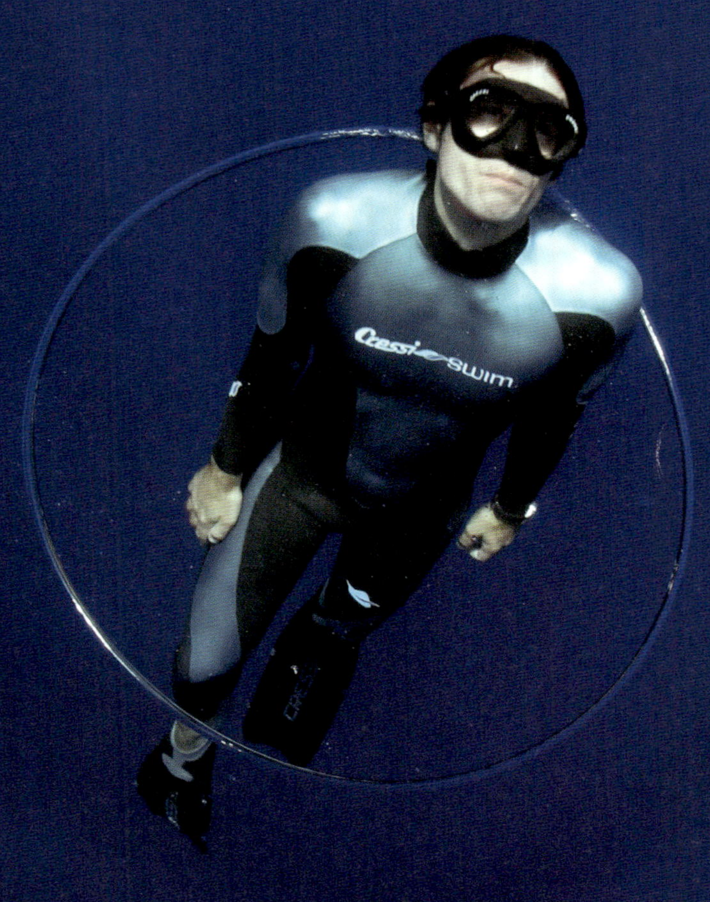

Lifestyle

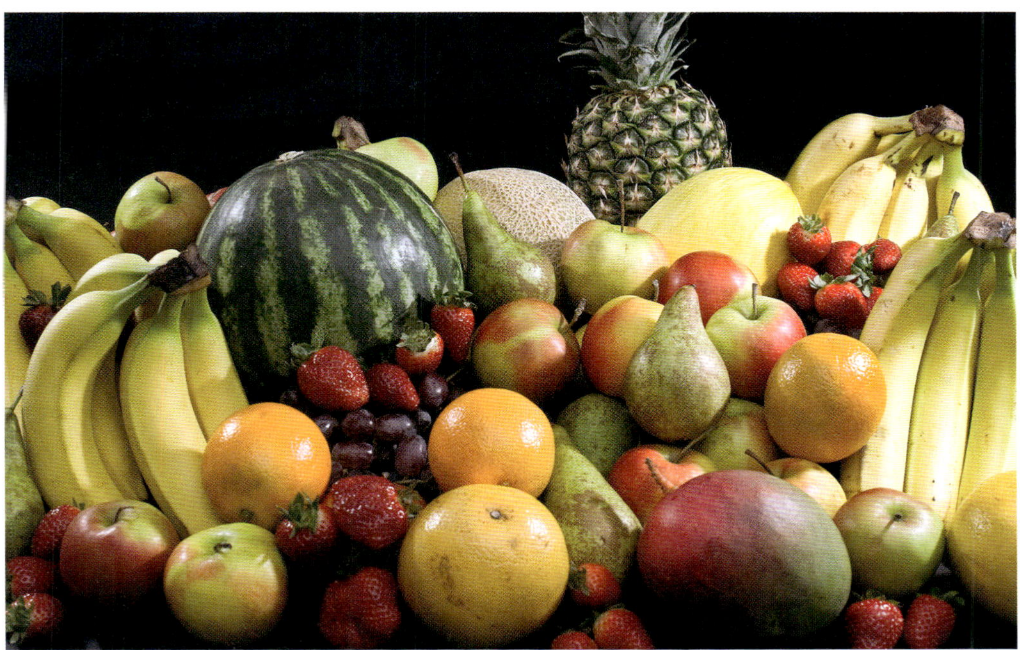

Ernährung

Obwohl es Apnoetaucher gibt, die nur die sportlichen und Leistungsaspekte genießen, bedeutet Freediving für die meisten von ihnen eine Art Lifestyle: Um entspannt freitauchen zu können, muss man sich richtig ernähren, seinen Körper fit halten und eine positive Motivation finden, indem man nicht nur im Schwimmbecken trainiert, sondern regelmäßig Ausflüge, Reisen und neue Erlebnisse plant.

Letztendlich fühlt man sich richtig frei, wenn man mit wenig Ausrüstung um die Welt reist und dabei ganz in Ruhe Unterwasserlandschaften entdecken oder mit Tieren interagieren kann. In diesem Sinne versteht sich das Apnoetauchen eher als Mittel zum Zweck und nicht als Ziel an und für sich.

In diesem Sinn muss unsere Ernährung ausgewogen, vitaminreich und gesund sein. Vielleicht ist für Freediver die vegetarische Ernährung auch deswegen vorteilhafter, weil sie sich regelmäßig damit auseinandersetzen, was sie essen müssen, um höhere Leistungen erzielen zu können.

Kraft der Natur

Viele Apnoetaucher sind Vegetarier. Wer ausgewogen vegetarisch isst, konsumiert automatisch mehr Vitamine. Dabei hängen viele Menschen noch dem Glauben an, dass Vegetarier Eisen oder Eiweiß als Nahrungsergänzungsmittel zu sich nehmen müssen, um das fehlende Fleisch zu ersetzen. Dabei liegt der Eisengehalt in mg/100 g Linsen bei 6,9 im Vergleich zu Schweinefleisch mit 2,5.

200 g Erbsen liefern 13 g Eiweiß und enthalten außerdem Eisen, Zink, Kupfer, Kalium und Calcium sowie die Vitamine B_1 und B_2, die sich positiv auf Nerven und Gehirnfunktionen auswirken.

Freie Radikale können unseren Körper ebenfalls stören und angreifen. Sie werden für Krebs und andere Krankheiten verantwortlich gemacht. Freie Radikale können durch Antioxidantien gebunden werden. Diese sind z. B. in Gemüse, Salat, Früchten und Nüssen enthalten. Die in den tierischen Produkten enthaltenen Fettsäuren sind überwiegend gesättigte Fette, die meist direkt ins menschliche Fettgewebe eingelagert werden. Zu viele gesättigte Fette erhöhen den

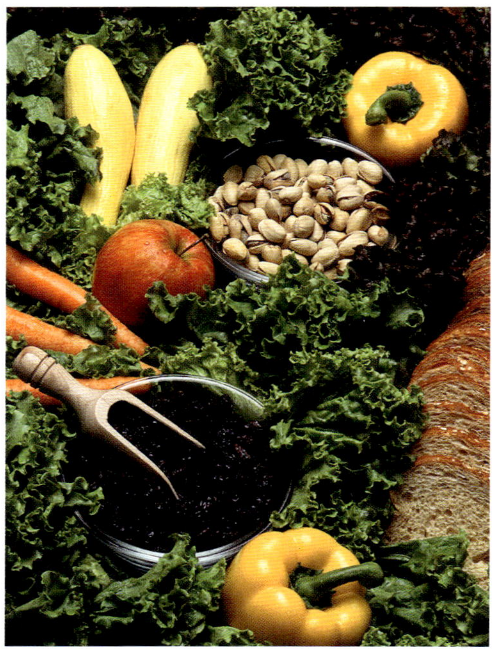

Cholesterinspiegel, was zu verschiedenen chronischen Erkrankungen führen kann.

Viele Freitaucher sind Anhänger der Basischen Ernährung, die den pH-Wert im Blut stabil hält und eine Übersäuerung verhindert. Ein erhöhter Säurehaushalt schwächt das Immunsystem, weil der Körper eigene Mineralstoffreserven angreifen muss, um die Säure zu neutralisieren. Diese werden aber für andere Aufgaben im Körper benötigt. Zusätzlich werden Fettzellen angelegt, um die Säure einzulagern. Basische Ernährung verfolgt das Ziel, das Gewicht nicht zu erhöhen, das Immunsystem zu unterstützen und dabei leistungsfähig und gesund zu bleiben. Basische Ernährung besteht zu 70–80 % aus basischen Lebensmitteln, wie Äpfeln, Bananen, Pilzen, Blumenkohl, Brokkoli, Lauch, Zucchini und Eisbergsalat.

Vor dem Tauchen

Die Ernährung muss bewusst erfolgen: Was esse ich und warum esse ich es? Vor dem Apnoetauchen sollte nicht schwer gegessen werden, der Körper soll den Sauerstoff nicht für die Verdauung verbrauchen. Außerdem drückt ein voller Bauch bei Atemübungen und bei Kontraktionen. Milchprodukte führen zu einer Verschleimung der Stirn- und Nasennebenhöhlen, was zu Problemen beim Druckausgleich führen kann. Trinken sollte man vor allem Wasser. Normalerweise geben Ärzte und Krankenkassen einen Flüssigkeitsbedarf von 2–3 l pro Tag an. Ein Teil davon wird durch Stoffwechselvorgänge generiert. Den anderen Teil nehmen wir über die Nahrung auf; ca. 1–2 l sollen über Getränke aufgenommen werden (kein Koffein, kein Alkohol). Da man beim Apnoetauchen zum einen mehr durch den Mund atmet, dem Körper aufgrund der Taucherdiurese Flüssigkeit entzogen wird und man sich sportlich betätigt, ist der Flüssigkeitsbedarf entsprechend höher.

Gute Flüssigkeitslieferanten sind isotonische Getränke, Kräutertees und Wasser, insbesondere Mineralwasser. Dessen Inhaltsstoffe Calcium, Sulfat, Magnesium, Natrium, Hydrogencarbonat, Fluorid und Kohlensäure haben wichtige Funktionen und wirken sich positiv aus auf Magen, Darm, Bauchspeicheldrüse, Leber und Gallenblase, Nieren und Harnwege, den Stoffwechsel und bei Mineralstoffmangel.

Je nachdem, wie man trainiert, was der Körper braucht, wo er einen Mangel hat, sollte die Ernährung ausgewählt werden. Vor einem Training sollte eine Banane ausreichen, zusammen mit Mineralwasser mit einem hohen Magnesium-Anteil. Nützliche Informationen, welche Vitamine, Proteine etc. in unseren Lebensmitteln enthalten sind, liefern Nährwerttabellen, die man im Internet oder in Büchern finden kann.

Fitness und Gesundheit

Viele denken, dass Freitaucher unbedingt Yoga- und/oder Meditations-Experten sein müssen, um im Wasser etwas erreichen zu können. Diese Einstellung ist teilweise wahr, aber kein Muss, denn man sieht jeden Tag Leute im Wasser, die nicht unbedingt einen gesunden Lebensstil führen und trotzdem in der Lage sind, ihre Leistungen sehr schnell zu steigern. Auch wenn man sagt, alle werden gleich geboren, weiß man doch, dass bei einigen Menschen gewisse

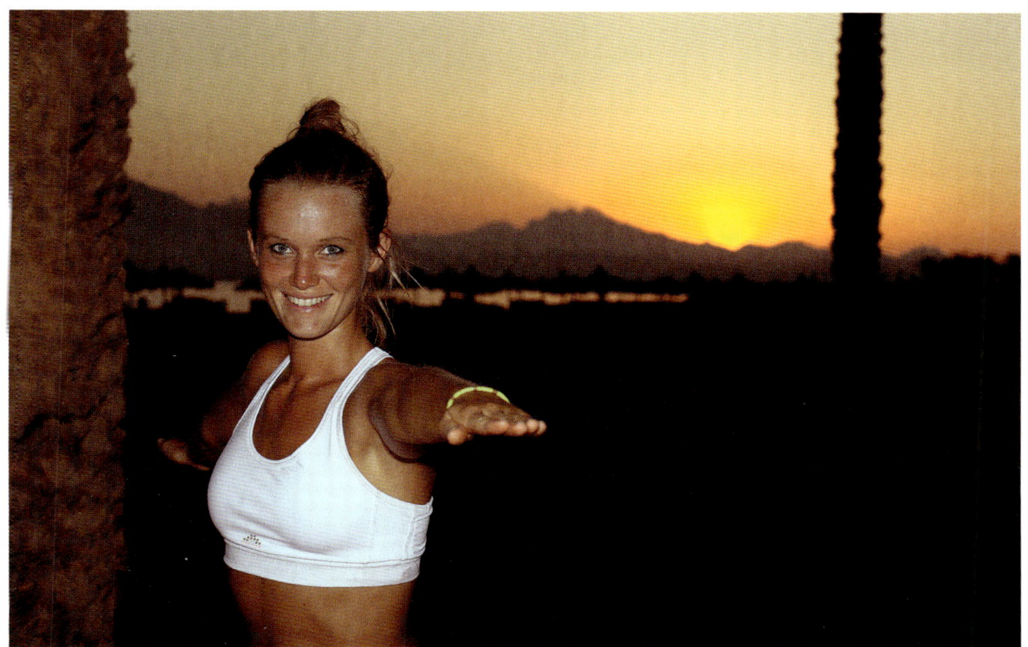

Talente eindeutig stärker ausgeprägt sind als bei anderen. Was für Kunst oder Sportarten gilt, stimmt natürlich auch beim Freitauchen: Unter den Weltmeistern sind Menschen, die schon sehr früh Talent gezeigt, meist schon als Teenager viel Zeit im/unter Wasser verbracht und dadurch unbewusst einen gewissen Lebensstil entwickelt haben.

Doch wie in den vorherigen Kapiteln gesehen, gibt es auch jede Menge Leute, die erst als Erwachsene zum Freitauchen kommen und dabei lernen sich richtig zu entspannen, den Körper zu mehr Beweglichkeit zu trainieren und sich gesund zu ernähren. Mit anderen Worten, Menschen, die Apnoe zu ihrer Hauptfreizeitaktivität machen, werden dabei meist positive Veränderungen in ihr Leben bringen: Sie essen bewusster, stretchen öfter und praktizieren meistens auch Atem- und Meditationsübungen. Man muss also nicht unbedingt Yogi oder Yogini sein, doch Yoga und Ayurveda lehren uns viel über Reinigung und Gesundheit und gehören damit zum Freediving-Lifestyle dazu. Schauen wir nun, was sonst noch hilfreich ist, um entspannter frei zu tauchen.

Stretching

Eine gute Beweglichkeit erhöht die Leistungsfähigkeit, hauptsächlich deshalb, weil vorgewärmte Muskeln weniger Energie und Sauerstoff verbrauchen, aber auch weil man mit bestimmten Dehnübungen die Lungenkapazität erhöhen kann.

Wichtig beim Stretching ist es, mit einer sanften Dehnung der Muskeln zu beginnen und diese langsam zu steigern. Man kann neben dem morgendlichen *Pranayama* auch Dehnübungen durchführen. Ein gezieltes Stretching der beanspruchten Muskelgruppen gehört aber sicherlich vor und nach der sportlichen Tätigkeit dazu. Ein gutes Dehnungsprogramm ist der Sonnengruß, eine Fertigkeit aus dem Yoga, die von vielen Freitauchern in verschiedenen Varianten eingesetzt wird.

Zusätzlich ist das regelmäßige Stretching der Zwischenrippenmuskulatur besonders wichtig, damit sich die Lungen noch weiter ausdehnen können.

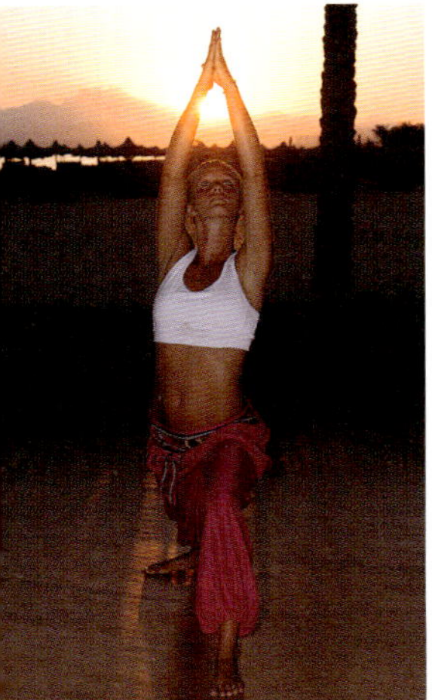

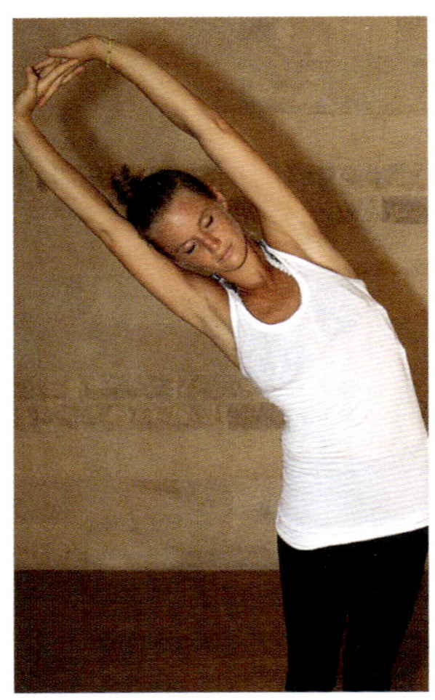

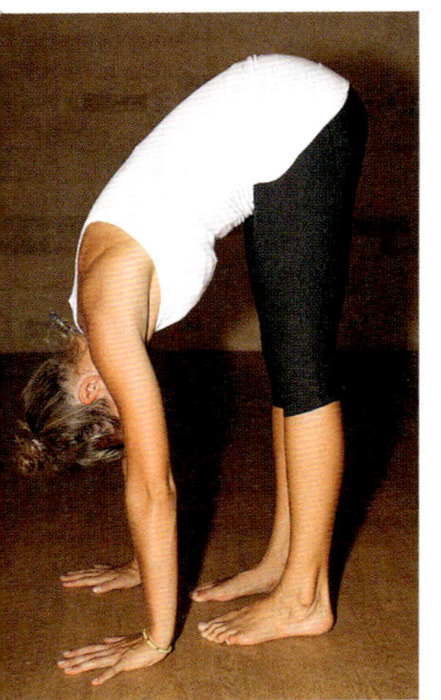

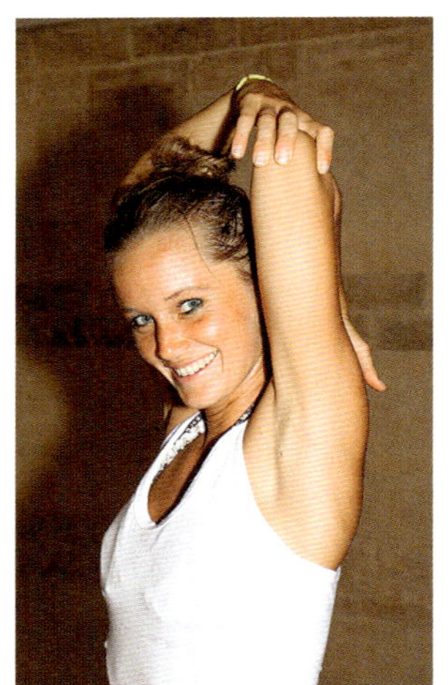

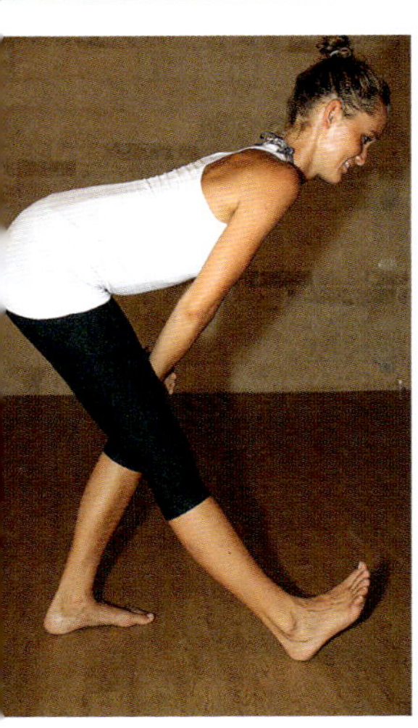

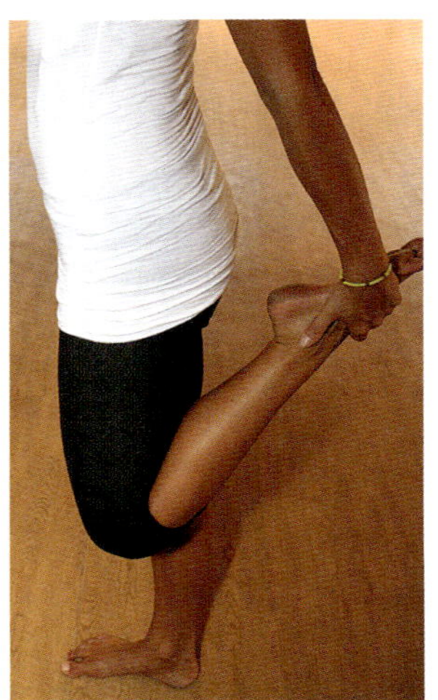

So kann einen Stretchingplan aussehen:

Sonnengruß: Verschiedene Yoga-Stellungen werden in eine Abfolge gebracht und mit dem Atem synchronisiert. Generell gilt: Einatmen, wenn es nach oben geht, und ausatmen, wenn es nach unten geht. Der Sonnengruß ermöglicht ein Ganzkörperstretching und soll möglichst fünf Mal wiederholt werden, wobei jedes Mal die Dehnung leicht intensiviert wird.

Zwischenrippenmuskulatur: Man stellt sich aufrecht hin, Arme seitlich am Körper. Mit der Einatmung führt man die Arme über den Kopf, verschränkt die Finger und dreht die Hände nach außen und streckt sich in die Höhe. In dieser Haltung hält man den Atem an, dehnt die Zwischenrippenmuskulatur, indem man den Oberkörper einmal nach rechts, einmal nach links und einmal nach hinten biegt und dann mit dem Ausatmen die Arme wieder senkt. Diese Übung wiederholt man wenigstens zwei bis drei Mal.

Rücken: Man stellt sich aufrecht hin, Arme seitlich am Körper. Mit der Einatmung hebt man die Arme über den Kopf und mit der Ausatmung beugt man sich vornüber, bis die Hände den Boden berühren (oder soweit wie es geht), und bleibt in dieser Haltung für zwei Atemzyklen. Dann atmet man wieder ein, rollt gleichzeitig den Rücken Wirbel für Wirbel auf und führt die Arme wieder nach oben, um sich dann mit dem Ausatmen wieder vornüber zu biegen und den Boden zu berühren, usw. Diese Übung wiederholt man drei Mal und verstärkt dabei jedes Mal die Dehnung.

Arme: Man stellt sich aufrecht hin. Mit der Einatmung bringt man den Ellbogen hinter den Kopf und platziert die Hand zwischen den Schulterblättern. Mit der anderen Hand drückt man den Ellbogen nach hinten (nicht nach unten) und bleibt für zwei Atemzyklen in dieser Haltung. Beim Ausatmen senkt man die Arme und wiederholt dann dasselbe mit dem anderen Arm.

Beine 1: Man stellt sich aufrecht hin, beugt ein Bein und umfasst den Knöchel. Mit der anderen Hand stützt man sich ab und baut Körperspannung im Oberkörper durch Anspannen der Bauch- und Gesäßmuskeln auf. Dann zieht man das Bein leicht nach hinten. Dabei bleibt die Hüfte unbedingt gestreckt.

Beine 2: Man steht auf einem leicht gebeugten Standbein und stellt das andere Bein gestreckt auf die Ferse. Dann zieht man die Fußspitze an und schiebt das Becken langsam nach hinten, bis sich eine Dehnung in der hinteren Oberschenkelmuskulatur spüren lässt. Der Rücken bleibt während der ganzen Zeit gerade.

Füße: Man steht auf einem gestreckten Bein und stellt den anderen Fuß auf die Spitze der großen Zehe. Man lässt den Fuß etwa 20 s lang um die aufgesetzte Zehenspitze kreisen, bevor man auf den anderen Fuß wechselt.

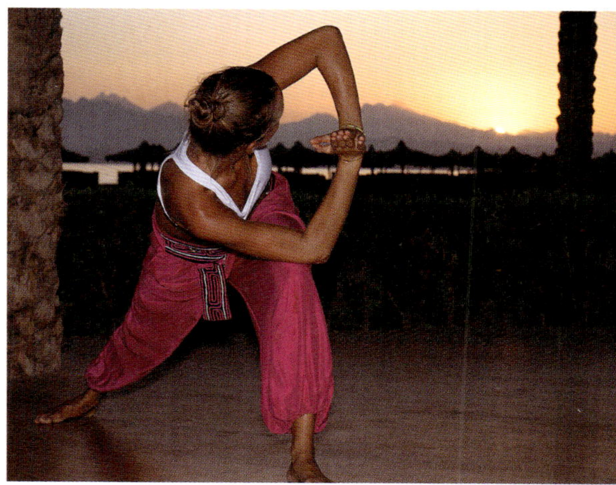

Atmung

Man hört tagtäglich, dass sich Leute beschweren, sie hätten keine Zeit mehr, um einmal ruhig durchzuatmen. Leider fehlt den meisten Menschen das Bewusstsein für die richtige Atmung. Meist atmen sie kurz und flach, was letztendlich weniger Sauerstoff in den Körper bringt und damit weniger CO_2 abtransportiert.

Was man spontan vielleicht kaum denken würde: Apnoeübungen verbessern den allgemeinen Gesundheitszustand. Denn um den Atem besser und länger anhalten zu können, muss man zuerst lernen, wie man richtig ein- und ausatmet. Klar ist auch: Wenn man über mehr Lungenvolumen verfügen möchte, muss die Brustkorb-Elastizität erhöht werden. Und für einen besseren Umgang mit Kontraktionen benötigt man mehr Flexibilität im Zwerchfell.

Dazu sind Atemübungen extrem wichtig. Wer täglich wenigstens 30 min in solche Übungen investiert, wird eine Verbesserung seines Gesundheitszustandes wahrnehmen und dadurch auch seine Apnoeleistungen steigern. Wir nutzen dazu Übungen aus der *Pranayama*-Praxis (bewusste Regulierung und Vertiefung der Atmung), z. B. am Morgen, um den Körper aufzuwecken, auf den Tag vorzubereiten und den Tag ganz entspannt zu starten.

Es ist eine Tatsache: Atemübungen können Krankheiten heilen, bauen Stress ab, verbessern den Blutkreislauf und erhöhen die Lebensqualität durch eine neugefundene Ruhe. Man stelle sich vor, statt in einem Stau tatenlos Radio und schlechte Nachrichten zu hören, bewusst Atemübungen durchzuführen und so ganz entspannt zuhause oder bei der Arbeit anzukommen.

Neti

Alle tieftauchenden Freitaucher wissen, dass Druckausgleich viel einfacher möglich ist, wenn alle Hohlräume frei und sauber sind. Dazu kann eine Naturheilmethode aus dem Yoga und dem Ayurveda eingesetzt werden: *Jala Neti*, eine Nasenreinigung, die man mit der sogenannten *Lota* durchführt. Es handelt sich dabei um einen Behälter, der wie ein Kännchen aussieht und in welchen man warmes Wasser mit etwas Mineralsalz gibt. Dann leert man den Inhalt der *Lota*

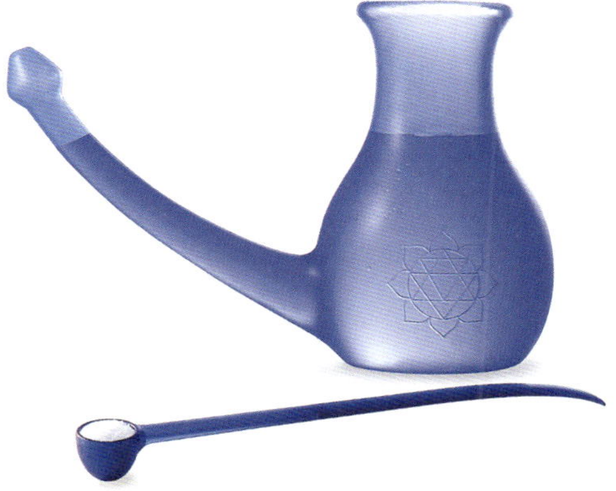

durch ein Nasenloch und lässt das Wasser aus dem anderen herausfließen und wiederholt es anschließend auf der anderen Seite. *Jala Neti* eignet sich auch gut für Nichttaucher, um das Atmen durch die Nase zu erleichtern, Schnarchen zu reduzieren etc. *Lotas* werden traditionell aus Keramik hergestellt. Es gibt aber auch unterschiedliche Varianten aus Kunststoff, die sogar noch praktischer für die Reise sind. Tipp: Mineralsalz aus dem Himalaya hat genau den gleichen pH-Wert wie Mineralsalz aus den Alpen, man braucht also kein zusätzliches Geld für Exotisches auszugeben!

Pranayama

Uddiyana Bandha: Die Übung hilft, die Lunge zu ventilieren und trainiert das Zwerchfell. Sie ist komplex und am besten lässt man sie sich von einem erfahrenen Freitaucher oder Yoga-Lehrer zeigen.

- Man stellt sich gerade hin, die Beine hüftbreit auseinander.
- Mit einer Vorwärtsbeugung, Arme fallen lassen, atmet man so tief wie möglich aus.
- Atem anhalten, mit den Händen stützt man sich nun auf den Oberschenkeln ab, die Knie sind leicht gebeugt, das Kinn zeigt zum Hals, der Rücken ist gerade.
- Man zieht die gesamte Bauchdecke nach hinten in Richtung Wirbelsäule ein und hebt sie nach oben an.
- Position so lange wie möglich halten.
- Dann entspannt man den Bauch und atmet über den Mund langsam wieder ein, der Oberkörper hebt sich.
- Nach ein paar ruhigen Atemzügen wiederholt man den Zyklus.

Agnisara: Man folgt der oberen Übung bis Schritt 3. In Sitzposition, mit nach innen gezogener Bauchdecke, drückt man den Bauch mehrmals vor und zurück, der Atem bleibt angehalten. Dann löst man die Stimmlippen und atmet langsam wieder ein. Nach einigen Zwischenatmungen wiederholt man diese zwei bis drei Mal.

Kabalabathi – Stoßatmung: Diese Übung ist im *Pranayma* als Reinigungsübung der Lungen bekannt und soll darüber hinaus Kummer und Sorgen vertreiben. Sie trainiert ebenfalls das Zwerchfell. Man beginnt in der Sitzposition, die Übung kann aber auch im Stehen durchgeführt

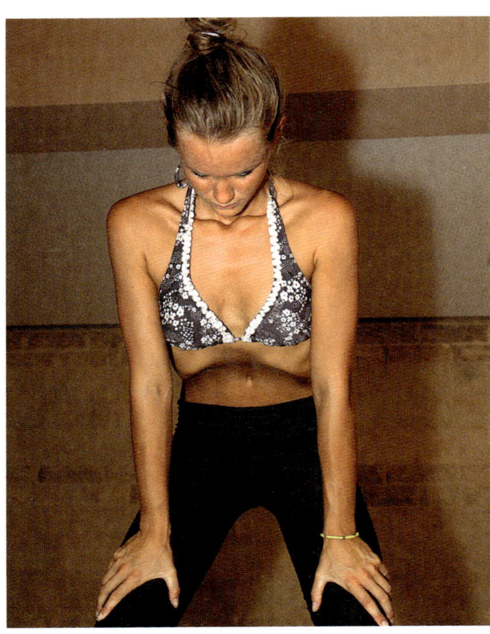

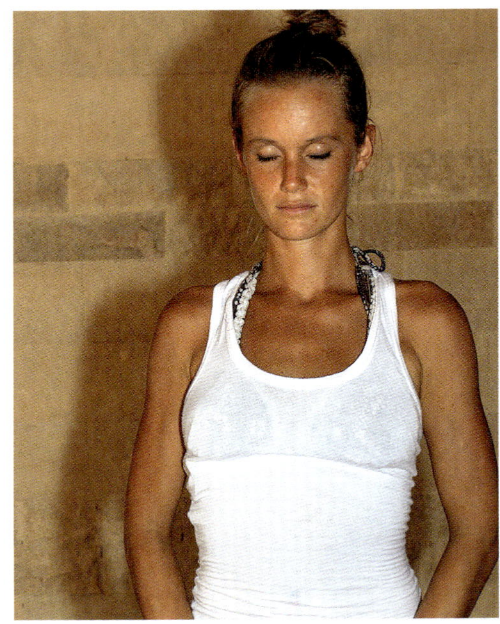

werden. Zu Beginn erleichtert die Hand auf dem Bauch die Übung.

- Man atmet bequem ein – so wie bei einem normalen Atemzug, keine Vollatmung.
- Mit einem schnellen Einziehen des Bauches presst man die Luft durch die Nase heraus.
- Durch die folgende Entspannung des Bauches wird die Luft passiv wieder eingezogen.
- 2. und 3. werden wiederholt.

Zuerst muss man diese Übung einige Male langsam wiederholen, bis sie richtig klappt. Wenn die Stoßatmung richtig beherrscht wird, macht man dieses stoßweise Ausatmen sehr schnell. Aus- und Einatmung dauern dann zusammen nur noch eine Sekunde und sie werden ca. 10–15 mal wiederholt, bevor ein bis zwei Zwischenatmungen einen neuen Zyklus einleiten. Gerade bei den Übungen, die das Zwerchfell im Fokus haben, merkt man schnell, wie wichtig es ist, nicht zu viel zu essen.

Anuloma Viloma – Wechselatmung: Bei der Wechselatmung aus dem *Pranayma* werden die zwei wichtigen Hauptnadis (Energieströme) im Körper ausgeglichen. Die Wechselatmung dient auch als Einstieg in die Meditation. Die Konzentration liegt dabei alleine auf der Atmung. Während die Einatmung generell als etwas Aufnehmendes (Energie, Kraft, Erfahrung) gilt, so ist die Ausatmung etwas Abgebendes (Loslassen, Sorgen abgeben, Dinge umsetzen). Das Atmen sein lassen, bedeutet im Moment verharren. Und genau darum geht es auch in der Meditation: *»Ich bin bei mir, ich bin in diesem Moment«*.

Interessant dabei ist, dass ein erfolgreicher Freitaucher sich immer im Moment befindet, also im Stadium aufmerksamer Meditation. Letztlich soll die Wechselatmung dazu verhelfen unseren unruhigen Geist zu beruhigen. Alternativ zur Wechselatmung kann auch die Bauchatmung mit oder ohne Bleistück auf dem Bauch gemacht werden (siehe Kapitel Zeittauchen).

Bei der Wechselatmung werden Zeigefinger und Mittelfinger eingeklappt. Daumen sowie Ring- und kleiner Finger sind ausgestreckt. Diese Handhaltung nennt man *Vishnu Mudra.* Mudras dienen dazu die Energie im Körper zu ver-

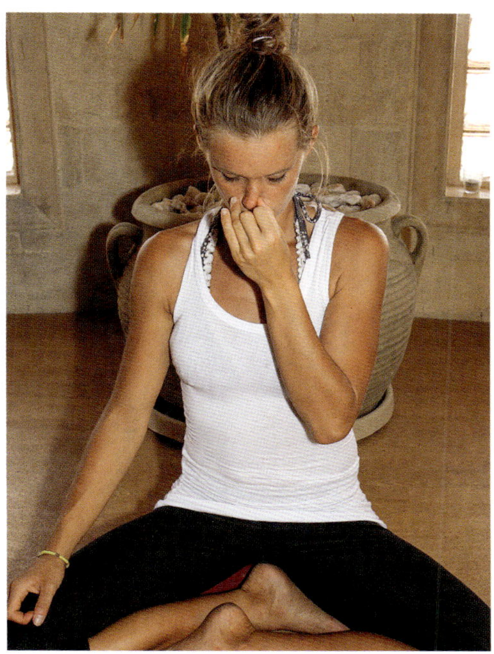

siegeln. Mit dem Daumen der rechten Hand wird das rechte Nasenloch verschlossen, kleiner und Ringfinger verschließen das linke Nasenloch.

- Man sitzt im Schneider-, Lotus-, oder Fersensitz mit gerader Wirbelsäule und offener Haltung. Die Schultern sind nach außen gedreht, der Kopf ist gerade, die Augen sind geschlossen.
- Man verschließt mit dem Daumen das rechte Nasenloch und atmet durch das linke Nasenloch ein.
- Man verschließt das linke Nasenloch mithilfe von kleinem und Ringfinger und hält die Luft an.
- Man öffnet das rechte Nasenloch und atmet langsam aus.
- Man atmet durch das rechte Nasenloch ein.
- Man verschließt das rechte Nasenloch mithilfe von kleinem und Ringfinger und hält die Luft an.
- Man öffnet das linke Nasenloch und atmet langsam aus.
- Wiederholung.

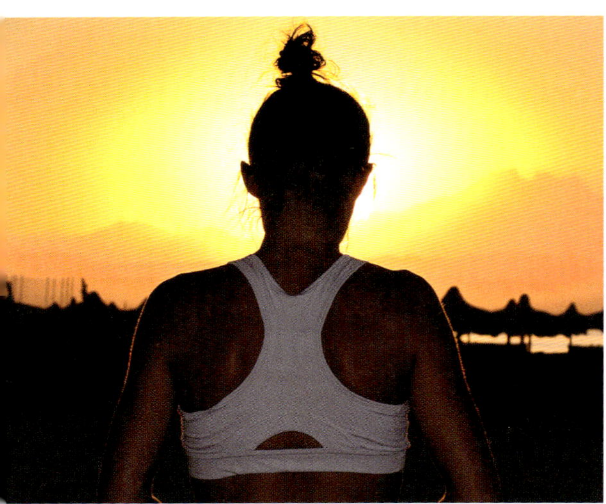

Diese Übung wiederholt man ungefähr 10 min lang. Einatmung, Atem anhalten und Ausatmung sollten dabei in einem Verhältnis von 1:4:2 stehen. Also bei 4 s einatmen, 16 s den Atem anhalten und 8 s ausatmen. Die Finger setzen genau an der Stelle an der Nasenseite an, wo die Nase aufhört hart zu sein, also genau in der »Kerbe« am oberen Teil der Nasenflügel. Durch die Berührung und Reibung an dieser Stelle befeuchtet sich die Nase. Feuchte Atemwege sind auch ein Schlüssel zu einem erfolgreichen Druckausgleich.

Ujjayi-Atmung – Verengung der Atemwege: Bei dieser yogischen Atmung wird die Stimmritze verengt. Dabei strömt die Luft laminar und ohne Verwirbelung in die Lunge. Bei der Einatmung stellt man sich vor, dass man nicht durch die Nase, sondern ein ganz dünnes Loch im Hals atmen muss (der Mund bleibt dabei geschlossen). Man verengt hier den Durchgang in der Luftröhre so, dass dabei eine Art Schnarchgeräusch entsteht.

Diese Übung nennt sich auch psychischer Atem und beruhigt das Nervensystem. Sie ist ideal, kurz bevor man ins Wasser geht. Die Übung trainiert gleichermaßen das für die erweiterten Druckausgleichtechniken notwendige Verengen der Stimmritze, beruhigt vor dem Tauchen und versorgt ausgezeichnet mit Sauerstoff – eine Luxusatmung.

Meditation

Ohne Ruhe geht beim Freediving nichts. Die dazu notwendige mentale Ruhe erreicht man durch die Meditation. Eigentlich ist jeder Tauchgang für sich schon eine Art Meditation, insbesondere bei der Statik. Der legendäre italienische Freitaucher Umberto Pelizzari sagte immer: *»Gerätetauchen heißt nach außen schauen – Freitauchen bedeutet in sich hinein zu schauen.«* Mehr muss man dazu eigentlich gar nicht sagen, um zu verstehen, wie wichtig ein meditativer Zustand ist.

Man muss kein Esoteriker sein, um zu verstehen, dass durch die Kombination von entspannter Haltung und Konzentration auf den Atem eine innere Ruhe erreicht wird. Geht man einen Schritt weiter, kann Meditation auch als Visualisierung verstanden werden, um sich aufs Training oder Leistungstauchgänge vorzubereiten und sich zu motivieren.

Damit hätte man am Morgen einen Ablauf, der mit *Jala Neti* beginnt, dann folgen *Stretching* und *Pranayama*-Übungen und zum Schluss eine kurze Meditation. Das Ganze kann eine halbe Stunde dauern oder auch mehr. Insbesondere wenn sich die Routine eingestellt hat, kann man die verschiedenen Übungen schon mal eine Stunde lang praktizieren und dabei sogar genießen.

So einfach ist es (oder vielleicht doch nicht!), ohne große Anstrengungen seinen Gesundheitszustand zu verbessern. Und die dabei eingesparte Energie kann dafür ins Wassertraining investiert werden. Wichtig ist in jedem Fall Disziplin.

Für jeden Menschen ist eine Verbesserung möglich, abhängig davon, wie oft man die Meditation praktiziert. In der Regel sollte man die Übungen täglich durchführen. Zu Beginn ist das eine Herausforderung. Doch wie man weiß, lassen sich neue Gewohnheiten im Gehirn verankern, indem sie mindestens 21 Mal über einen längeren Zeitraum wiederholt werden. Nach drei Wochen hat sich der Körper also daran gewöhnt und er wird von selber täglich danach verlangen.

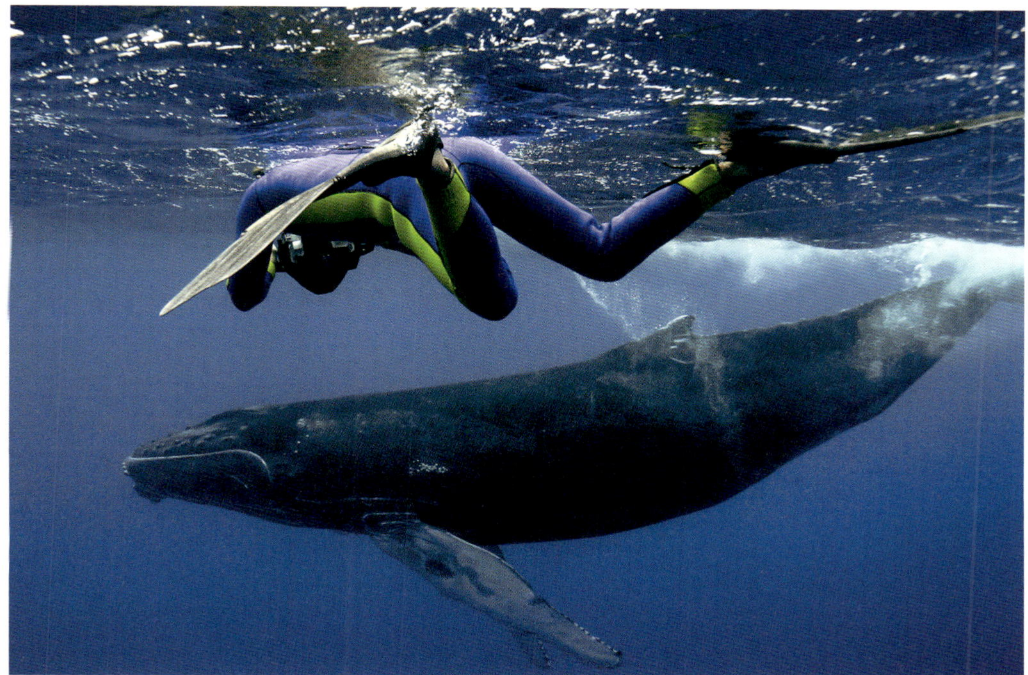

Freediving-Erlebnisse

Obwohl ein guter Teil des Freediving-Trainings im Schwimmbad stattfindet und obwohl es Taucher gibt, bei denen der Leistungsaspekt im Vordergrund steht, sehen wir im Freitauchen vor allem die Möglichkeit intensiv zu erleben, was uns die Gewässer dieser Erde an Schönheit und Tierbegegnungen zu bieten haben. Selbst Herbert Nitsch, der größte Freedivingathlet (31 Weltrekorde!), sagt, dass Rekorde und Tieftauchen den kleinsten Teil seines Freediving-Lifestyle ausmachen und dass er sich vor allem wohlfühlt beim Spaßtauchen rund um die Welt. Ja, letztendlich geht es wirklich darum: leben und erleben!

Ausbildung

Unglaubliche Erlebnisse erwarten den Freediver. Doch um sie erleben zu können, reicht es natürlich nicht aus dieses Buch zu lesen, sondern man muss sich tatsächlich auch ausbilden lassen.

Heutzutage kümmern sich weltweit hauptsächlich drei Verbände um die Freitauchausbildung:

- **AIDA** (Association Internationale pour le Développement de l'Apnée): 1992 gegründet, weltweit präsent und auch der offizielle Verband für alles, was Wettkämpfe und Rekorde betrifft. AIDA ist ein reiner Apnoe-Verband.
- **SSI** (Scuba Schools International): 1970 als kommerzieller Gerätetauchverband gegründet, hat SSI erst vor einigen Jahren begonnen ein Freedivingprogramm zu entwickeln. Dank des bereits weltweit gut etablierten Netzwerks aus Tauchschulen wird die Sparte Freitauchen wohl schnell wachsen. Sie ermöglicht vielen Gerätetauchern, zum ersten Mal mit Apnoe in Kontakt zu kommen. SSI bietet eines der vollständigsten Programme, die es gibt.
- **CMAS** (Confédération Mondiale des Activités Subaquatiques): Der älteste Tauchverband (1959) beschäftigt sich mit allen Aspekten des Tauchens sowie verschiedenen Unterwassersportarten wie Unterwasser-Hockey oder Monoflossenschwimmen usw. CMAS ist

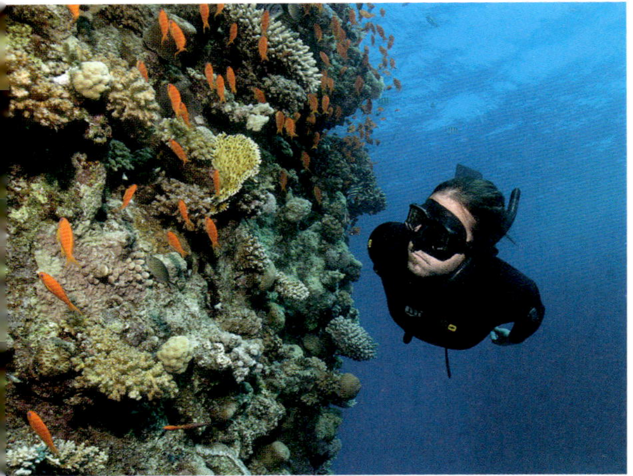

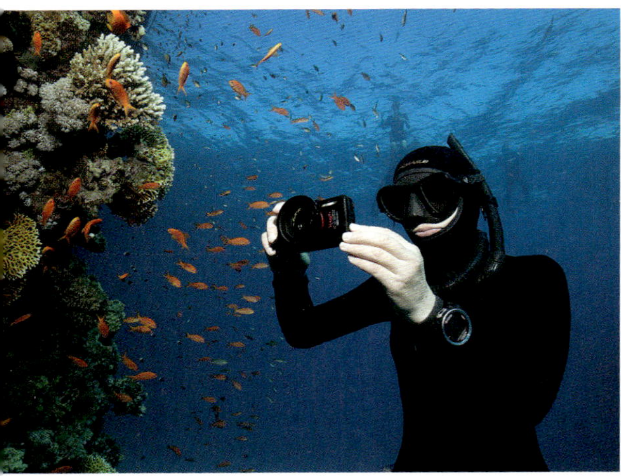

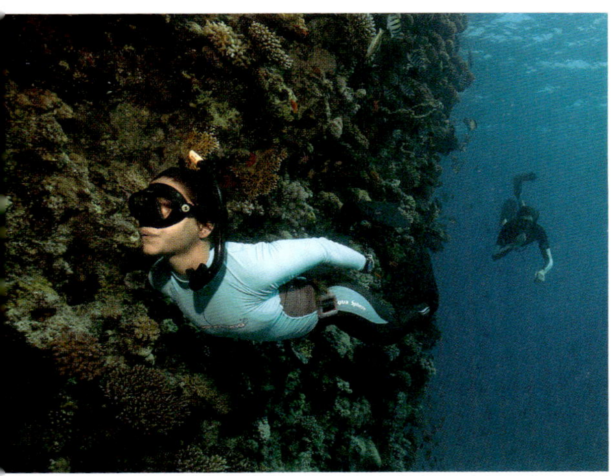

weltweit tätig und in fast allen Länder gibt es Nationalverbände, die CMAS-Mitglied sind. In Deutschland ist der offizielle CMAS-Vertreter der Verband Deutscher Sporttaucher e. V. (VDST), in Österreich ist es der Tauchsportverband Österreichs (TSVÖ) und in der Schweiz der Schweizer Unterwasser-Sport-Verband (SUSV).

Schon zur notwendigen Grundausbildung kann sich jeder in einem Verein anmelden und regelmäßig im Schwimmbad und/oder Freiwasser trainieren. So lernt man andere Freitaucher kennen, findet den richtigen Trainingspartner und kann schneller und in guter Gesellschaft Fortschritte machen – Freediving ist ein Teamsport!

Sonderaktivitäten

Neben den klassischen Formen des Apnoesportes gibt es für Freediver auch weitere Möglichkeit spezielle Aktivitäten auszuüben. Diese könnte man in drei Gruppen unterteilen:
Wissenschaft: Die Vielfalt der weltweiten Gewässer ist unendlich. Bunte Korallenriffe, Algen und Seegraswiesen, Fischschwärme, Krebse aller Art, Säugetiere und vieles andere mehr sind einfach faszinierend. Ob in Salz- oder Süßwasser, tagsüber oder nachts, jeder Freitaucher sollte einige grundlegende Kenntnisse in Gewässerbiologie haben: Denn nur wer die Umwelt kennt, kann sie besser schützen, und nur wer das Verhalten der Tiere versteht, kommt auch nahe und gefahrlos an sie heran. Es gibt wohl keinen besseren Beweis dafür als die Apnoetaucher, die im Freien mit großen Weißen Haien tauchen.
Foto und Video: Selbst Profi-Unterwasserfotografen schätzen das Freitauchen, insbesondere wenn es um Aufnahmen von Delfinen oder Walen geht. Aber auch ohne schwere, teure Ausrüstung kann heutzutage jeder, ob mit einer Kompaktdigitalkamera oder einer sogenannten Action-Cam-Videokamera, seine Freitauch-Abenteuer inszenieren und übers Internet ganz einfach mit Freunden und Familie teilen. Freediving ist eine sehr kreative Aktivität und entwickelt sich ständig weiter.

Abenteuer: Sehr geschätzt von vielen Gerätetauchern ist das Wracktauchen. Versunkene Schiffe sind geheimnisvoll, beinhalten ein Stück Geschichte, wecken den Entdeckergeist und sind sehr oft ein Anziehungspunkt für Fischschwärme. Immer mehr gibt es auch künstliche Wracks, also Schiffe, die extra für Taucher in flacheren Gewässern versenkt worden sind. Ohne tief tauchen zu müssen können so Apnoetaucher in allen Meeren und vielen Seen Wracks aller Größen entspannt erforschen. Ebenfalls spaßig und sehr geschätzt von Freitauchern sind Unterwasser-Scooter, torpedoähnliche Fortbewegungshilfen, die schon Cousteau im Einsatz hatte. Keine andere Schwimmhilfe macht es so einfach und mühelos sich im Wasser fortzubewegen und große Strecken ohne Anstrengung zurückzulegen. Beim Freediving sind sie ein fantastisches Energie-Sparmittel, das es ermöglicht große Gebiete zu erforschen, mit Delfinen zu spielen oder im Wettkampf den Tieftaucher besser zu sichern. Ab 300,– € findet man Einstiegsgeräte. Für einen wirklich guten Scooter mit guter Leistung, wie z. B. den Aquaprop von Bonex, muss man ab ca. 1500,– € rechnen – ein Spaß, der sich lohnt!

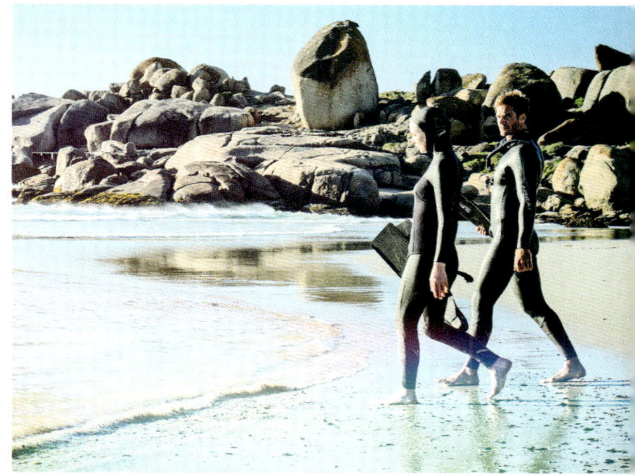

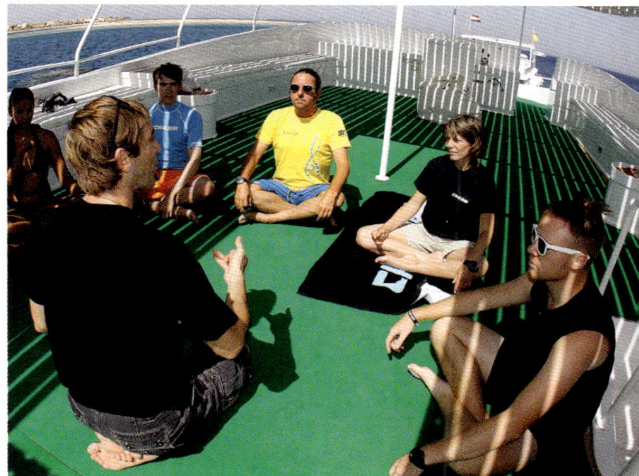

Reisen und Ausflüge

Das Training und die dadurch entwickelten Fähigkeiten, die neuen Buddys, die dieselbe Leidenschaft teilen, die Kenntnisse, die man über die Umwelt gesammelt hat: All das ermöglicht den Zugang zu unzähligen Abenteuern – sei es zu Hause oder in der Ferne. Immer mehr Tauchreiseagenturen nehmen Freedivingreisen in ihr Programm auf und es entstehen immer mehr Freediving-Center auf der ganzen Welt.

In Asien stehen Thailand, Indonesien und die Philippinen ganz vorn im Angebot. Dort findet man auf den schönsten Inseln und Revieren sehr gute Basen, welche ausschließlich fürs Freediving kreiert worden sind und einen entsprechenden Service anbieten. Sei es als Gruppe, Familie, Paar oder als Individualtourist – es ist einfach, einen Freediving-Urlaub nach Maß zu organisieren und Gleichgesinnte zu treffen.

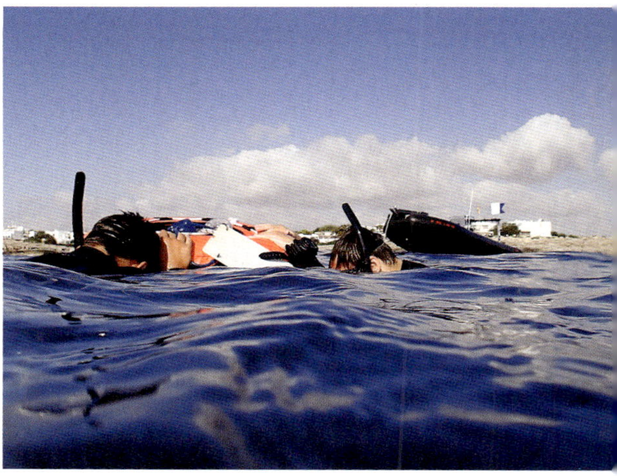

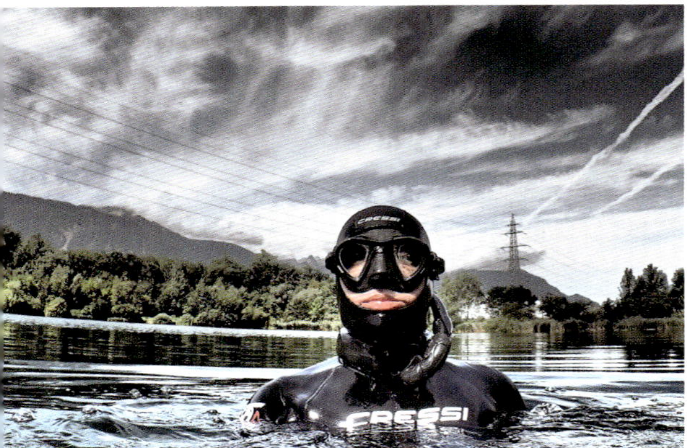

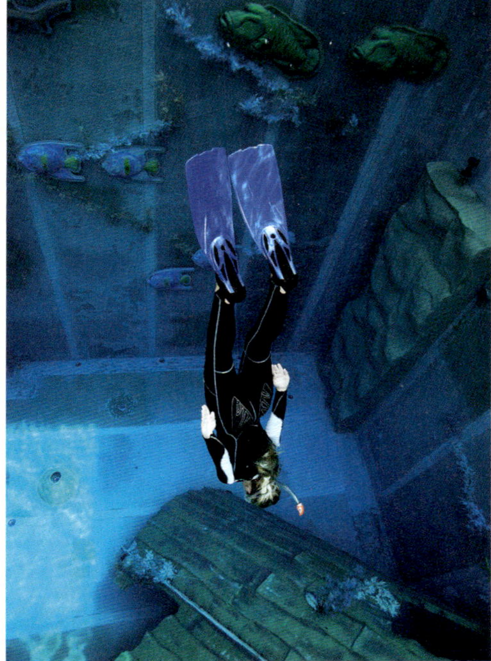

Der Vorteil beim Freitauchen ist, dass man lediglich Anzug, Brille, Flossen und Schnorchel benötigt – sprich eine Ausrüstung, welche nur wenige Kilo wiegt und die man problemlos überall mitnehmen kann. So eröffnet Freediving ganz neue Welten und kann auch in Reiseprojekte integriert werden, die sich nicht nur aufs Tauchen konzentrieren. Weiterhin gibt es Tauchen mit Delfinen auf den Bahamas, mit Buckelwalen an der Silver Bank (Dominikanische Republik) oder mit Haien aller Art in Südafrika im Angebot – um nur einige zu nennen.

Etwas näher zu Europa liegt eines der schönsten Meere der Welt, das Rote Meer, besonders bekannt für Korallen, tiefblaues Wasser und unendliche Sichtweiten. Für Freitaucher gibt es spezielle Tauchsafaris mit Yoga, Fundiving an den Riffen und Wracks, Tieftauchen und – als besonderes Highlight – Schwimmen mit Delfinen.

Doch auch in den meisten Touristenorten wie Sharm El Sheikh, Dahab oder Hurghada gibt es mittlerweile mehrere Freitauchschulen, wo man sich ausbilden lassen oder für Fun-Freediving anmelden kann. So ist z. B. ein Teil der Bilder in diesem Buch bei unserem Freund Matthias Blaul (Blue Silence Freediving Academy) in Soma Bay entstanden. Der Vorteil von Reisen ans Rote Meer ist, dass es sich bereits ab 4–5 Tagen lohnt und diese auch mit kleineren Budgets realisierbar sind.

Doch auch in unserer Nähe gibt es zahllose Möglichkeiten. Überall in Europa, in den verschiedenen Meeren, Seen und Flüssen, gibt es spektakuläre Plätze zu beobachten, wunderschöne Landschaften zu besuchen und Tiere zu treffen. Das Mittelmeer hat eine sehr alte Freitauch-Tradition, die meisten Unterwasser-Jäger stammen aus den Mittelmeerländern. In Italien, Spanien oder Frankreich und deren Inseln Sardinien und Elba gibt es schon seit langer Zeit Freediving-Schulen, seien es spezialisierte oder solche, die in normale Tauchcenter integriert sind.

Auch bei unseren Freunden im Divecenter Mallorca haben wir mehrere unserer Videos gedreht und Bilder geschossen. Weitere besondere Erlebnisse sind zum Beispiel Tauchen in Norwegen mit Orcas, in Irland mit Großmaulhaien oder auf den Azoren mit Mantas und Blauhaien.

Und nicht zu vergessen sind all die Süßwassergebiete, welche ganz tolle Landschaften, Pflanzen und Tiere beheimaten. Kleine Baggerseen zum Beispiel entwickeln sich

oft zu sehr reichhaltigen Biotopen und werden als Naturschutzgebiet registriert. Auch wenn sie oft nicht tiefer als 10–15 m sind, ermöglichen sie lange entspannte Freitauchgänge, oft ganz nah am eigenen Zuhause.

In Österreich ist das Salzkammergut für seine kristallklaren Gewässer sehr bekannt, und ein weiteres absolutes Muss sind die Flusstauchgänge im Verzascatal in der Südschweiz. Und schließlich gibt es seit einigen Jahren immer mehr Tauchbecken und Tauchtürme, die es das ganze Jahr über ermöglichen, in klarem und warmem Wasser zu tauchen. Besonders bekannt in Deutschland sind Monte Mare in Rheinbach, Dive-4Life in Siegburg und Diver's Indoor in Aufkirchen. In Belgien findet man Nemo 33, der jahrelang als tiefster Tauchturm der Welt bekannt war, jedoch von Y-40 Deep Joy 2014 überholt worden ist.

Man sieht: Es gibt Möglichkeiten ohne Ende. Und das Allerschönste dabei ist: Solche Ausflüge lassen sich sehr gut kombinieren mit anderen Outdooraktivitäten, Kulturreisen oder – warum nicht – besonderen gastronomischen Erlebnissen, natürlich erst nach dem Tauchen. Es braucht also weder viel Geld noch Zeit, um tolle Erlebnisse zu haben. Ein altes Sprichwort sagt, *»Da wo es Wasser gibt, gibt es auch Tauchen«*. Also ab ins Wasser: Das Exotische ist meist viel näher zu finden als man denkt!

Erleben und Leben

Wir hoffen, dass diese Seiten dazu animieren können, das Freitauchen zu erforschen. Bevor wir dieses Buch schließen, gibt es noch zwei wichtige Hinweise. Es geht um das Leben – um nicht mehr und nicht weniger!

Die Weltmeere sind in großer Gefahr, alle Gewässer der Welt sind betroffen und wenn die globale Fischereiindustrie so weitermacht, wird sie bald den letzten Fisch aus dem Meer ziehen. Freediving zu lieben, ohne das Wasser und mit ihm das Leben zu lieben, macht nicht viel Sinn. Es ist wichtig zu begreifen, dass die Menschheit ohne gesunde Ozeane nicht (über-)leben kann. Jeder Freediver sollte sich deshalb aktiv zum Schutz der Umwelt und der Gewässer einsetzen. Das bedeutet unter anderem, sich im Wasser so zu verhalten, dass man nichts verändert oder zerstört, andere Personen darüber informiert und als gutes Vorbild vorangeht.

Der Apnoesport gilt als eine der sichersten Wassersportarten. Der Freediving-Lifestyle ist gesund, hält fit und macht Spaß. Doch sollte man nie vergessen, dass trotzdem dabei schon Weltklasseathleten wie auch Anfänger ums Leben gekommen sind, weil sie allein im Wasser waren. Deshalb gilt: *»Never freedive alone – tauche nie allein«*. Wir wünschen viel Spaß dabei!

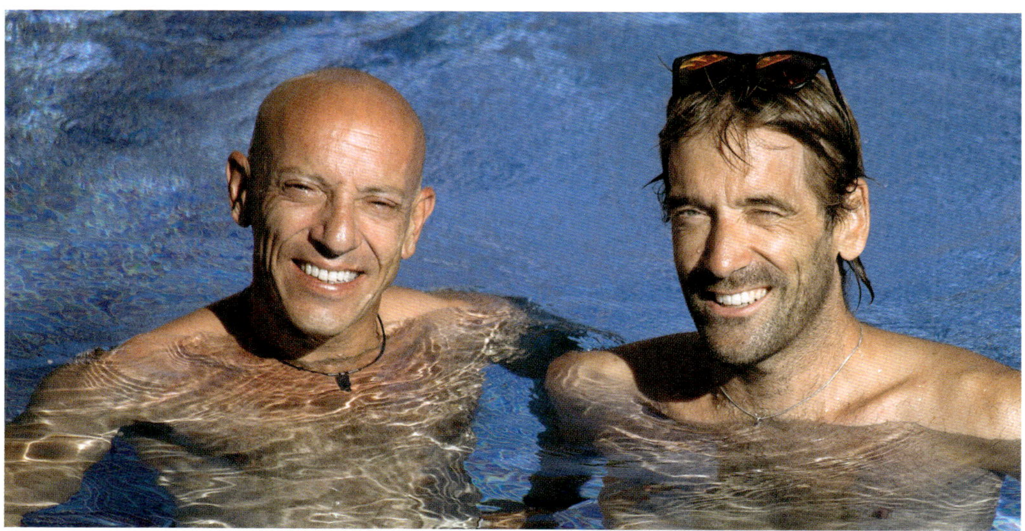

Register

25-m-Bahn 55, 70
50-m-Bahn 71
75-m-Wende 30

A
Abfragehäufigkeit 49
Absprache 33
Abtastrate 20
Achillessehne 62
Achselgriff 99
Agnisara 116
AIDA 89, 119
Alkohol 112
Alveolen 24, 92
Amplitude 60, 62
anaerob 35
Anzüge, kaschierte 19
Anzüge, offenzellige 19
Angst 96
Antioxidantien 111
Anuloma Viloma 51, 117
Apnoeanzug 17
Apnoecomputer 86
Apnoeflossen 12, 14, 60
Apnoeläufe 34
Apnoemasken 11
Apnoephase 47, 51, 52, 108
Apnoetauchverband 99
Apnoewalk 51, 77
Apps 35
Armbandcomputer 86
Armmuskulatur 70
Armschwung 67, 68
Atemmuskulatur 35, 36
Atemphase 52
Atemreiz 21, 27, 30, 34, 43, 46, 50, 52, 75, 77, 97
Atemreiz, erster 61
Atemroutine 28
Atemstörungen 102
Atemübungen 108, 79
Atemwege 33, 48
Atemzentrum 24
Atemzug 23
Atemzyklen 114
Atmung 25, 30
Aufbautraining 73
Aufstiegsgeschwindigkeit 20, 97
Auftauchen 31
Auftauchimpuls 30
Auftrieb, positiver 18, 36
Auftriebskörper 32, 40
Aufwärtsbewegung 66
Augenverletzung 100
Ausatmung 25
Ausdauerfitness 35
Ausdauertraining 35, 73
Autogenes Training 40, 41

B
Bauchatmung 25, 28, 44, 92, 117
Béance tubaire volontaire 107
Beatmung 48
Beinmuskulatur, saure 35
Beinschlag 67, 70, 71
Beinschlag, korrekter 68
Bewegungsstörungen 102
Bewusstsein 33, 41
Biflossen 15
Bizeps 69
Blackout 22, 26, 27, 31, 32, 34, 48, 84
Blatt, langes 15
Blaul, Matthias 122
Blei 45, 55, 93, 96
Bleigewichte 22
Bleigewichte, hydrodynamische 22
Bleigurt 22, 70
Bleigurtschnallen 22
Bleikonfigurationen 100
Bleimenge 57
Bleistück 45
Bleistücke, ummantelte 22
Bleisystem 22
Blinklicht 87, 89
Bloodshift 92, 109
Blow 33
Blutkörperchen, rote 24
Bodyscan 41
Boje 87
Bronchien 24, 28
Bronchiolen 24
Brustmuskel, Großer 69
Brustmuskulatur 69
BTV 107
Buckelwale 122

C
Carbon 13, 16
Carbon-Fiberglas-Mischung 16
Carbonflossen 16
Cholesterinspiegel 112
CMAS 119
CNF 81
CO_2 24
CO_2-Anteil 27
CO_2-Spiegel 24, 27, 32, 34, 46, 47
CO_2-Tabelle 46, 47, 51
CO_2-Toleranz 24, 34, 37, 52, 71
CO_2-Training 32, 36, 71, 73, 78, 79
Coaching 34
Computer 85
Constant No Fin 81
Constant Weight 81
Crosstraining 62
CWT 81

D
DCS 102
Dehnungsprogramm 113
Dehydrierung 25
Deko-Computer 85
Delfinschlag 13, 60, 65
Delonca, Georges 107
Demonstrationsdisziplin 73
Dichtlippe 11
Diffusion 24, 31
Dive4Life 123
Diver's Indoor 123
Drifts 16
Druckausgleich 83, 93, 95, 104, 105, 115
Druckausgleichsprobleme 84, 98, 100, 107
Druckstellen 15
Druckverletzung 81, 100
Drytop 12
Duck dive 85, 93
Dunkelheit 82
Dynamik 37, 45, 78, 79
Dynamiktrainingsplan 108

E
Easy-Going-Phase 30, 39, 42, 43, 49, 75
Einatmung 33
Eisprung 59
Embolien 26, 102
Entspannung 41, 50
Entspannung, absolute 45
Entspannung, körperliche 26
Entspannung, mentale 26, 76
Entspannungsatmung 83
Entspannungsmoment 30
Entspannungsphase 11
Entspannungsseminar 30
Erhardt, Torsten 75
Erholungsatmung 28, 47, 77
Erholungspausen 21
Erkältung 102
ERV 25
Eustachische Röhren 104, 105, 106

F
Fallgeschwindigkeit 36, 95, 96
Fehlervermeidung 71
Fehlstellungen 56
Fettgewebe 111
Fiberglas 16
FIM 81
Fingerspiel 50
Fingerstrecker 69
Finswimming 56
Flachwasser-*Blackout* 31, 77
Flosse, Härtegrad der 13
Flosse, lange 13
Flossenblatt 12
Flossenblatt, dynamisches 13
Flossenblatt, hartes 62
Flossenblatt, weiches 57, 62
Flossen, harte 57, 60
Flossenschlag 12, 14, 56, 62, 63, 65, 95
Flossenschlag, effektiver 64
Flow-Zustand 96
Fluid Goggles 9, 83, 99
Flusstauchgänge 123
Flutterschlag 60
Folgetauchgang 46
FRC 25
FRC-Tabelle 52
FRC-Tauchgänge 45, 46, 47, 52, 92, 109
FRC-Warm-up 92, 109
Freediving-Lifestyle 113, 123
Freediving-Modus 20
Freediving-Urlaub 121
Free Immersion 81, 88, 89
Free-Immersion-FRC-Tauchgang 92
Freitauchcomputer 20
Frenzel-Methode 104, 105

Frontschnorchel 56
Führungsseil 89
Functional Residual Capacity 92
Fußspann 14
Fußteile 12, 14

G
Ganzkörperstretching 114
Gasaustausch 24
Gaumensegel 105, 106
Gaumensegel, neutrales 108
Gemütszustand 26
Gesäßmuskel, Großer 60
Gesäßmuskel, Kleiner 68
Geschmack, metallischer 31
Gewässerbiologie 120
Gläser, gespiegelte 100
Gläser, nicht gespiegelte 82
Gleitphase 60, 61, 64, 68, 70, 77
Gleitverhalten 18
Grundgewicht 87, 89
Grundlagenausdauer 36
Grundplatte 87, 89
Gummi 16, 22
Gummibleigurt 57
Gummigurt 85

H
Halbsehnenmuskel 60
Halsblei 22, 23, 57, 85, 86, 100
Haltung, hydrodynamische 95
Hands-Free-Druckausgleich 104, 107
Hang 103
Hanteltraining 69
Härtegrad 13
Hauptatemmuskeln 24
Hautrötungen 102
Herz-Kreislauf-System 24
Herzschlag 83, 84, 92, 108
Herzstörungen 102
Heuschnupfen 102
High Waist Pants 19, 39, 81
Hoodsqueeze 100
Hookbreathing 28, 51
Hüftbleigurt 100
Husten 101
Hydrodynamik 14, 56
Hyperkapnie-Blackout 32
Hyperventilation 27
Hypoxie 27, 31, 34, 76

I
Intervalltraining 35
IRV 25

J
Jalandhara Bandha 108
Jala Neti 115, 118
Jogging 79
Jogging, aerobes 35
Juckreiz 102

K
Kabalabathi 116
Kälteempfindlichkeit 18
Kamera 36
Karabiner 88, 89
Kehle 28
Kehlkopf 106
Kick-Glide 56
Klimaanlagen 108
Kodermann, Antonio 101
Koffein 112
Kohlendioxid 24
Kohlenhydrate 35
Kohlensäure 112
Kontraktionen 27, 43, 46, 47, 50, 52
Konzentration 33
Koordination, mangelnde 31, 32
Kopfhaltung 78
Kopfhaube 19, 86
Kopfhaube, angesetzte 19
Kopfhaube, integrierte 39
Körperhaltung 57
Körperkontrolle 32
Körperwahrnehmungen 41
Körperwärme 18
Kraftaufwand 15
Kraft-Ausdauer-Training 108
Kraulbeinschlag 60, 93
Kreuzbänder 15
Kunststoffflossen 16

L
Lähmungserscheinungen 102
Laktat 35
Laktatabbau 36
Laktattoleranz 35, 36, 73
Längsränder 16
Längsrillen 16
Lanyard 88, 89, 96, 109
Lebenswandel, gesunder 37
LED-Lampe 82
Leistungsfähigkeit, anaerobe 35
Leistungsüberprüfung 59
Lifestyle 111
LMC 32, 47, 48
Logbuch 21
Long John 19, 81
Loss of Motor Control 32
Lota 115
Luftkammern 17
Lunge 96
Lungenatmung 24
Lungendehnungsrezeptoren 26
Lungengewebe 26
Lungenkapazität 24, 104, 113
Lungenkapazität, totale 24, 26, 45
Lungentrainer 35
Lungenverletzung 104
Lungenvolumen 24, 104, 115
Lungpacking 26
Lung Squeeze 100, 101, 107
Luxusatmung 118

M
Magnesium 112
Markierung 88
Marseille-Style 22
Maske 9, 10, 32, 48
Maske, luftgefüllte 83
Maskenangebot 82
Maskenbarotrauma 100
Maßband 88
Maximalkraft-Training 35
Maximaltauchgang 92, 94, 98
Maximalversuch 31, 36, 40, 52, 59, 73, 79, 109
Meditation 28, 30
Meditations-CD 42
Medulla 24
Mentaltraining 28
Milchprodukte 108
Milchsäure 35
Mineralstoffmangel 112
Mittelohr 106
Molchanov, Alexej 58, 104
Monofin-Stretch 74
Monoflosse 13, 14, 56, 62, 68
Monoflossenkick 63
Monoflossenschwimmen 69
Monoflossenwende 65
Mouthfill 104, 105, 106, 107
Muskeltraining 71
Muskulatur 13

N
Nacken-Schulter-Bereich 42, 43
Nahrungsergänzungsmittel 111
Nährwerttabellen 112
Nase 28
Nasenklammer 40, 83
Nasennebenhöhlen 108
Nasenreinigung 115
Nasenspülungen 108
Nemo 33 123
Neopren 17, 55, 81
Neoprenanzug 17
Neoprenanzug, klassischer 19
Neoprenanzug, offenzelliger 19
Neoprensocken 14
Néry, Guillaume 104
Nitsch, Herbert 104, 119
NL 81
No Limits 81
Noseclip 32, 48, 99
Notfallmaßnahmen 100
No-Warm-up 74, 75

O
O_2-Tabelle 51
O_2-Toleranz 37
Oberarmmuskel 69
Oberarmspeichenmuskel 69
Oberflächenintervall 86
Oberflächenmanager 49
Oberflächenpause 102
Oberkörper 65
Oberschenkelmuskel 60
Oberschenkelmuskulatur 13
O.-K.-Zeichen 27, 34, 49, 51
Orcas 122
Overall 19, 39

P
Pap, Andreas 106
Pelizzari, Umberto 29, 118
Periode 59
pH-Wert 112
Plastikgläser 11
Pranayama 23, 44, 74, 108, 115, 118
Puls 26, 35, 92
Pulsmesser 25
Pulsuhr 78, 79

Q
Querfortsatzmuskeln 69

R
Rachenraum 106
Radikale, freie 111
Rails 16
Rauch 108
Rautenmuskel, Kleiner 69
Reflexsystem, Vaso-vagales 26
Reißverschlüsse 19
Reize, anaerobe 79
Rekordlisten 73
Reserveblei 88
Reservevolumen, Exspiratorisches 25
Reservevolumen, Inspiratorisches 25
Residualkapazität 104
Residualkapazität, funktionelle 25
Residualvolumen 24, 25, 104, 106
Residualvolumen, funktionelles 92
Rettungsbeatmung 100
Rettungskette 77
Rettungsmethode 99
Rettungsübungen 109
Rezeptoren 92
Riemenmuskel 69
Rollboje 87
Rückenbrustschwimmen 69
Rückenmuskel, Großer 69
Rucksackblei 85
Ruheatemzugsvolumen 24, 25
Ruhepuls 35
Rumpfmuskulatur 13
Rundboje 87
RV 24

S
Safety 77
Salzwasser 23
Samba 31
Sauerstoff 24, 27, 31, 37, 45, 48, 100
Sauerstoffgabe 102
Sauerstoffpartialdruck 31
Sauerstoffschuld 33
Sauerstoffunterversorgung 27, 31, 33, 47
Sauerstoffversorgung 27
Schienbeinmuskel 60
Schienbeinmuskulatur 14
Schlagzahl 60
Schluckreflex 27
Schmerzrezeptoren 101
Schnellverschluss 89
Schnorchel 11, 27, 84
Schnorchelatmung 92
Schnorchelflossen 13, 63
Schwimmbad-Blackout 31
Schwimmbrett 62
Schwimmbrille 11, 32, 83
Schwindelgefühl 26, 90
Scooter 121
Seil 88
Seitenränder 16
Sessa, Frederic 58, 65
Set-up 87
Severinsen, Stig 29
Sicherheitsglas, temperiertes 11
Sicherung 49
Sicherungstaucher 33, 36, 49, 50, 58, 76, 84, 89, 98
Sicherungstauchgänge 85
Sichtfeld, enger werdendes 31
Silikon, schwarzes 10
Sonnenbrillen-Effekt 10
Sonnengruß 114
Sportbäder 55
Sprachprobleme 31
Sprintgeschwindigkeit 79
Sprungschicht 92
Squeeze 104, 109
SSI 119
Statik 37, 51, 78, 79
Statikzeit 79
Stereoflossen 13, 14, 15, 56, 62, 68
Stickstoff 24
Stimmlippen 26, 33, 105
Stimmlippen, geschlossene 108
Stimmritze 33, 118
Stoppuhr 40
Streckentauchen 15, 23, 37, 55, 68, 98
Streckentauchen ohne Flossen 67
Stretching 79
Stretching des Brustkorbes 74
Strömung 89
Strömungswiderstand 14, 66
Struggle-Phase 30, 39, 42, 43, 45, 52, 58, 75
Super Composite Skin 56
Süßwasser 23
SUSV 120

T
Talk 33
Tap 33
Tarierung 55
Tarierung, negative 17
Tarierungskontrolle 61, 77, 94
Tauchcomputer 20
Tauchmaske 40
Tauchreflex 10, 26, 27, 30, 45, 74, 83, 84, 92
Tauchsafaris 122
Tauchtürme 123
Tauchzeit 46
Techniktraining 36, 71, 73, 78
Techniküberprüfung 78
Temperatur des Gewässers 18
Tennisball 66
Tiefenentspannung 49
Tiefenintervalle 21
Tieftauchen 17, 23, 37, 81
TLC 24
Torpedo-Boje 87
Totraum 84
Trachea Squeeze 100
Trägerhose 19
Training, anaerobes 37
Training, leistungsorientiertes 34
Trainingsflosse 57
Trainingslogbuch 50, 108
Trainingspartner 36
Trainingsplan 108
Trainingsprogramm 33
Trainingstabelle 46
Trainingstagebuch 21
Trainingszustand 13
Training, vollständiges 28
Trapezmuskel 69
Trockentraining 51
Trockentraining-Atemübungen 51
Trubridge, William 104
TSVÖ 120

U
Überdruckverletzung 101
Uddiyana Bandha 74, 90, 116
Ujjayi-Atmung 105, 108, 118
Unwohlsein 96

V
Valsalva 104
VDST 120
Verdauung 112
Verschleimung 112
Vertrauen 33
Vibrationsalarm 86
Videoauswertung 63
Videotraining 78
Vitalkapazität 24, 25
Vollatmung 25, 26, 43, 45, 90
Vorstellungsreise 41
Vortrieb 17, 57, 70
Vortrieb, effektiver 65

W
Wadenbeinmuskel 60, 62, 69
Wadenmuskulatur 60
Wärmegefühl 27
Wärme-Isolation 18
Wärmeschutz 18
Warm-up 31, 52, 74, 79, 107
Warm-up-Tabelle 51
Warm-up-Tauchgänge 74, 84, 91
Wassertemperatur 39
Wasserwiderstand 62, 65, 95
Wechselatmung 51, 117
Weltrekorde 14
Wende 36, 75, 77, 96, 98
Wende mit Stereoflossen 69
Weste 39
Wettkampf 37
Wettkampfflossen, maßgeschneiderte 14
Wettkampfsituation 101
Wiederholungstauchgänge 33
Wings 16
Wohlfühlbereich 27
Wracktauchen 121

Y
Y-40 Deep Joy 123
Yogamatte 45
Yoga Nidra 40, 41

Z
Zehenbeuger 60, 68
Zehenstrecker 60, 68
Zeitintervalle 21
Zeittauchen 21, 34, 37, 39
Zellatmung 24
Zuckungen 32
Zwerchfell 24, 43, 90
Zwischenrippenmuskulatur 24, 44, 74, 90, 114

Danksagung der Autoren

Nik und Phil möchten sich bei allen bedanken, die sie beim »Apnoeprojekt« unterstützt haben. Ein besonders großes Dankeschön geht dabei an Matze Blauls Blue Silence Freediving Academy im Robinson-Club Soma Bay in Ägypten und Natascha und Armin Korgers Divecenter Mallorca im Robinson-Club Cala Serena auf Mallorca sowie den Clubchefs Patrick und Holger.

Außerdem vielen Dank an die Unterwassermodels Nath, Manou, Tina, Matze, Joshua und alle anderen, die für uns stundenlang im und am Wasser geblieben sind. Ein Riesendankeschön geht an Manou Maier, die mit so viel Geduld alle unsere Fehler herausgefischt und unser Script zu einem lesbaren Buch gemacht hat. Merci beaucoup an Monsieur Guillaume Néry für sein perfektes Vorwort, das unsere Philosophie so wunderbar zusammenfasst.

Nik dankt außerdem seiner Frau Bianka dafür, dass sie so oft die Stellung hält, während er in der Weltgeschichte umherfliegt. Tausend Dank, Mon Amour. Nik dankt weiterhin dem Pneumologen Dr. Stephan Walterspacher, der ihm mit seinem Rat zur Seite stand.

Mit dem Schreiben von Büchern wird man leider nicht reich. Daher sind wir extrem glücklich, dass wir von den besten Herstellern unterstützt werden. Wir sind dankbar und stolz, euch vertreten zu dürfen, und freuen uns bereits auf kommende Kooperationen.

Schließlich möchten wir uns beim Delius Klasing Verlag für die sehr angenehme Zusammenarbeit herzlich bedanken. In dem Augenblick, in dem wir gewusst haben, dass es wirklich ein Buch geben wird, war klar, dass wir es schaffen werden. Ein Drucktermin ist dabei wahnsinnig anspornend und motivierend.

Quellen

Elmadfa, I. und Aign, W.: Die große GU Nährwert-Kalorien-Tabelle, 2015, Gräfe und Unzer Verlag.

Fattah, E. (2006): Frenzel-Fattah Equalizing Workshop.

Lucero, B. (2010): Schwimmen – die 100 besten Übungen. Meyer & Meyer Verlag, Aachen.

Maric, M., V. Mazzei & S. Figini (2013): Learn the Monofin. Magenes.

Pelizzari, U. (2004): Manual of Freediving. Idelson Gnocchi Pub.

Saradananda, Swami (2009): Atem – Kraftquelle Deines Lebens. Knaur, München.

Satyananda, Swami (2010): Āsana prānāyāma mudra bandha. Ananda Verlag, Ratzeburg.

SSI: Freediver Level 1 & 2 Manual. SSI, Wendelstein.

Walker, B. (2009): Anatomie des Stretchings. Riva Verlag, München.

Yoga Vidya: Atemkursleiter-Handbuch. Yoga Vidya, Bad Meinberg.

Zuccari, A.: DVD Training for Equalization.

Web

www.apneaaustralia.com.au/resource-section/articles/hands-free-equalisation-47927

www.deeperblue.com

www.de.wikipedia.org

Bildquellen

Alle Fotos stammen mit Ausnahme der folgenden von Phil Simha:
Bowden, Jim: (Phil)
Hambrecht, Holger: Seite 17 (Nik unter Eis)
Schanze, Cedric: Umschlag (Nik)

Produktbilder stellten die folgenden Firmen freundlicherweise zur Verfügung:
Cressi
Mares
Omer
Scubapro
Suunto und
Trygons.

Bibliografische Information der Deutschen Nationalbibliothek
Die Deutsche Nationalbibliothek verzeichnet diese Publikation in der Deutschen Nationalbibliografie; detaillierte bibliografische Daten sind im Internet über http://dnb.dnb.de abrufbar.

4. Auflage
ISBN 978-3-667-10664-3

Herausgegeben in der EDITION NAGLSCHMID

Herausgeber und Lektorat: Dr. Friedrich Naglschmid
Titelfoto: Phil Simha
Fotos: (siehe Fotonachweis auf Seite 127)
Umschlaggestaltung: Phil Simha – SUNFISH productions
Layout und Bildbearbeitung: Michael Kokoscha
Gesamtherstellung: COULEURS Print & More, Köln
Printed in Estonia 2023

Delius Klasing Verlag, Siekerwall 21,
D - 33602 Bielefeld
Tel.: 0521/559-0, Fax: 0521/559-115
E-Mail: info@delius-klasing.de
www.delius-klasing.de

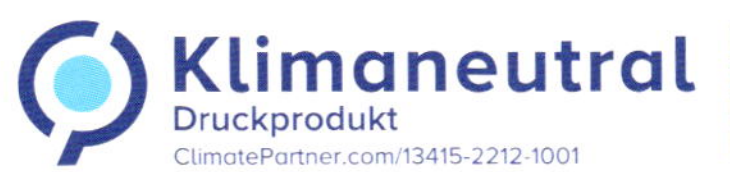

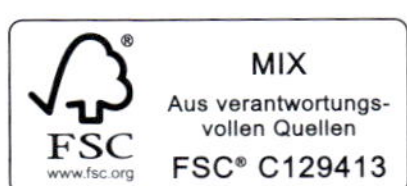